晉 升 西 洋 骨 董 達 人 的 完 全 指 南

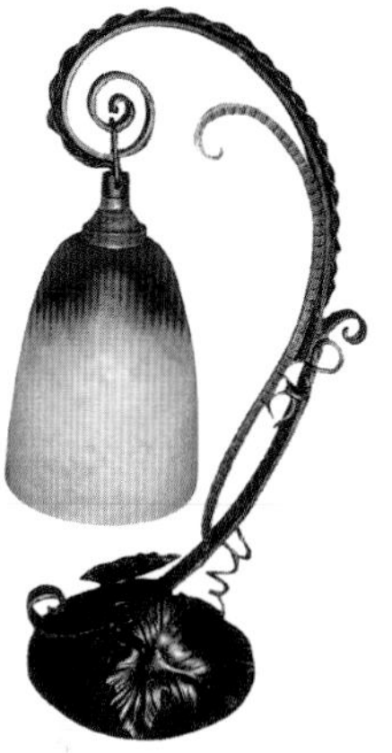

西洋骨董事典

European Antique Book

成美堂出版編輯部 編著
游蕾蕾‧黃莉婷 譯

三言社 出版

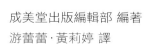

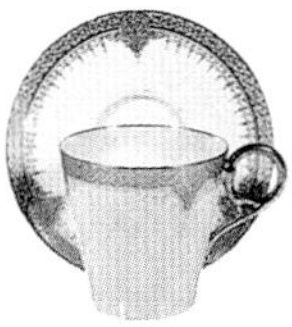

European Antique

西洋骨董事典

CONTENTS

Part 1

餐桌上的骨董

The Antique Goods for Dining

陶瓷器 PORCELAIN 8

◆歷史 ◆鑑賞重點 ◆選購方法 ◆晉升行家之列 ◆擺設與裝飾小祕訣

茶杯與杯碟 *Cup & Saucer* 10

三件式茶杯組 *Trio* 14

茶杯與咖啡杯具組 *Tea & Coffee Set* 18

平盤 *Plate* 22

各式陶瓷餐具 *Other Tableware* 26

蘇西．庫珀 *Susie Cooper* 28

玻璃器皿 GLASSWARE 32

◆歷史 ◆鑑賞重點 ◆選購方法 ◆晉升行家之列 ◆擺設與裝飾小祕訣

玻璃杯 *Glass* 34

醒酒瓶與有柄玻璃壺 *Decanter & Jug* 38

玻璃容器 *Vessel* 40

各種附蓋玻璃器皿 *Other Glassware* 44

銀器 SILVERWARE 46

◆歷史 ◆鑑賞重點 ◆選購方法 ◆晉升行家之列 ◆擺設與裝飾小祕訣

刀叉匙 *Cutlery* 48

茶壺與咖啡壺罐組 *Tea & Coffee Service* 52

各式銀製餐具 *Other Silverware* 54

Part 2 廚房用的骨董 The Antique Goods for Kitchen

琺瑯製品 ENAMELWARE 60

◆歷史 ◆鑑賞重點 ◆選購方法 ◆晉升行家之列 ◆擺設與裝飾小祕訣

儲物罐 *Canister* 62

麵粉罐與麵包罐 *Flour Bin & Bread Bin* 64

煮鍋與加熱器具 *Pan & Boiler* 68

壺具 *Pot* 70

杓子架 *Ladle Rack* 72

各式珐瑯製品 *Other Enamelware* 74

廚房用具 KITCHEN TOOL 78

◆歷史 ◆鑑賞重點 ◆選購方法 ◆晉升行家之列 ◆擺設與裝飾小祕訣

磅秤與量杯 *Scale & Measuring Cup* 80

儲物罐 *Canister* 84

陶瓶與陶罐 *Stone Jar* 86

這些工具是作什麼用的呢？ 90

- 攪拌的好幫手 90
- 蔬果的好良伴 91
- 做點心的好伙伴 92
- 置物收納的利器 94
- 處理奶油的便利工具 94
- 切、割、磨的好法寶 95

Part 3

居家生活的骨董

The Antique Goods of House

照明燈具 LIGHTING 98

◆歷史 ◆鑑賞重點 ◆選購方法 ◆晉升行家之列 ◆擺設與裝飾小祕訣

檯燈 *Lamp* 100

吊燈與枝狀吊燈 *Pendant & Chandelier* 106

玻璃燈罩 *Glass Shade* 110

燭臺 *Candle Base* 114

居家小品 INTERIORGOODS 32

元氣商品 *Esprit Goods* 118

桌鐘 *Clock* 118

花瓶 *Flower Vase* 120

錫罐 *Tin Can* 124

籃子 *Basket* 128

玻璃瓶 *Glass Bottle* 131

戶外用具 *Outdoor Goods* 132

室內設計配件 *Interior Parts* 134

Part4 衣著打扮相關骨董 The Antique Goods for Dressup 136

鏡子 *Mirror* 138

化妝與妝扮用品 *Makeup Article* 140

提包 *Bag* 143

蕾絲 *Lace* 146

裁縫用具 *Sewing Tool* 151

刺繡與百納被 *Embroidery & Quilt* 154

Part5 典藏珍品 Collector's Item 156

火王 *Fire King* 158

百麗耐熱玻璃 *Pyrex* 164

泰迪熊 *Teddy Bear* 166

卡通人物與企業宣傳品 *Character & Novelty Goods* 170

橡皮娃娃 *Rubber Doll* 172

遊戲與玩具 *Game & Toy* 174

附錄

本書商品店家資訊 175

＊本書所有單品介紹最末的符號田❶，代表販售的日本店家編號。
欲知曉店名等相關資料，請檢索此頁。

骨董的魅力，在於透過年代久遠的物品讓人感受到一個國家的歷史與文化，其中尤以與「食」有關的骨董為最，例如有著美麗圖案的陶器、洋溢高雅氣質的銀器、如同藝術品一般的玻璃器皿……。從前深受貴族與貴婦人喜愛的餐桌骨董，如今也融入我們的居家生活中，帶來復古的浪漫氣息。

Part 1

餐桌上的骨董

陶瓷器 （茶杯與茶碟／三件式茶杯組／茶與咖啡杯具組／平盤／各式陶瓷餐具／蘇西・庫珀）

玻璃器皿 （玻璃杯／醒酒瓶與有柄玻璃壺／玻璃容器／各種附蓋玻璃器皿）

銀器 （刀叉匙／茶壺與咖啡壺罐組／各式銀製餐具）

陶瓷器

PORCELAIN

STUDY & CHECK POINT

◆歷史

西洋的陶瓷器源自18世紀的麥森窯廠

早在古埃及時代就有陶器存在了，至今仍爲人所使用。質地潔白的瓷器在西洋的歷史則較淺短，從十八世紀初德國的麥森（Meißen或Meissen）窯廠成功地燒製出硬質瓷器開始。

在這之前，中國優美的瓷器等商品雖曾經由絲路傳入西方，然而在當時，瓷器製作仍爲東方獨有的祕密，西洋人一直未能得知製作的方法。

隨著大航海時代的來臨，中國及日本的瓷器製品傳入歐洲，白色質地上飾以彩繪的瓷器之美令歐洲人驚豔，成爲王室競相追求的珍寶。歐洲陶瓷器的發展便是以東洋的瓷器爲範本，並自麥森窯廠的成功實驗之後，普及爲上流階級的生活用品。

十八世紀中期，英國從硬質陶瓷器中開發出質感更加柔和的骨瓷（bone china，加入動物骨灰的骨灰瓷器）。其後，更出現了許多家有名的製造廠商。

◆鑑賞重點

從器皿底部的標示可知其品牌與年代

鑑賞陶瓷器的首要重點在於陶瓷標誌（porcelain mark），意即盤底或杯底的窯印，作爲產品的保證書。此種作法始於十九世紀中期的英國。

除了標示製造廠商與年代之外，陶瓷標誌亦可作爲確認品質的一項根據。陶瓷器中的著名品牌幾乎都印有這樣的標誌。

不過，十九世紀前的產品與英國斯波德（Spode）公司出品的陶瓷器則沒有標誌。這一點亦可作爲鑑賞時的依據。

即使是有標誌的產品，有些也僅草率地在產品上蓋上印章。除此之外，剽竊其他廠牌的標誌蓋在無牌產品上的仿冒品亦不在少數，應仔細辨識。若標誌是上過釉藥並經過燒製，就沒有問題。此外，同一家製造廠商的標誌，亦會因製作年代及品牌的不同而分成許多種類。讀者平時應多研究陶瓷器標誌解說書等資料，以累積相關的知識。

器皿底部的陶瓷標誌為鑑賞陶瓷器時的首要重點。即使是同一座窯廠燒製的產品，亦會隨出產年代不同而有不同標誌。圖為英國雪萊（Shelley）窯廠的標誌。

瓷器：以高嶺土等岩石磨成的粉和水揉捏成型後，再以1,000～1,400℃左右的高溫燒製而成。色白，聲音清脆。

◆選購方法

留意有無瑕疵裂縫，完整度是檢查重點

選購陶瓷器時，應注意有無瑕疵或裂縫。餐具因形狀不同而各有容易破裂的部分，一般而言，與餐桌接觸的底部、纖細的握把等部位是檢查的重點。杯子類器皿則在與嘴唇接觸的杯口處，尤爲關鍵！

此外，應檢查圖案的線條是否清晰。如爲機器印刷的產品，則應檢查是否有版未套準等問題。

其次要辨識的重點，是贗品與粗製品（新近出品）。所謂的贗品，包含在完成品上添加圖案讓產品看起來更豪華者，或是在印有出品窯廠標誌的白底成品上添加彩繪者，以及削去原出品窯廠的標誌後再蓋上有名窯廠標誌者等多種。仔細端詳這類事後才飾以彩繪或添加圖案的贗品，就會發現其中的不自然之處。而削去原出品窯廠標誌的贗品，則會有某一部分摸起來較粗糙。至於新近才出產的粗製品，則不如骨董品的薄與輕，可依此特性辨別。

◆晉升行家之列

有背景的珍品值得一尋

尋訪骨董陶瓷器時，如能對其造形或裝飾的背景有所了解，就不會輕易錯過稀世珍品了。以「倫敦式樣」（London Shape）的茶杯爲例。此款茶杯僅流行於十九世紀的英國，可匹敵當時在歐洲大陸很流行、形狀與裝飾都非常壯麗的帝國樣式（Le style empire）瓷器，而在英國國內獨立發展。

在靠近杯底處有一個較大的斜角，設計樸素而豪邁，是「倫敦式樣」茶杯的特徵。尤其值得注意的一點是：茶杯、咖啡杯、杯碟三件一套的特色。爲什麼是三件？說法不一。有人說杯碟是通用的；也有人說咖啡杯是當作馬克杯使用，所以不需要另外的杯碟。有些店家還會將茶杯與杯碟視爲一組，和咖啡杯分開販售。建議行家最好收藏難得一見的全套三件裝。

擺設與裝飾小祕訣

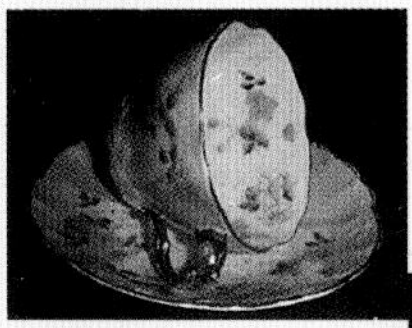

重疊和直立擺設，大方展現器皿內側的美麗圖案

骨董陶瓷器不只外側美麗，內側的彩繪圖案也非常動人。運用重疊和直立的擺設技巧，可以強調出內側的美麗圖案。尤其是杯口較廣的茶杯，因為置於餐桌上時不容易看清楚杯子外側，裝飾圖案的重點因此較常擺在與杯碟圖案相呼應的杯子內側。

與玻璃器皿互相搭配，呈現另一種味道

陶器的愛好者或許只會關注陶器，不過，若能將之與骨董玻璃器皿搭配使用或擺設，不僅能創造出新鮮的感覺，更能相互烘托兩種材質的特性，提升各自的價值。例如以盛裝甜點的玻璃容器，搭配陶瓷平盤作為放置湯匙等器具的杯碟，可呈現別具個性的效果。

陶器：以黏土為原料，再以比製作瓷器時稍低的溫度燒製而成。色偏褐，不透明，具吸水性，聲音較瓷器低沉。

中國風的精巧玫瑰圖案茶杯與茶碟。握把高度較杯口高，為少見的高握把款式。19世紀中葉英國製。14,800日圓。田 11

茶杯與杯碟

Cup & Saucer

種類及設計各色各樣

喝茶文化在西方人的生活中是自古就有的習慣，因此，茶杯與杯碟的圖案、種類相當多樣，並留下許多品質極佳的產品。在二十世紀以後製造的產品裡，較容易尋得價格平易近人的品項，有意收藏的人不必擔心預算。

從一般喝紅茶、咖啡用的茶杯與茶碟，到可可杯、小咖啡杯（demi-tasse）、無握把咖啡碗、茶碗等各種用途的產品都有，因生產年代、國家或製造廠商不同，也會發展出不同的造形。一般而言，古老的產品器壁較薄，用手拿起時的感覺也較輕巧。

接觸的茶杯與杯碟類多了之後，漸漸就能歸納出一些特徵。例如：維多利亞時代的產品形狀較複雜、裝飾藝術時期（Art Deco）的產品較多直線設計。

檢查握把及杯口

購買前一定要仔細檢查產品的狀況。用手指輕彈一下，發出的聲音如果較低沉渾沌，就極有可能有小裂縫或瑕疵。沒有破損的產品，輕彈時會發出如金屬般的清脆聲音。如果是發出敲擊石頭般的聲音，或明顯的龜裂聲，則要特別注意。遇到肉眼無法立即辨識的狀況時，可以透過光線來瞧個仔細，或用手指輕輕撫摸，摸摸看是否有裂縫。

尤其是要買來作為實際使用的餐具，如果與嘴接觸的部分有破損，當然完全不用考慮了。另外在最容易損壞的握把部分，有些產品是修復過的，應仔細確認。如果還是很想買下，可就瑕疵破損的部分與賣家商量減價。

維多利亞風格：Victorian，1837～1901年間維多利亞女王時代的英國風格，華麗優雅的色彩與形狀、線條為其特徵。

田：販售此商品的店家編號，請檢索書末第175頁。

附銀製杯座的小型咖啡杯與杯碟

［出品窯］Royal Doulton［年代］1902年［生產國］英國［價格］84,000日圓（附純銀湯匙）［稀有度］附純銀杯座的杯子本來就很少見，尤其像這樣的高腳杯座更是稀有。田10

珐瑯鑲邊咖啡杯與杯碟

［出品窯］Royal Worcester［年代］1874年［生產國］英國［價格］200,000日圓左右［鑑賞重點］杯碟邊緣與咖啡杯緣鑲滾的珐瑯裝飾「珠寶」（jewel），為鑑賞的重點。田10

茶杯與杯碟

［年代］1837～1901年［生產國］英國［價格］18,900日圓［鑑賞重點］手繪的可愛花卉圖案與金邊線條，是充滿維多利亞風格的一組茶具。田20

王妃御用瓷器

［出品窯］Wedgwood［年代］1950年［生產國］英國［價格］10,500日圓［稀有度］此系列瓷器因受英國夏洛特王妃愛用而得名，灰與白的配色相當特別。田23

茶杯與杯碟

［出品窯］Aynsley［年代］1940年左右［生產國］英國［價格］12,000日圓［特徵］創業於1775年的英國名窯Aynsley的產品，高腳的設計非常優美。田27

茶杯與杯碟

［出品窯］Royal Crown Derby［生產國］英國［價格］13,650日圓［特徵］白底上飾以藍色花卉圖案，十分清爽。共兩組。田18

找得到的話就太幸運了！雙握把茶杯

如果能找到雙握把（左右皆有握把）茶杯的話，那真是太幸運了！一看就知道是喝湯用的淺平湯杯並不稀奇，做成普通的咖啡杯或茶杯型式、杯身較高的雙握把杯子才是珍品。這種杯子是設計來作為病人用、甜點用或兼用杯等特別用途。如果能發現彼此間隔120度角的三面握把杯，更是超級珍貴！

藍白茶碗

［年代］1800年代前半［生產國］英國［價格］48,000日圓［特徵］充滿英國風味的古典玫瑰圖案。為無窯印時期的古老產品。田38

裝飾藝術：Art Deco，20世紀初流行於歐洲的裝飾風格。在此時期之前的裝飾風格，稱做「新藝術」（Art Nouveau）。

維多利亞風格的茶杯與杯碟

[年代]1890年代[生產國] 英國 [價格]9,450日圓 [特徵] 美麗的漸層色彩與內側的白色，形成鮮明的對比。田 25

可愛小花圖案的咖啡杯與杯碟

[生產國] 英國 [價格]18,900日圓 [特徵] 具裝飾藝術風格的方形造形，底部有「都鐸王朝式樣」(Tudor Shape) 的標記。田 18

美麗寫實圖案的咖啡杯與杯碟

[出品窯]Stafford [年代]1870年 [生產國] 英國 [價格] 140,000日圓 [特徵] 在白色的器身上飾以美麗的手繪寫實花鳥圖。田 10

中國式茶碗

[出品窯]New Hall [年代]1700年代 [生產國] 英國 [價格] 60,900日圓 [鑑賞重點] 模仿中國茶碗無握把的造形為其特徵。田 46

藍與白的茶碗

[出品窯]Wedgwood [年代]1882年 [生產國] 英國 [價格]36,000日圓 [特徵] 茶碗的內側底部有帆船圖案。另有相同設計的小型咖啡杯。田 38

鄉村花園系列之「春天」圖案的茶杯與杯碟

[出品窯]Royal Albert [年代]1984年代 [生產國] 英國 [價格]12,600日圓 [鑑賞重點] 鄉村花園系列之「春天」圖案，連杯身內側都有花繪圖案。田 18

KPM咖啡杯與杯碟

[出品窯]KPM [年代]1920年代 [生產國] 德國 [價格] 200,000日圓 [特徵] 柏林王室御瓷(KPM)的作品。展現宮廷文化的優雅設計。田 32

王妃御用茶杯與杯碟

[出品窯]Wedgwood [年代]1950年代 [生產國] 英國 [價格]10,500日圓 [特徵] 白底搭配藍色圖案，是僅次於前頁藍底搭配白色圖案設計的超人氣產品。田 23

茶碗：tea bowl，無握把的茶具組，據說是模仿自東方的茶器。紅茶是注入盤中飲用的，所以茶盤較大也較深。

華麗的彩金小型咖啡杯與杯碟

［出品窯］Royal Doulton［年代］1900年左右［生產國］英國［價格］30,000日圓［特徵］綠色器身飾以華麗彩金的精美咖啡杯與杯碟。田 27

華麗的粉紅色咖啡杯與杯碟

［出品窯］Limoges［年代］1891年［生產國］法國［價格］71,000日圓［鑑賞重點］圖案風格受到當時流行於歐洲的日本風所影響。田 10

芭蕾舞系列的茶杯與杯碟

［出品窯］Beswick［年代］1950年代［生產國］英國［價格］9,970日圓［特徵］以芭蕾舞為主題的清爽圖案設計。另有馬戲團系列。田 46

英國風味的茶碗

［出品窯］Wedgwood［年代］1970年代［生產國］英國［價格］47,250日圓［鑑賞重點］不過分華麗的沉穩色彩，展現出英國風的品味。田 46

杯碟可盛放茶點的網球拍組式茶具

［出品窯］Bell China［年代］1936年［生產國］英國［價格］22,000日圓［稀有度］杯碟為可用來盛放茶點的網球拍組（Tennis Set）式，頗為少見。田 14

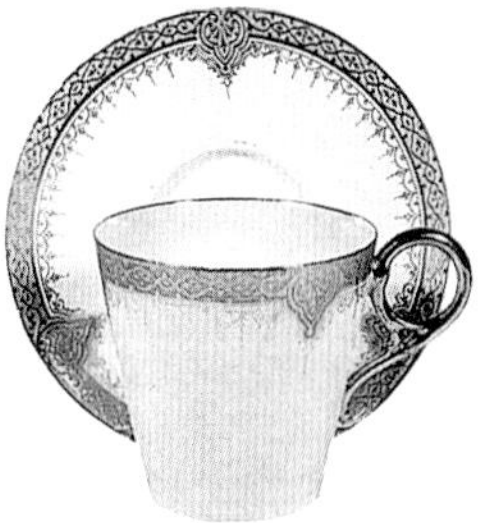

高雅的彩金咖啡杯與杯碟

［出品窯］Limoges［年代］1852～1892年代［生產國］法國［價格］37,000日圓［特徵］白底飾以高雅的彩金，設計相當簡單大方。田 10

找得到的話就太幸運了！彩銀陶瓷器非買不可

可以襯托出紅茶色澤的彩金茶杯不少，但彩銀的杯子卻難得一見。據說主要是因為銀遇到高溫就會氧化，不適合燒製的方式。一般見到的大部分彩銀陶瓷器多為銀箔，或是未經過燒製的銀礦物（silver deposit，薄薄一層的鍍銀），同樣也非常珍貴。

藍底鑲滾金邊的小型咖啡杯與杯碟

［出品窯］Coalport［年代］1891～1920年［生產國］英國［價格］48,000日圓［鑑賞重點］注入咖啡之後，杯子內側的金色會更加出色。田 10

彩金：將黃金以酸性物質溶解成金色彩液，塗於陶瓷器表面，再加以低溫燒製的技法。於彩釉步驟之後進行。

溫暖的質地與柔和的色彩，讓人心境也跟著平靜下來。此為英國雪萊窯廠所產的「牛津式樣」（Oxford Shape）三件式茶杯組。1937年製。田3

三件式茶杯組

Trio

在英國是主流

在杯子與杯碟之外，再加一個較杯碟大一點的平盤，這樣的三件式組合，稱作「Trio」。事實上，此種組合並不少見，十九世紀後期英國所生產的茶杯，多為此種附點心碟的三件式組合。

反過來說，有時光看杯子無法斷定是喝咖啡用的還是喝茶用的，但若為三件式組合，就一定是喝茶用的。

因應需要而產生

三件式茶杯組在其他國家當然也可以見到，不過，仍以「紅茶之國」英國最為常見。這或許與英國人喝下午茶的習慣有很大的關聯。想要一邊喝紅茶，一邊充分享用麵包或烘焙點心，光有杯子與杯碟是不夠的。取用蛋糕架上的甜點或蛋糕時所用的盤子，以及塗抹果醬或奶油時所用的茶點刀，都是英式下午茶的標準配備。

換句話說，三件式茶杯組完全符合英式下午茶的配備需求。這一點或許可從當英國人於一八四〇年左右開始有喝下午茶的習慣說起，三件式茶杯組也以英國為中心普及開來的事實得證。

甚至，有些製造廠商會像宛爾曼窯廠（雪萊窯廠的前身）一樣，將絕大多數的茶杯都做成三件式組合。所以，在選購十九世紀後期以後的骨董茶杯時，最好先確認原設計是否為三件式茶杯組。

三件式骨董茶杯組若是缺少了點心碟，價值就大打折扣了。

日本風格：Japonism，19世紀後期流行於歐洲，影響當時的各類裝飾。

結合直線與曲線的獨特三件式茶杯組

[出品窯]Wileman [年代]1900年代 [生產國] 英國 [價格]50,000日圓 [特徵] 星形直線圖案與花卉流線圖案的組合，相當特別。田 26

清爽荷葉邊設計的三件式茶杯組

[出品窯]Wileman [年代]1900年代 [生產國] 英國 [價格]50,000日圓 [鑑賞重點] 宛爾曼窯廠為雪萊窯廠的前身。細密的植物圖案為新藝術時期的特徵。田 26

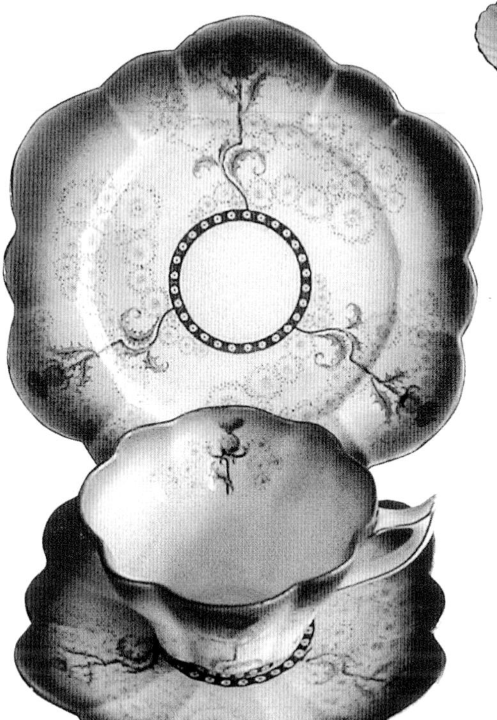

低限華麗的可愛彩金三件式茶杯組

[出品窯]Wileman [年代]1900年代 [生產國] 英國 [價格] 58,000日圓 [特徵] 紫色的圓圈圖案，在彩金與粉紅色的底圖上有畫龍點睛之妙。田 26

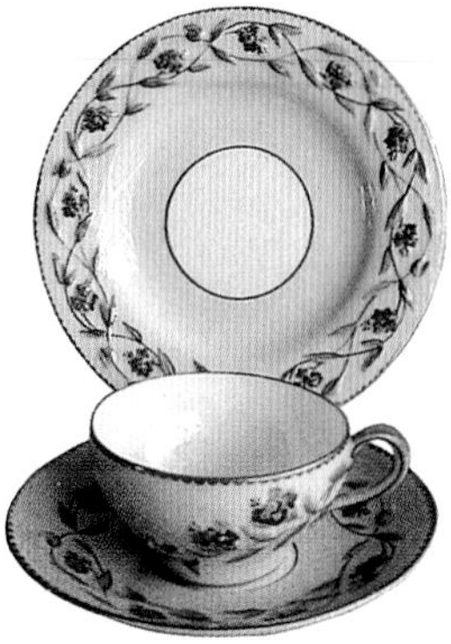

珍貴的浮雕圖案三件式茶杯組

[出品窯]Copeland [年代]1890年代 [生產國] 英國 [價格]35,000日圓 [稀有度] 浮雕的花卉裝飾圖案非常稀有。田 26

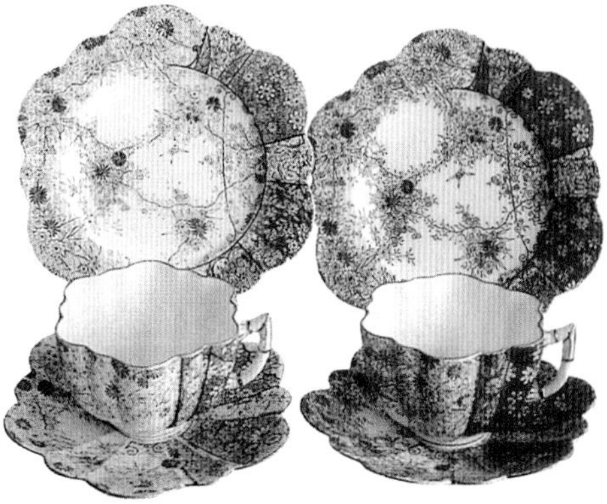

日本風格三件式茶杯組

[出品窯]Wileman [年代]1900年 [生產國] 英國 [價格] 紫色66,000日圓；鮮紅色42,000日圓 [鑑賞重點] 受日本影響的日本風格設計。田 26

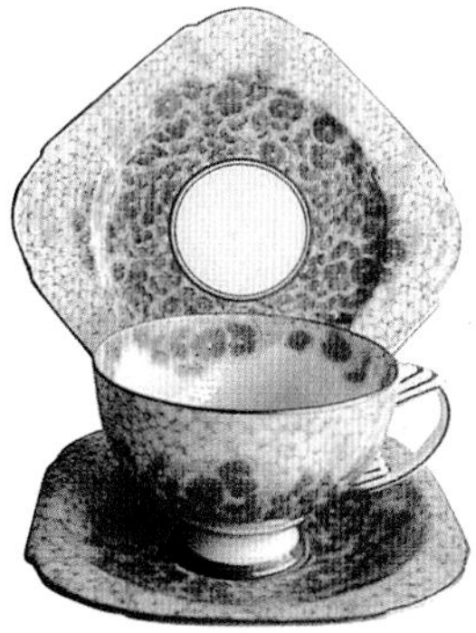

裝飾藝術風格的方形盤三件式茶杯組

[出品窯]Paragon [年代]1930年 [生產國] 英國 [價格]43,000日圓 [鑑賞重點] 方形盤的設計透露出受裝飾藝術風格的影響。田 26

雪萊窯廠：歷名「孚麗」(Foley)、「宛爾曼」(Wileman)，自1925年起更名為「雪萊」(Shelley)。「Shelley」的窯印自1910年起開始使用

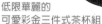

紅色果實圖案的可愛三件式茶杯組

[出品窯] Limoges [生產國] 法國 [價格] 26,250日圓 [特徵] 彩金底色點綴手繪紅色果實圖案。田 20

名窯Paragon出品的罌粟花圖案三件式茶杯組

[出品窯] Paragon [年代] 1930年代 [生產國] 英國 [價格] 41,000日圓 [鑑賞重點] Paragon的陶瓷器以罌粟花圖案著名。此品項的形狀相當具有裝飾藝術時期的特色。田 26

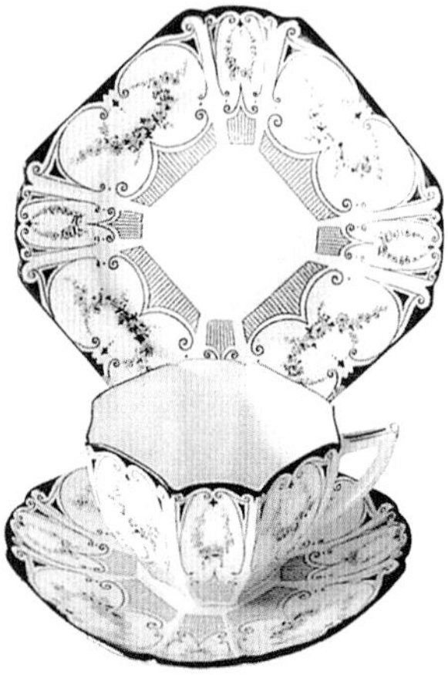

安妮皇后式樣三件式茶杯組

[出品窯] Shelley [年代] 1930年代 [生產國] 英國 [價格] 48,000日圓 [特徵]「安妮皇后式樣」(Queen Anne Shape) 是雪萊瓷器當中相當受歡迎的一款。田 26

雪花式樣(Snowdrop Shape)三件式茶杯組

[出品窯] Foley [年代] 1900年代 [生產國] 英國 [價格] 30,000日圓 [鑑賞重點] 從孚麗更名為宛爾曼時的作品，仍歸於孚麗時期。由正上方往下看時狀似雪花(雪的結晶)，故得其名。田 38

渾圓造形的三件式茶杯組

[出品窯] Shelly [年代] 1930年左右 [生產國] 英國 [價格] 33,000日圓 [稀有度] 杯底較高，是杯口呈收口設計的稀有造形杯。田 14

捷克製三件式茶杯組

[生產國] 捷克 [價格] 12,600日圓 [特徵] 鮮豔的黃底加上對比的黑色線條，杯底有「UCHAU」的標誌。田 18

華麗的花形碟三件式茶杯組

[出品窯] Haviland [年代] 1920～1930年左右 [生產國] 法國 [價格] 29,000日圓 [稀有度] 利摩日市著名窯廠雅維蘭(Haviland)為英國公司生產的產品。田 13

式樣：shape指杯子的造形。一般而言有「巴黎管笛式樣」(Paris Flute)、「倫敦式樣」等多種，各著名窯廠亦有其原創式樣。

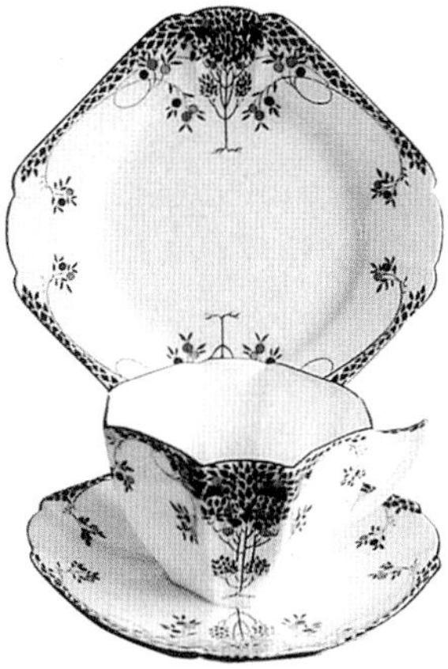

裝飾藝術風格的「安妮皇后式樣」

[出品窯]Shelley [年代]1930年代 [生產國] 英國 [價格]48,000日圓 [稀有度] 超人氣的「安妮皇后式樣」，俐落的造形具有裝飾藝術風格。田26

內側全部彩金的三件式茶杯組

[出品窯]Stafford [年代]1890年 [生產國] 英國 [價格]29,000日圓 [特徵] 獨特的彩金與受當時流行的日本風格影響的圖案，十分具有個性。田26

美麗的雪花造形三件式茶杯組

[出品窯]Wileman [年代]1900年代 [生產國] 英國 [價格]66,000日圓 [鑑賞重點] 同樣圖案有六種顏色可供選擇，雪花般的造形非常迷人。田26

值得全套收藏的三件式茶杯組

[出品窯]Moser [年代]1890年 [生產國] 英國 [價格] 三件式茶杯組各6,300日圓；大盤9,000日圓；有柄壺6,500日圓；糖罐7,800日圓 [鑑賞重點] 包含上述各項的成套組合。田27

內側有美麗花卉圖案的三件式茶杯組

[出品窯]Royal Doulton [年代]1907年左右 [生產國] 英國 [價格] 17,640日圓 [特徵] 連杯子內側都有充滿英國風味的玫瑰圖案，非常華麗。田23

單純圓點圖案的Red Domino系列

[出品窯]Midwinter [年代]1955年 [生產國] 英國 [價格]21,000日圓 [特徵] 以紅邊、白點圖案聞名的發燒商品系列。行情看漲中。田25

找得到的話就太幸運了！「我的花園」系列

英國雪萊窯廠出品的茶杯幾乎都是三件式茶杯組，如果買到單獨出售的杯子或杯碟，多半應是不完整的商品。該窯廠出品的三件式茶杯組非常精美，在英國亦是收藏家的最愛，尤以描繪田園風景的「我的花園」(My Garden)系列最為稀有，因為數量十分稀少且極具特色，有時還會出現幾乎不可能存在的造形，更是寶物中之寶物！

雅維蘭窯廠：Haviland，原紐約貿易商大衛．雅維蘭(David Haviland)於1842年在法國陶瓷器重鎮利摩日(Limoges)市開設的窯廠。

將雙人茶具組擺設於銀托盤上，享受優雅的午茶時光。美麗的骨董茶具組，可以營造出另一番午後的悠閒氣氛。田 16

茶杯與咖啡杯具組

Tea & Coffee Set

最常見的六人用茶具組

在一天喝茶數次的歐洲，人們很少將杯子和杯碟當作單品銷售，多半是與紅茶壺或咖啡壺、糖罐與牛奶壺成套販售。

儘管成套購買的價格較單品高，不過，當發現喜歡的杯子和杯碟之後，通常都會想進一步擁有成套的茶杯組或咖啡杯組。

其中，最常見的就是茶壺、糖罐與牛奶壺加杯子和杯碟的六人用茶具組。除了陶瓷器之外亦有銀製品等多種款式，還有雙人用、單人用的晨茶組。

成套收集除了可以更了解其時代背景與設計重點之外，在實際使用上亦較為豐富多樣。

而除了原始用途之外，還可以將糖罐當作水果盤或甜點盤來用，用牛奶壺來盛裝沙拉淋醬或偶爾用來插花，為餐桌增添一份優雅。

確認全套商品是否完整

購買成套商品時，一定要注意全套商品是否完整。儘管不會有設計風格迴異的單品混入其中的情形，但仍須留意原本該有的盤子或杯子是否有缺漏，或是容易破損的壺蓋部分是否被換成了新品等情況。

一般來說，有缺漏的商品會比完整的成套商品便宜許多。但不可否認的，完整成套的器皿，使用起來更添一分圓滿感，也讓我們更輕易融入它們所營造的氣氛。這是成套收藏的魅力之一。

雙人茶具組：Tea for Two，基本品項為茶壺、牛奶壺、糖罐，加上兩組茶杯和杯碟。

蝴蝶造形握把的茶具組

[出品窯]Aynsley [年代]1930年代 [生產國] 英國 [價格]160,000日圓 [稀有度]Aynsley窯廠出品的蝴蝶造形握把系列，為收藏家競相追求的珍品，當中的茶壺更是少見。田 26

單人用茶具組

[年代]1920～1930年代 [生產國] 英國 [價格]39,000日圓 [特徵] 蕾絲般的滾邊線條與紫羅蘭圖案，十分可愛。亦適合於早餐使用。田 13

四人用咖啡杯具組

[出品窯]Shelley [年代]1930年左右 [生產國] 英國 [價格]84,000日圓 [鑑賞重點] 簡樸耐看又實用的優質商品，俐落的優美線條為典型的裝飾藝術風格。田 14

附托盤的四人用咖啡杯具組

[出品窯]Aynsley [年代]1891年 [生產國] 英國 [價格]460,000日圓 [稀有度] 附有陶製托盤，每一個杯子與杯碟上的圖案皆不同。田 10

陶瓷器：以1000℃以下的溫度燒製成的為陶器，1,000℃以上高溫燒製成的為瓷器。陶瓷器為兩者的通稱。

格調高雅的彩金握把四人用咖啡杯具組

[出品窯] Limoges [年代] 1900年左右 [生產國] 法國 [價格] 非賣品 [稀有度] 利摩日窯廠出品的陶瓷器中，極少有如此纖細優美的風景圖案。高度的工藝技術，令人讚嘆。田 10

日本風格六人用咖啡杯具組

[出品窯] Royal Doulton [年代] 1930年代 [生產國] 英國 [價格] 190,000日圓 [鑑賞重點] 裝飾藝術風格的線條與梅花圖案，如實呈現東洋風格及當時的時代背景。田 26

雙人茶具組

[製造商] Duchesse [年代] 1950年左右 [生產國] 英國 [價格] 29,400日圓 [特徵] 雙人用茶具組附一個平盤。缺糖罐。田 46

骨董陶瓷器的保養方法

可用市售的中性清潔劑清洗，但請勿過度摩擦搓刷，以免造成刮痕。清洗時宜使用柔軟的海綿，擦拭時亦勿搓揉，輕輕吸乾水分即可。

嚴重的茶垢可使用標準量的漂白劑清洗，但有手繪圖案或鎏金的品項則切勿浸泡過久，宜謹慎處理。

塞弗禾窯廠：Sèvres，1756年設立於法國塞弗禾省的窯廠，以「王者之藍」(crowned blue) 聞名。

不容錯過的絕美珍品！
薩摩燒、九谷燒的「歸寧」茶具組

日本解除鎖國之後，積極與世界各國往來，日本文化亦隨之迅速流傳至歐美，激起相當大的衝擊與影響。歐美各國人不只將日本的設計風格帶入日常生活用具裡，甚至向明治時代的薩摩或九谷等日本窯廠訂製茶壺、茶杯與杯碟，輸入歐美各國。這些當時的稀有茶具，如今則如同出嫁的女兒歸寧一般，在日本成為相當貴重的骨董茶具！

當時的薩摩燒，除了在日本鹿兒島本地以外，還在橫濱、神戶等全國數地設有工廠，因此稱呼也依製造地而分。圖為京都製的京薩摩小型咖啡杯組，研判應為當時輸出至英國的商品。450,000日圓。1890～1910年左右製。

京薩摩的茶具與咖啡杯具組，繪有寫實鳥兒棲息櫻花樹枝的圖案。當時日本還沒有飲用紅茶或咖啡的習慣，杯子的形狀應是依照歐洲人的要求所做成。600,000日圓。1900年左右製。

九谷燒不像薩摩燒在全國其他地方還設有工廠，而只在遠離神戶或橫濱等港口之處有少數分布。此為當時輸往歐美的商品，包含中國風格的糖罐、有柄牛奶壺、四組咖啡杯與杯碟的咖啡杯具組。400,000日圓。1880年左右製。
※以上商品皆由 田 10 提供。

可愛的粉紅色六人用咖啡杯具組

[出品窯]Royal Winton [年代]1951年 [生產國] 英國 [價格] 89,250日圓 [特徵] 粉紅色的圓點圖案十分可愛，充滿1950年代的設計風格。田 46

玫瑰圖案雙人茶具組

[製造商]Jackson & Gosling [年代]1920～1930年代 [生產國] 英國 [價格]48,000日圓 [特徵] 三件式雙人茶杯組。精巧又實用。田 13

有蛋糕盤與大平盤的茶具組

[出品窯]Royal Doulton [年代]1905年 [生產國] 英國 [價格]170,000日圓 [特徵] 包含茶杯與杯碟十二組、蛋糕盤十二個、大平盤兩個、牛奶壺與糖罐。未含茶壺。田 14

中國風格(東洋風格)：Chinoiserie，於18世紀的歐洲尤為盛行，陶瓷器的裝飾亦加入此風。

優美的彩繪平盤如同一幅幅美麗的圖畫，適合直立展示。將其對稱擺放，看起來既端莊又高雅，可以營造出雍容華貴的氣氛。

平盤

Plate

觀賞用平盤

在西洋飲食文化中，基本上都是使用成套的餐具。平盤亦是其中的一項，包含各式尺寸和種類。如同美麗的圖畫或藝術品一般的華麗平盤之所以如此常見，因為它不只是用來裝盛料理而已，亦具有鑑賞的目的，可以展現待客的用心與品味。

最具代表性的一例，為餐具組（dinner set）當中的裝飾平盤。此種在料理上桌前讓客人觀賞用的平盤，隨著時代的變遷，亦具有標示座位的作用，故又稱作「位置盤」。

不論是在盤緣飾以精緻的雕花，或是雖屬同一套餐具但每位客人拿到的平盤圖案皆不盡相同等，無不極盡所能地發揮其原有的觀賞作用，別有一番用餐的樂趣。

上述的裝飾平盤與用作喝湯、吃魚、肉、生菜沙拉、甜點、水果，及前菜、麵包的餐盤合而為一整套。除了這些之外，另有早餐用的三明治盤或午茶用的蛋糕盤。

歐、美對餐具組的定義不同

在歐洲，一般是將餐具組與喝茶或咖啡用的餐具分視為兩套不同的餐具，在美國則多半合為一整套。

想要收集到一整套的骨董餐具，不但價格高，難度也頗高，但若只想購買平盤單品，則不難找到價廉物美的商品。

吃肉或魚的餐盤尺寸剛好可以用來裝盛主菜，而稍微深一點的湯盤則最適合裝盛生菜沙拉或義大利麵。

麥森窯廠：歐洲最早的陶瓷器工廠，1709年成功燒製出硬質陶瓷器，為德國首屈一指的名窯。

花環裝飾的彩繪平盤

[出品窯]Paris [年代]1900～1910年 [生產國] 法國 [價格] 189,000日圓 [特徵] 盤緣飾以美麗的花環圖案，盤中有精緻的花鳥圖案。田 10

葉型彩繪平盤

[出品窯]Paris [年代]1900年左右 [生產國] 法國 [價格] 180,000日圓 [特徵] 狀如葡萄葉的盤形，有深度的盤身，作為水果盤亦合適。田 10

鏤空雕花的套餐平盤

[出品窯]Meissen [年代]1870～1890年代 [生產國] 德國 [價格] 約180,000日圓 [鑑賞重點] 至今仍持續生產的固定款，鏤空雕花為鑑賞重點。田 10

獨特的銅版印刷風味彩繪平盤

[出品窯]Royal Stafford [年代]1900年 [生產國] 英國 [價格]13,600日圓 [特徵] 銅版印製（以複製出同樣圖案）的風景與馬車圖案。田 27

名畫般的彩繪平盤

[出品窯]Wien [年代]1860年左右 [生產國] 奧地利 [價格] 700,000日圓左右 [稀有度] 人物畫的完成度、豐富的用色以及筆觸的細緻感，皆為頂級品。歷經四、五次的燒製後，再加以最後的金彩修飾，相當華麗優雅。田 10

有特殊握把的彩繪平盤

[出品窯]Delft [年代]1920～1930年代左右 [生產國] 荷蘭 [價格]22,000日圓 [稀有度] 特色為黃銅鍍銀握把，圖案皆為手繪。田 13

台夫特窯廠：Delft，荷蘭的傳統窯廠，17世紀中葉大量生產中國風的陶器。該窯廠燒製的產品名為「台夫特瓷」。

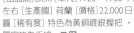

王妃御用迷你盤

[出品窯]Wedgwood [年代]1950年左右 [生產國] 英國 [價格]5,250日圓 [特徵] 直徑12公分的小盤，適用於各類餐點。田 23

小尺寸茶點盤

[年代]1820年 [生產國] 英國 [價格]42,000日圓 [特徵] 繪有修道院風景的平盤，直徑18公分，比餐具組的平盤尺寸小。田 33

實用造形的餐具組平盤

[年代]1800年代後期 [生產國] 英國 [價格]50,400日圓 [特徵] 圖案是被稱為「亞洲雉鳥」的傳統圖案。當時許多窯廠都好用此種圖案。田 33

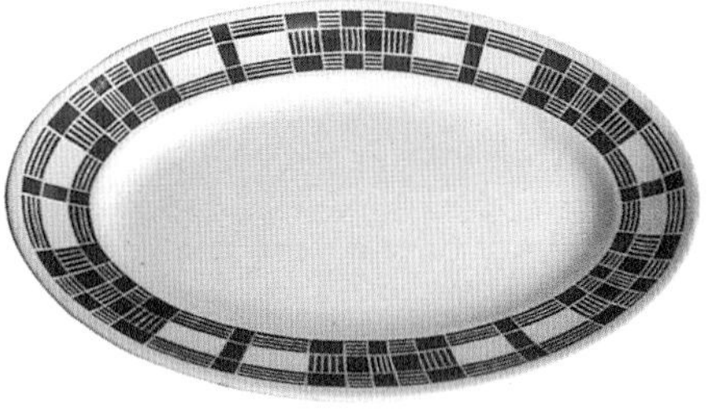

橢圓特徵的魚盤

[製造商]Badonviller [年代]1940年 [生產國] 法國 [價格]3,800日圓 [特徵] 充滿法國味的柔細陶器質感。海軍風的幾何圖案相當時髦。田 11

色彩柔和的魚盤

[製造商]Badonviller [年代]1940年 [生產國] 法國 [價格]3,800日圓 [特徵] 深藍底色上繪鈴蘭花的剪影，十分可愛。田 11

綠葉平盤

[年代]1940年 [生產國] 英國 [價格]5,500日圓 [特徵] 萵苣葉造形的盤子，表面的凹凸觸感更為真實。長22公分。田 11

魚盤：fish plate，用來盛裝魚類料理的長形、略深平盤。橢圓形的魚盤通稱為「橢圓盤」(oval plate)。

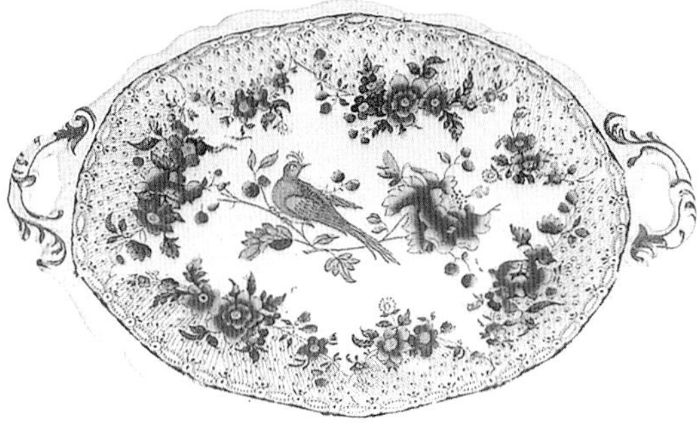

有握把的花鳥圖案彩繪平盤

[年代]1900年代初 [生產國] 英國 [價格]25,000日圓 [鑑賞重點] 機器印製底稿後，再經手工上色。充滿日本風。長21公分。田 13

加冕典禮平盤

[出品窯]George Clews & Co. [年代]1953年 [生產國] 英國 [價格]13,340日圓 [稀有度] 為紀念伊麗莎白女王加冕而製作。直徑23.5公分。田 46

「藍色山茶花」系列平盤

[出品窯]Spode [年代]1847～1867年 [生產國] 英國 [價格]45,000日圓 [特徵] 斯波德窯廠出品的「藍色山茶花」(Blue Camilla)系列，至今仍在生產線上，相當受歡迎。直徑23公分。田 38

「台夫特瓷」平盤

[出品窯]Delft [年代]1900年 [生產國] 荷蘭 [價格]5,000日圓 [鑑賞重點] 白底印上藍紋為傳承至今的「台夫特瓷」傳統技法。直徑17.5公分。田 27

找得到的話就太幸運了！維也納窯廠的瓷器真品

19世紀，歐洲各地出現大量仿冒維也納(Wien)窯廠的贗品。由於仿製的技術太精巧，連專家都難辨真偽。據說，輸入日本的維也納窯廠瓷器中，有八成以上都是贗品。因此如果能找到真品，那真是太幸運了！最基本的確認重點是器皿底部的出廠標誌。在釉藥上面印上藍色盾牌標誌者為仿冒品，盾牌標誌左右不對稱者才是真品。

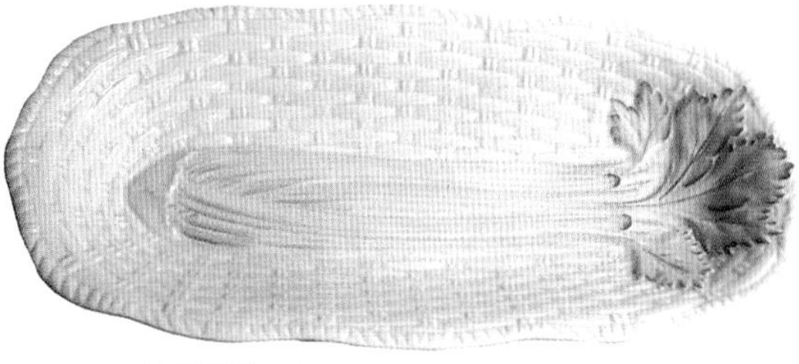

芹菜造形平盤

[製造商]Beswick [年代]1940年 [生產國] 英國 [價格]9,800日圓 [特徵] 竹籃中裝有芹菜的造形設計。殘留有淡淡的斑點。田 11

維也納窯廠：1717年創立於奧地利維也納的瓷器製造廠。「Wien」為德文的「維也納」之意，以製造洛可可風格的瓷器著稱。

碗碟與瓷碗合為一體的醬汁碗

[生產國] 英國 [價格] 4,200日圓 [特徵] 乍看之下很像茶碗，為瓷碗與碗碟合而為一的醬汁容器。這種形狀的設計可以防止醬汁從碗緣滴下來。田 18

1800年代的藍白清爽配色小碗，各30,000日圓。1930年代斯波德窯廠出品的有柄陶瓷壺，55,000日圓。皆為英國製。田 38

巧克力杯與杯碟

[出品窯] Sèvres [年代] 1892年 [生產國] 法國 [價格] 241,500日圓 [鑑賞重點] 塞弗禾窯廠著名的寶藍色。彩金的部分，據推測是1894年時加上去的。田 8

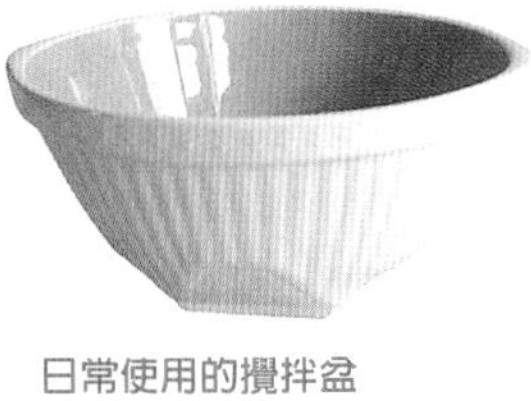

日常使用的攪拌盆

[製造商] TG Green [年代] 1930年後期～1950年左右 [生產國] 英國 [價格] 12,500日圓 [特徵] 底部作斜切處理，便於攪拌食材。內側為粉紅色的另一款式非常少見。田 11

各式陶瓷餐具

Other Tableware

先從蛋杯入門

陶瓷餐具的種類繁多，滿足餐桌上的各種需求。其中，最具代表性的陶瓷小餐具，就是蛋杯。

這種只有手掌一般大小的容器，是用來裝盛歐美人早餐一定會吃的水煮蛋。因為尺寸再大也不過一顆蛋的大小，所以一萬日圓以下就可以買到，造形與圖案也有多種選擇。雪萊等著名窯廠也有生產，可以當作收藏骨董陶瓷器的入門品項。

蓋碗較為少見

其次，陶瓷罐或陶瓷壺也很值得一看。從精美如觀賞用的，到設計簡單大方的，應有盡有，造形與圖案五花八門，相信讀者定可以從中找到自己中意的款式。除此之外，還有一種較稀有的陶瓷餐具：蓋碗（tureen），或稱湯盅。

此一名稱較為陌生的餐具，是用來裝盛煮熟的蔬菜料理或湯類的容器，放置於餐桌中央，供用餐者從中舀取菜餚至各自的盤中，功能近似鍋子。為了防止容器底部的溫度傳導至桌面，所以這種餐具都有底座。握把與蓋子的部位，也不乏別具特色的設計。

洛可可風格：Rococo，流行於18世紀的法國，為優美、輕快的貴族品味裝飾風格。

造形好握好拿的湯盅

［製造商］Midwinter［年代］1950年代［生產國］英國［價格］21,000日圓［特徵］湯盅是用來裝湯等料理、置於餐桌中央的容器。田23

圓柱風格圖案的牛奶咖啡碗

［年代］1920～1930年［生產國］法國［價格］13,000日圓［特徵］流行於法國統治摩洛哥時期的民族風陶瓷器。田11

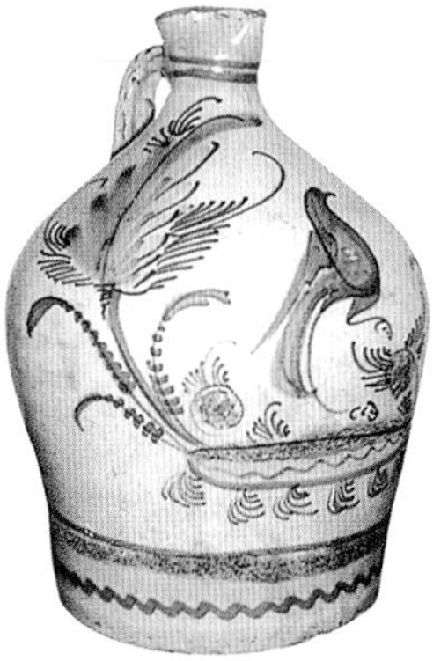

有柄陶壺

［出品窯］Majorca［年代］1600年代［生產國］西班牙［價格］350,000日圓［稀有度］年代古老的貴重陶器。手繪花鳥的圖案十分美麗。田27

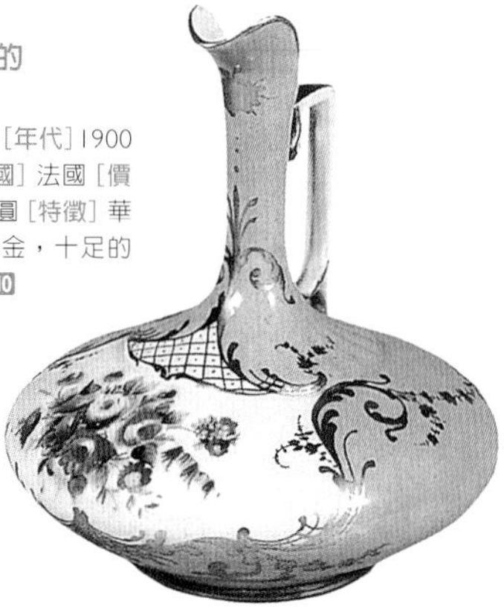

洛可可風格的有柄長頸罐

［出品窯］Paris［年代］1900年左右［生產國］法國［價格］210,000日圓［特徵］華麗、雅緻的彩金，十足的洛可可風。田10

色彩清新的蛋杯

［年代］1900～1920年［生產國］法國［價格］3,000日圓［特徵］質地堅硬的陶器反映線條的清晰與簡單大方。田11

模板印刷的玫瑰圖案有柄罐

［製造商］Digoin［年代］1930年［生產國］法國［價格］15,000日圓［特徵］牛奶色的底色，加上可愛的模板印刷玫瑰圖案。田11

找得到的話就太幸運了！特殊餐具

儘管每一個時代都有該時代的獨特產品，但因產量原本就不多，加上用法不明，所以有些西洋的特殊骨董餐具，幾乎沒有輸入日本。例如斷奶用的餐具，形狀類似小型醬油罐，可以用它來餵食果汁等流質食物給小嬰兒。此外還有醃菜碟，是一種有各式形狀的特殊小碟子，顧名思義是用來裝盛醃漬類食品的容器。

蓋碗：或稱湯盅，為用來裝盛蔬菜料理或湯類的深容器，附有握把及碗蓋。為了防止容器底部的溫度傳導至桌面，所以都有底座。

「婚戒」系列（Wedding Ring）的可愛茶具組。左起依序為茶杯與杯碟、糖罐、茶壺、牛奶盅。1930～1940年代的作品。田 38

蘇西・庫珀

Susie Cooper

平易近人的骨董陶器

英國陶器設計家蘇西・庫珀設計的陶製餐具，在日本比在英國更受歡迎。這是因為她的設計品在英國是屬於大量生產的日常生活器具，沒有人想特別珍藏。

不過，柔和的女性色彩、以花為主的圖案設計，最重要的，還有平易近人的價位，使得蘇西・庫珀的陶製餐具一傳入日本，就因為適合日常生活使用的「實用性骨董」特質，而廣受喜愛。

三〇年代後的作品

蘇西・庫珀的骨董餐具，可以大略分為三大類。首先是一九二二～一九二九年的葛蕾思（Grace）窯廠年代。此時期的作品，是蘇西擔任英國陶器製造商的畫工時所做，多具有強烈對比的色彩，張力十足，與一般印象中的蘇西・庫珀風格大異其趣，許多作品現在已很難見到。

一九三〇年以降，蘇西離開陶器製造商之後的獨立作品，主要為在日本可以見到的柔和風格類型。此時期的作品主要以印刷而非手繪製成，所以設計的款式非常多樣，收藏者眾。其作品隨著在日本的人氣攀升，在英國的價值也跟著水漲船高，收藏者競相擁有卻不易到手的作品也增加不少。

第三類是第二次世界大戰後的作品。手繪圖案的復活、骨瓷的採用為最大特色，價格也適中。歷經各個時代並吸引眾多愛好者的蘇西・庫珀，其作品魅力早已在骨董界占有一席之地了。

葛蕾思公司：蘇西・庫珀於1922～1929年期間擔任陶瓷畫工時所任職的公司。此時期的作品，多具強烈色彩與十足張力。

小花草圖案的湯杯與杯碟

[系列名]Nosegay[年代]1930年代[生產國]英國[價格]19,000日圓[特徵]杯子內側有可愛的小花草圖案。系列名為「小花束」。田 3

粉紅與黃色線條搭配的茶具組

[年代]1938年左右[生產國]英國[價格]120,000日圓[特徵]原為糖罐、奶盅與茶壺各一、兩組茶杯與杯碟與一個平盤的組合。這裡缺糖罐。田 14

稀有的調味罐組

[系列名]Dresden Spray[年代]1935年[生產國]英國[價格]102,900日圓[稀有度]由鹽罐、胡椒罐、芥末碟組合成的稀有調味罐組。胡椒先灑在平淺的盤子上，再沾著食用。系列名為「德勒斯登花葉」。田 46

清爽淡藍色的
小型咖啡杯與杯碟

[系列名]Crescent[年代]1936年代[生產國]英國[價格]25,000日圓[特徵]小巧的新月圖案，如同其系列名「新月」一般。田 38

鮮紅的雙人茶具組

[系列名]Gardenia[年代]1952年[生產國]英國[價格]252,200日圓[特徵]本系列有陶器與骨瓷兩種，圖為骨瓷類，有蛋糕盤。高尚的紅色非常亮眼。系列名為「梔子花」。田 46

雙面風情的湯杯與杯碟

[系列名]Whispering Grass[年代]1953年[生產國]英國[價格]15,750日圓[稀有度]表現迎風搖曳的高原之草的意象(故系列名為「颯草」)。連內側都上色的陶瓷餐具相當少見。田 23

骨瓷：以動物骨灰取代高嶺土(岩石粉碎製成的陶土)混入製作用土所製成的陶瓷器。18世紀斯波德窯廠首創。

蓋緣有握把的便利蓋碗

[系列名]Swansea Spray [年代]1930年後半 [生產國] 英國 [價格]38,000日圓 [特徵] 蓋緣上亦有握把，使蓋子在倒放時也能安穩放置。碗蓋的內凹處還可用來分裝湯汁。系列名為「史旺西花葉」。田 15

「茶隼」式樣的雙人茶具組

[年代]1935年 [生產國] 英國 [價格]130,000日圓 [特徵] 被稱為「茶隼式樣」，鳥身造形的茶壺為其特徵。共有兩個杯碟。田 14

夢幻湯杯與杯碟

[系列名]Panel Spray [年代]1939年 [生產國] 英國 [價格] 71,400日圓 [稀有度] 這個系列的湯杯與杯碟可謂難得一見的夢幻珍品。系列名為「鑲片花葉」。田 46

附杯蓋的湯杯與杯碟

[系列名]Wedding Ring [年代]1932年 [生產國] 英國 [價格] 29,400日圓 [特徵] 有杯蓋和杯碟，具保溫的效果。田 46

花卉圖案雙人茶具組

[系列名]Tiger Lily [年代]1934年 [生產國] 英國 [價格] 252,000日圓 [特徵] 除了雙人茶具組應有的組合之外，還有一個蛋糕盤。澄澈的白色非常高雅。系列名為「卷丹」。田 46

四方形蛋糕盤

[系列名]Nosegay [年代]1935年 [生產國] 英國 [價格] 8,920日圓 [稀有度] 少見的四方形平盤。田 46

茶隼式樣：Kestrel Shape，以長元鳥（坊隼鳥的同類）的鳥名為系列名稱，為蘇西·庫珀的茶壺造形代表作。

圖案簡潔清爽的平盤

［系列名］綠龍膽［年代］1950年代［生產國］英國［價格］9,500日圓［特徵］綠色的滾邊顯得穩重大方。田 3

玫瑰圖案的超人氣糖罐

［系列名］Patricia Rose［年代］1930年代［生產國］英國［價格］45,000日圓［特徵］細緻的玫瑰花圖案，為相當受歡迎的系列 。系列名為「派翠西亞玫瑰」。田 3

深褐色杯碟的三件式可愛茶杯組

［系列名］Sepia Rose［年代］1959年代［生產國］英國［價格］18,900日圓［特徵］既成熟又時尚的設計，有骨瓷的質感。系列名為「墨色玫瑰」。田 46

雛菊圖案雙人茶具組

［系列名］Daisy［年代］1939年［生產國］英國［價格］504,000日圓［稀有度］「雛菊」系列在市面上幾乎看不到。有蛋糕盤的完整組合更是稀少而珍貴。田 46

找得到的話就太幸運了！小花圖案非買不可

產量少、高人氣的系列一旦落入收藏家之手，就很難再回流到市場上。「花環」（Wreath）系列就是其中之一，為1951年出產的小花花環圖案系列。蘇西・庫珀的作品中另有「春天」（Printemps）及「史旺西花葉」等大花圖案和小花圖案系列，其中以小花圖案最為珍貴。「春天」系列的小花圖案中，又以紅色、棕色最為稀有。

綠色「小花束」系列三件式茶杯組

［系列名］Nosegay［年代］1930年代［生產國］英國［價格］38,000日圓［特徵］出品當時就非常受歡迎的綠色「小花束」系列。田 3

獵鷹式樣：Falcon Shape，為蘇西・庫珀獨創的茶壺造形，模仿自獵鷹的身形。

玻璃器皿

GLASSWARE

STUDY & CHECK POINT

◆歷史

現存的骨董玻璃幾乎都是十九世紀以後的作品

玻璃的起源，可以追溯到古代的美索不達米亞，歷經羅馬時代與中世紀，至十七世紀後半才成為一般庶民的日用品。含鉛的水晶玻璃（crystal glass）開發於英國，隨著工業革命而大量普及。

十九世紀後半至二十世紀間的「新藝術」及「裝飾藝術」時期，法國的蓋雷（Emile Gallé）、杜慕兄弟（Daum Frères）及萊儷（René Lalique）等大師皆做出高水準的藝術之作，風靡一時。現今流傳於坊間仍可能取得的的骨董玻璃器，最早為十八世紀以後的作品。儘管當時的玻璃器品質不佳，含有太多的氣泡和雜質，卻反而擁有一種質樸的魅力。

十九世紀後，隨著技術的進步，玻璃器中儘管仍未能避免氣泡，但幾乎已不見雜質。在骨董市場上，十九世紀後的玻璃器價格也較為平易近人。

◆鑑賞重點

認識玻璃製作技法，才有能力鑑賞珍品的價值

玻璃的成型技法分為：以吹管沾取高溫融熔的玻璃膏後吹氣成型的「吹製法」，以及將融熔的玻璃膏注入已刻好的模子中壓製成型的「模製法」兩大類。

一般而言，採用「吹製法」製成的玻璃器，具有光滑、無顆粒、一體成型的特點；而採用「模製法」製成的玻璃器，因為是由數個模子壓製出來的零件熔合成型的，品質較差者的接縫處會很明顯，摸起來也較粗糙不平。即使像萊儷等大師的作品中，也不乏以「模製法」製成的玻璃器。

在施加圖案的技法方面，主要有以研磨機做出幾何圖案的「切割」法、在玻璃表面薄刻上花卉等圖案的「雕刻」法、「釉彩彩繪」法、「飾金彩繪」法、「多色置入法」（幾種不同顏色層疊上色）等技法。越是注重細節裝飾的玻璃器，越是上等品。

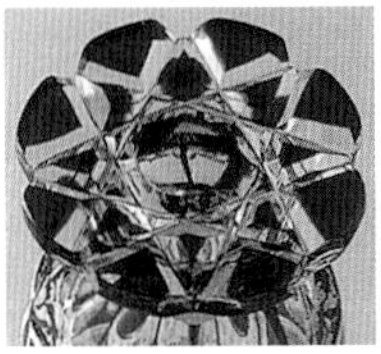

鑑賞玻璃器時請特別注意底部。底部切割越講究的產品，表示年代越古老，而且越上等。因為邊緣的部分容易破損，所以有些市售骨董玻璃器會重新磨削與修補。

蓋雷：新藝術時期的法國代表藝術家。 杜慕兄弟：法國的玻璃藝術家兄弟。

◆選購方法

不只在乎修補與否，修補後的平衡感才是重點

玻璃是易碎物品，看到中意的玻璃器時，務必在取得店員的許可後才拿起來鑑賞，同時以拿在手上時的感覺來確認質感。含鉛量較多的良質水晶玻璃，尺寸越大，越能感受其沉甸甸的重量。

接著，用手指沿著器身及底部的邊緣觸摸。經過修補的玻璃器，摸起來會有顆粒的感覺。

此外，鑑賞有運用切割技法的作品時，可以指尖輕輕觸摸切面。年代久遠的作品，摸起來會很滑順；如果感覺粗糙，很可能是複製品。

有些經過修補的玻璃器，圖案的平衡感會變差，或是部分圖案被截掉，因此鑑賞時一定要從整體來檢查其平衡感。

◆晉升行家之列

有背景的珍品值得一尋

在水晶玻璃尚未問世的十九世紀以前，支配歐洲的是威尼斯與波希米亞玻璃杯。採用較威尼斯玻璃杯更透明、更堅固的玻璃製成的波希米亞玻璃杯，於十八世紀初進入黃金時代。只是此時期的玻璃器非為一般庶民所用，而是象徵王公貴族身分的奢侈品，因此全是極度奢華的珍品。

這是波希米亞玻璃杯裝飾技術最高超的年代，最極致的表現就數「黃金三明治」（Gold Sandwich）技法。做法有在重疊的兩片玻璃中間貼上金箔後加以雕刻，也有在金箔上描繪出細緻的圖案或以油彩上色，然後再將兩層玻璃重疊為一。此種技術相當困難，所以十九世紀就失傳了。「黃金三明治」玻璃，堪稱是藝術級的玻璃器。

擺設與裝飾小祕訣

單一色調的深褐色玻璃器大集合

說到玻璃器，有從高透明度的玻璃器到色彩豐富的彩色玻璃、半透明的變色玻璃等多樣種類。欲陳列各種造形的玻璃器於一處時，避免讓顏色或質感相異的玻璃器雜陳。選擇同一種顏色或調子的作品做陳列，較能展現高雅、優美的氣氛。

四面玻璃的展示櫃最適宜

若要讓玻璃器的美展現到最極致，放入能襯托出透明感的櫥櫃裡最為合適。可以使用兩側、背面及隔板皆為玻璃片的骨董展示櫃，透過自然光讓玻璃器閃閃動人，宛若一個大型的珠寶盒。

利用窗台擺設長型玻璃器，晶瑩可愛

非高級品的玻璃器可利用窗戶來做陳列。利用窗台等小空間來擺放幾個骨董玻璃器，透過玻璃器欣賞窗外的景色別有一番風味。只要加上一條細鐵絲固定住，就不必擔心會掉下來。

變色玻璃：vaseline glass，含有鈾成分的半透明玻璃，多用來做成燈罩。現在幾乎已不再生產了。

玻璃酒杯上的薄刻圖案透過光線時會更顯清晰、美麗。即使倒入的是普通的葡萄酒，似乎也變得更好喝了。田 38

玻璃杯

Glass

以作工精細為選擇標準

在進入工業化的二十世紀之前，玻璃曾是非常重要的素材。從多數骨董玻璃器上呈現的精巧細工，也可想像玻璃器所象徵的富裕生活。其中，最具代表性的玻璃器就是玻璃杯。種類、形狀與裝飾技法皆非常多樣的玻璃杯，讓人不禁想要擁有一、兩個作為收藏。

法國的蓋雷、萊儷等玻璃工藝大師的作品數量驚人，而專門收藏這些大師作品的人也不在少數。建議骨董玻璃器的愛好者們先從欣賞玻璃細工的樂趣開始，選擇適合日常生活使用的玻璃杯著手。用手拿起時的質感、就口時的光滑感以及現代已難再見到的精湛工藝技術等精細之處，都能顯現骨董玻璃杯才有的魅力。

此外，即使是成套的玻璃杯組，每一個杯子的高度和形狀也都會有些微的不同，而這一點正是手工玻璃杯的特色。

一萬日圓起就可以買得到

玻璃杯的形狀會因為出品國家或裝盛的酒類而異，最基本的杯型是葡萄酒杯(wine glass)，其次是雪莉酒杯(sherry glass)與利口酒杯(liqueur glass)。此外，多半在餐後離開餐桌後飲用的利口酒(具甜味而芳香的烈酒)酒杯，也常做成有握把的杯型。在杯子的裝飾方面，有飾以金彩的，或加入礦脂(vaseline)的半透明玻璃等各式各樣酒杯，其中以清玻璃杯(clear glass)加上雕刻或切割技法製成的簡約造形，價格較平易近人；早期的英、法製品約一萬日圓起就可以買得到。

雕刻技法：gravure(法文)，是在玻璃表面刻出花樣或圖案的一種裝飾技法。

威尼斯螺旋腳玻璃杯

[裝飾技法] 飾金彩繪 [年代] 1800年代後半 [生產國] 義大利 [價格] 各65,000日圓左右 [特徵] 對比鮮明的紅白與藍白螺旋狀杯腳，十分亮眼。田 19

葡萄酒杯

[裝飾技法] 杯身為雕刻技法，杯腳為切割技法 [年代] 1800年代後半 [生產國] 英國 [價格] 36,750日圓 [特徵] 葡萄葉紋樣的雕刻非常美麗。田 8

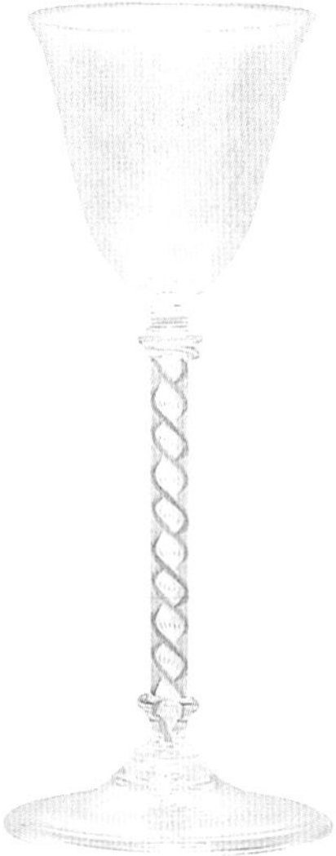

螺旋腳玻璃杯

[裝飾技法] 噴塗金箔 [年代] 1900年代後半 [生產國] 義大利 [價格] 45,000日圓左右 [特徵] 噴塗的金箔透過光線會閃閃發亮。田 19

葡萄酒杯

[裝飾技法] 飾金彩繪 [年代] 1800年代後半 [生產國] 法國 [價格] 35,000日圓左右 [特徵] 金紅色的玻璃杯身加上星形的飾金彩繪，相當可愛。田 19

威尼斯玻璃杯

[裝飾技法] 飾金彩繪 [年代] 1800年代後半 [生產國] 義大利 [價格] 各60,000日圓左右 [稀有度] 藝術價值極高的飾金彩繪玻璃，相當珍貴。紅色的一款呈漸層色彩。田 19

葡萄酒杯

[裝飾技法] 釉彩彩繪與飾金彩繪 [年代] 1800年代後半 [生產國] 義大利 [價格] 非賣品 [特徵] 纖細的釉彩彩繪。田 19

釉彩彩繪：自古傳承下來的一種玻璃裝飾技法，用釉彩在玻璃表面加繪圖案之後，再以低溫燒成。

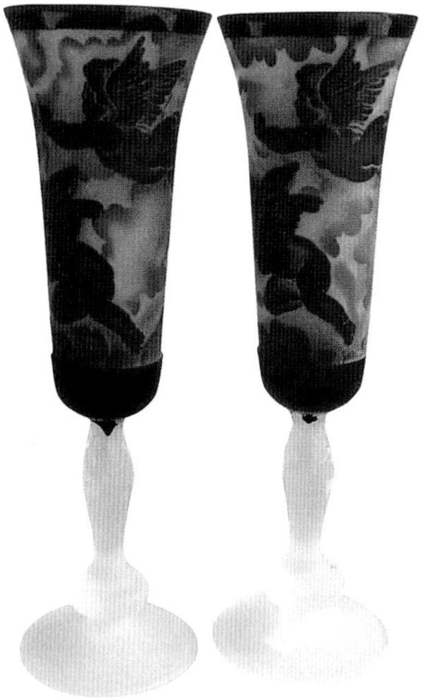

葡萄酒杯

[裝飾技法] 雕刻技法 [年代] 1900年 [生產國] 英國 [價格] 26,000日圓 [鑑賞重點] 從杯身到杯底皆施以精細的雕刻。田 10

浮雕對杯

[裝飾技法] 浮雕技法 [年代] 1950年 [生產國] 捷克 [價格] 88,000日圓 [稀有度] 波希米亞玻璃杯多半採用雕刻或切割技法裝飾，這組對杯卻難得一見地採用浮雕技法。田 26

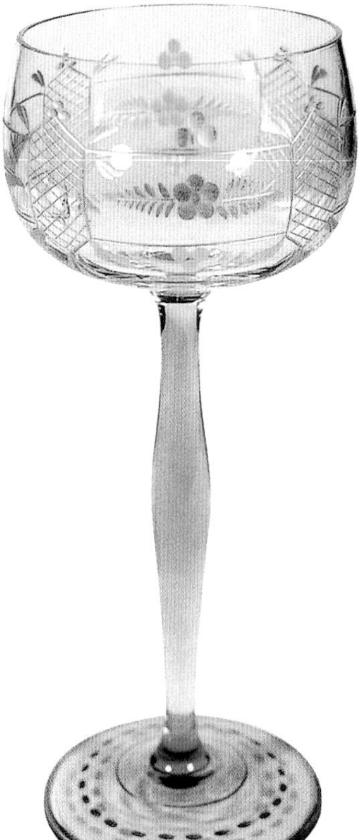

慶生玻璃杯

[成型技法] 模製法 [年代] 1918年 [生產國] 英國 [價格] 12,600日圓 [鑑賞重點] 原本為無圖案的玻璃杯，被刻上「Isabel」這個名字與日期作為贈禮。尺寸稍小，直徑只有6.5公分，高6.5公分。田 46

平底無腳酒杯

[成型技法] 模製法 [年代] 1920年 [生產國] 英國 [價格] 2,730日圓 [稀有度] 有稜有角的平底無腳酒杯十分少見。杯壁為幾何紋樣的厚玻璃。田 23

紀念杯

[成型技法] 模製法 [年代] 1880年代 [生產國] 英國 [價格] 15,220日圓 [特徵] 為歌誦曾解救百萬人民於飢荒的愛爾蘭政治家而產生的作品。田 46

葡萄酒杯

[裝飾技法] 飾金彩繪 [年代] 1910年 [生產國] 捷克 [價格] 31,500日圓 [特徵] 飾金彩繪的杯身與綠色杯腳的搭配十分少見。田 10

杯腳：stem，高腳玻璃杯的腳。相對於此，容器的部分稱為「杯身」(bowl)，底座的部分稱為「杯底」(foot)。

成對烈酒杯

［裝飾技法］雕刻技法［年代］1900～1910年［生產國］英國［價格］37,800日圓［特徵］高度只有12公分的小尺寸，卻充分展現玻璃的晶瑩剔透。田38

葡萄酒杯

［裝飾技法］雕刻技法［年代］1900年代初期［生產國］法國［製造商］Baccarat［價格］25,000日圓［特徵］倒入葡萄酒後更能烘托出雕刻的紋樣。田38

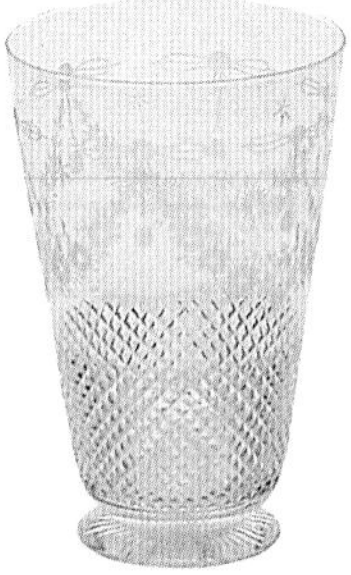

平底無腳酒杯

［裝飾技法］雕刻與切割技法［年代］1890年代［生產國］英國［價格］25,000日圓［特徵］蝴蝶結與小花的細工雕刻精緻可愛，圈足的杯底設計也很稀有。田38

高腳對杯

［裝飾技法］雕刻與切割技法［年代］1940～1950年［生產國］英國［價格］45,000日圓［特徵］薊花圖案的雕刻裝飾十分有英國風味。田38

蕭條時代玻璃杯

［成型技法］模製法［年代］1928～1932年［生產國］美國［價格］8,000日圓［特徵］美國經濟大蕭條時期所流行的有色玻璃。田43

葡萄酒杯

［成型技法］吹製法［年代］1960年代［生產國］英國［價格］1,680日圓［特徵］杯身加上縱向凹槽，杯緣的弧線讓嘴巴的觸感更柔和。田42

香檳杯

［裝飾技法］飾金彩繪［年代］1960年代［生產國］英國［價格］2,415日圓［特徵］杯緣的滾邊飾金彩繪相當華麗。琥珀色的杯腳個性十足。田42

找得到的話就太幸運了！玻璃咖啡杯

在各式各樣的骨董玻璃杯中，偶爾會發現一些造形特殊的作品，其中最特別的就是喝咖啡用的玻璃杯了。它的形狀如同在寬平的杯碟上黏接一個高腳杯，出現在19世紀初期的法國等地。

此外，還有專為豪華宴會而設計、杯腳高達二十公分以上的香檳杯。如果保存狀況良好的話，堪稱稀有的珍品。

浮雕：cameo，雕刻技法之一，最具代表的是以浮雕技法在貝殼上加工的「貝殼浮雕」（shell cameo）。與之相反的雕刻技法為「凹刻」（intaglio）。

醒酒瓶

[裝飾技法] 雕刻技法 [年代] 1890年代 [生產國] 英國 [價格] 35,000日圓 [特徵] 布滿瓶身的雕花圖案讓人愛不釋手。田 38

整個壺身都雕有玫瑰花蕾圖案、充滿清涼感覺的玻璃水壺。和玻璃杯成套搭配更顯出質感。1880年代英國製。田 38

醒酒瓶與有柄玻璃壺

Decanter & Jug

選購醒酒瓶時必須特別注意瓶蓋

醒酒瓶是用來裝盛即將飲用的葡萄酒或利口酒的容器。由於十八世紀時的酒都是裝在木桶裡，醒酒瓶便是直接從木桶承接酒時所用的容器，因此有各式各樣的尺寸。十九世紀後，酒從桶裝改成瓶裝，醒酒瓶尺寸也改以二十公分左右的為主流，而且幾乎都採統一規格。

為防止酒氣揮發，大部分的醒酒瓶都附有瓶塞。除了葡萄酒用的醒酒瓶原本不帶瓶塞之外，由於纖細的玻璃瓶塞或瓶蓋容易損壞，所以許多市售的骨董醒酒瓶都已不見瓶塞的蹤影。選購的時候，一定要看清楚醒酒瓶原本的設計，辨別究竟是原本就不帶瓶塞還是瓶塞被拿掉了。就實用面來挑選，以透明度高、倒入酒後能讓瓶中物清晰可見者為佳。因此，講求晶瑩、美觀效果的醒酒瓶組合亦不在少數。

有柄玻璃壺用來盛水與牛奶

有柄玻璃壺是帶有握把和壺嘴、用來裝盛液體的容器總稱，依裝盛的液體而有不同的種類，當中以水壺和牛奶壺最具代表性，另外還有專為裝盛其他液體而設計的有柄玻璃壺。

醒酒瓶

[裝飾技法] 雕刻技法 [年代] 1800年代 [生產國] 法國 [價格] 240,000日圓 [特徵] 鑲上銀製的瓶口，十分高貴典雅。田 38

波希米亞玻璃：Bohemian glass，誕生於波希米亞地區（現在的捷克），有將近一千年的歷史，是一種製作技術複雜且高超的玻璃。

醒酒瓶

［裝飾技法］雕刻技法［生產國］法國［價格］240,000日圓［特徵］雕刻細緻而華麗。醒酒瓶和以同樣手法裝飾的玻璃杯雖然不是成套的設計，卻很搭調。玻璃杯每只各25,000日圓。田 38

利口酒醒酒瓶組

［裝飾技法］波希米亞切割技法［年代］1900年初［價格］80,000日圓左右［特徵］採用波希米亞玻璃所用的特殊切割技法。鑲上銀製瓶口。田 15

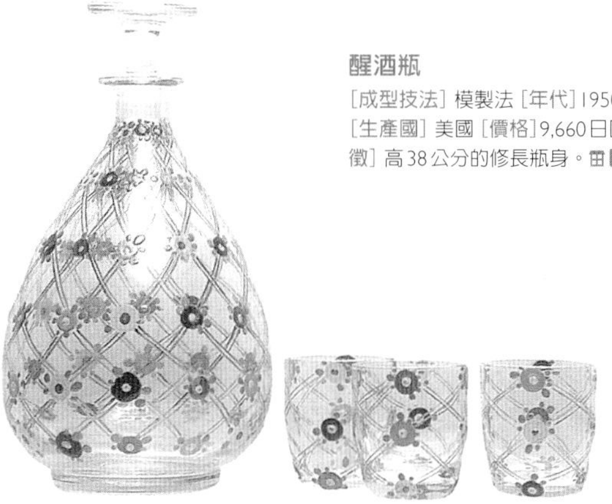

利口酒醒酒瓶組

［裝飾技法］釉彩彩繪［年代］1800年代後半［生產國］法國［價格］280,000日圓［特徵］綴滿小花圖案的醒酒瓶，搭配三個同款花紋的玻璃杯。田 19

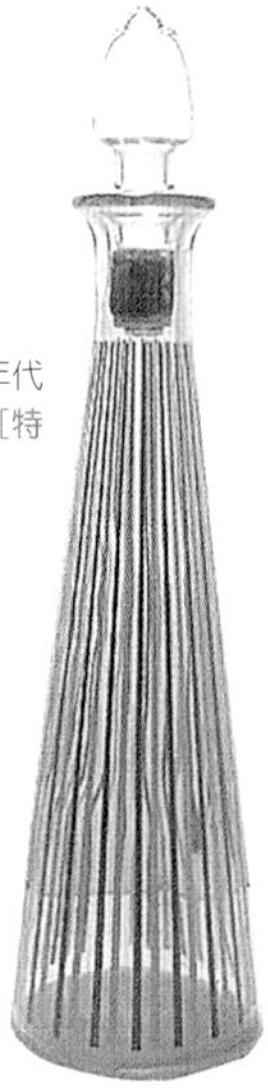

醒酒瓶

［成型技法］模製法［年代］1950年代［生產國］美國［價格］9,660日圓［特徵］高38公分的修長瓶身。田 1

冰水壺

［成型技法］模製法［年代］1935～1938年［生產國］美國［價格］18,500日圓［特徵］美國經濟大蕭條時代「蕭條玻璃」的生產大宗珍奈特玻璃（Jeannette Glass）公司製品。田 3

找得到的話就太幸運了！蘋果烈酒醒酒瓶

利口酒專用的醒酒瓶多半造形美麗，其中尤以裝盛蘋果烈酒（Calvados）的醒酒瓶最為珍貴。

此種醒酒瓶，用來裝盛法國諾曼第半島卡爾瓦多斯特產的蘋果利口酒，擁有聖路易（St-Louis）等玻璃名廠以蘋果為意象做出的圓球造形。如果看到很像日本茶壺的醒酒瓶，千萬不要錯過。

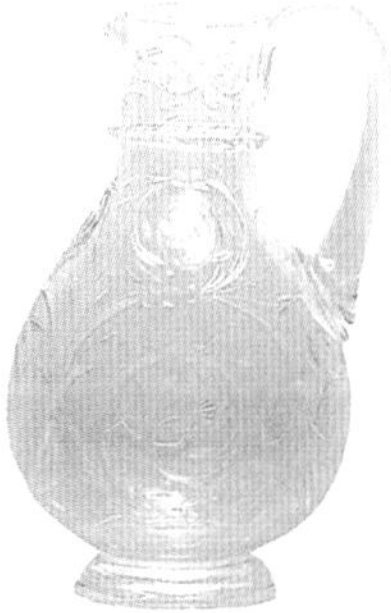

水壺

［裝飾技法］雕刻技法［年代］1900年代前半［生產國］法國［價格］60,000～70,000日圓［特徵］高貴的雕花紋樣。巴卡哈（Baccarat）公司製。田 19

醒酒瓶

［裝飾技法］雕刻技法［年代］1900年代前半［生產國］法國［價格］50,000～60,000日圓［特徵］圓溜溜的造形相當可人。田 19

聖路易玻璃廠：1767年，在法王路易十五的許可下設立的皇家聖路易玻璃廠，為法國歷史悠久的玻璃製造廠。

英國人將卡士達醬倒入玻璃杯中作為一道甜點。這樣優雅的甜點時光，使用的就是這種卡士達杯。1920年代英國製。田 38

玻璃容器

Vessel

甜點用玻璃容器個性十足

妝點餐桌的骨董玻璃容器有各式各樣的造形。除了主菜用的餐盤、小碟子之外，還有醬汁用、甜點用玻璃器與高腳水果盤等優雅與清爽風情兼具的豐富種類。其中尤以甜點用玻璃容器的造形最富個性。

在日本，冰涼的甜點通常是在餐後享用；在歐洲，餐後通常是以乳酪來清口，冰涼的甜點則是在餐間享用。

而且，當時的用餐時間比現在長，在餐間上桌的甜點用玻璃容器盛裝，有轉換氣氛的作用，較追求清涼感及個性，與其他的玻璃容器大異其趣。在當時的歐洲，冰涼甜點算是高級的享受，而裝盛甜點的玻璃容器便以華麗卻不破壞氣氛的精巧裝飾，來營造這個令人期待的珍貴時刻。

華麗優雅的高腳水果盤

卡士達杯（custard cup）對東方人而言較陌生。這是一種有握把的玻璃容器，方便取用裝在杯裡的卡士達醬（即蛋奶醬）。

此外，妝點午茶時光的蛋糕架、果醬盤等，也都非常優雅。可以擺放整顆水果的高腳盤（compote），有時也可以作為放在餐桌中央的擺飾器皿，因此多半為高腳、深底的設計，或圈足的高雅設計。

五〇年代以後，以「模製法」製成的玻璃製品大量生產，在形狀與裝飾技法方面也越來越偏向簡潔。這個時期的產品約一萬日圓左右就可以買到。

模吹法：以吹管沾取高溫融熔的玻璃膏後，置入以石頭、木頭或金屬等材質製成的模子中吹氣成型的一種成型技法。

巧克力杯與杯碟

［裝飾技法］飾金彩繪與釉彩彩繪［年代］1900年左右［生產國］捷克［價格］50,000日圓［稀有度］粉紅顯色的玻璃上飾以金彩與手工釉彩彩繪，是非常稀有的一組玻璃杯與杯碟。田10

變色玻璃水果盤

［成型技法］模吹法［年代］1910年左右［生產國］英國［價格］80,000日圓［稀有度］稀有的變色玻璃多半用來做成燈罩，做成水果盤的製品相當少見。褶邊的設計，個性十足。田15

五十週年紀念碗

［成型技法］模製法［年代］1887年［生產國］英國［價格］15,750日圓［特徵］為紀念維多利亞女王執政五十週年而發售的作品。田46

甜點盤

［裝飾技法］雕刻技法與飾金彩繪［年代］1850年［生產國］法國［價格］84,000日圓［鑑賞重點］薄薄的玻璃器身上飾以雕刻與金彩，展現超高的工藝技術。聖路易玻璃廠製。田10

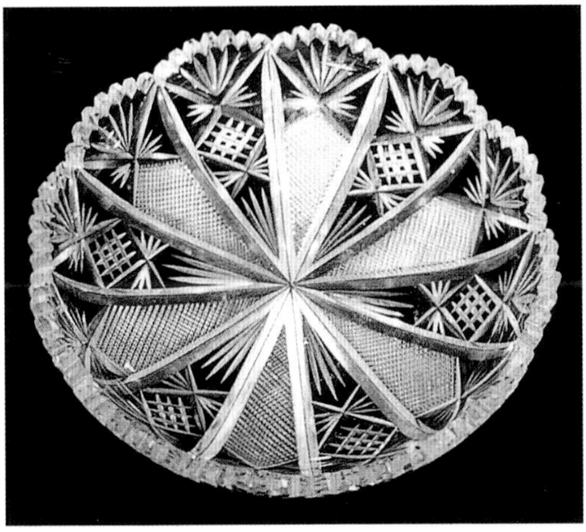

手工切割平盤

［裝飾技法］手工切割技法［年代］1800年代初期［生產國］英國［價格］47,250日圓［稀有度］纖細的手工切割作品。直徑14.5公分。田8

擺飾器皿

［裝飾技法］雕刻技法與飾金彩繪［年代］1900年［生產國］法國［價格］126,000日圓［特徵］用來作為餐桌擺飾的玻璃器，純觀賞用亦佳。聖路易玻璃廠製。田10

擺飾器皿：centerpiece，作為餐桌中央擺飾的容器，有高腳水果盤、花器、觀賞用玻璃器等各種型態。

玻璃盤

[成型技法] 模製法 [年代] 1930年代 [生產國] 英國 [價格] 3,150日圓 [特徵] 可用來盛放餅乾等點心，妝點午茶時光。田 23

大蕭條時代的玻璃點心盤

[成型技法] 模製法 [年代] 1928～1932年 [生產國] 美國 [價格] 25,000日圓 [特徵] 深度有6.5公分。柔和的玻璃色澤為其特徵。田 43

甜點盤

[成型技法] 模製法 [年代] 1928～1932年 [生產國] 美國 [價格] 10,000日圓 [特徵] 美國經濟大蕭條時代的有色玻璃器皿，淡淡的色澤十分誘人。田 43

蛋糕架

[成型技法] 模製法 [年代] 1900～1920年 [生產國] 英國 [價格] 9,500日圓 [特徵] 優雅的高腳蛋糕架，為英國常見的玻璃器。田 11

蛋糕架

[成型技法] 模製法 [年代] 1900～1920年 [生產國] 英國 [價格] 11,000日圓 [稀有度] 高腳較一般蛋糕架來得長且高，帶有角度的盤緣十分優美。田 11

蕭條玻璃：depression glass，1920年代誕生於美國經濟大蕭條時代的明朗色調模製玻璃。

天鵝造形玻璃罐

[成型技法] 模製法 [年代] 1930年代 [生產國] 英國 [價格] 4,830日圓 [特徵] 上半部作為蓋子，中間可以當作鹽罐。田 23

蕭條玻璃缽

[成型技法] 模製法 [年代] 1928～1932年 [生產國] 美國 [價格] 12,000日圓 [特徵]「鳶尾花」系列中的一款。田 43

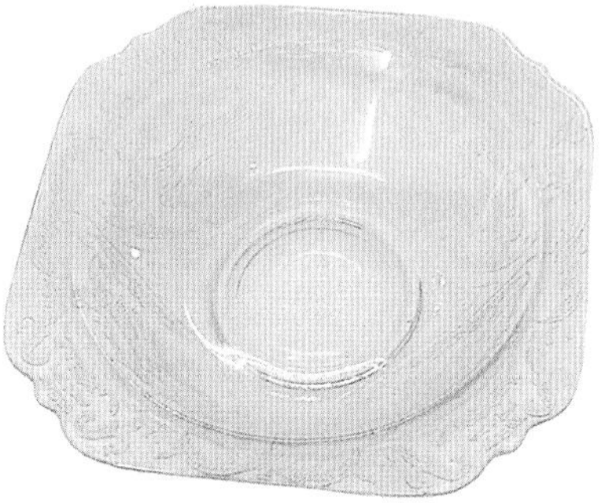

蕭條玻璃缽

[成型技法] 模製法 [年代] 1928～1932年 [生產國] 美國 [價格] 8,000日圓 [特徵] 深度約4公分的淺缽，可用來盛放沙拉等。田 43

冰淇淋杯

[裝飾技法] 切割技法 [年代] 1950年 [生產國] 英國 [價格] 2,415日圓 [特徵] 底座部分加寬以方便擱置湯匙的冰淇淋杯，風格簡約。田 42

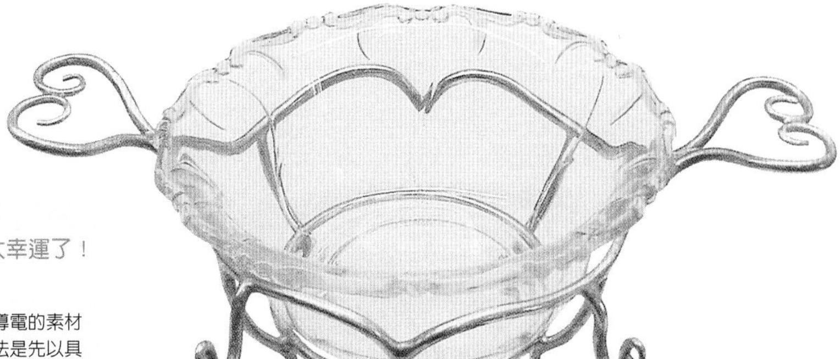

維多利亞風格果醬盤

[成型技法] 模製法 [年代] 1900年左右 [生產國] 英國 [價格] 17,000日圓 [特徵] 鍍銀的心型握把十分別緻。田 3

找得到的話就太幸運了！貼銀玻璃器

所謂貼銀，是指在玻璃等非導電的素材上施以鍍銀裝飾的技法。作法是先以具導電性質的物質繪出底圖，上面再鍍上一層銀，因此所有的圖案線條都是相連不斷的。由於製作過程繁複，而且不似鍍金那樣耀眼奪目，所以鑲銀的玻璃器比較少見。不過，仍有極少數的甜點玻璃器皿會做貼銀的裝飾，非常簡潔而有味道。

鍍銀：silver-plate，指施以一層鋅白銅（鎳與黑鉛的合金）或鍍銀。銀的成分占92.5%者稱為「法定純銀」。

香菸罐

［裝飾技法］雕刻技法［生產國］法國［價格］46,000日圓［特徵］充滿憂鬱氣質的一具水晶玻璃香菸罐，彷彿可以聽到它的嘆息聲。巴卡哈公司製。田 38

玻璃與銀的組合相當清爽大方。由左至右依序為混合調配紅茶葉用的茶器、芥末罐、果醬罐。皆為英國製。田 38

各種附蓋玻璃器皿

Other Glassware

當作配角的玻璃器

調味料罐、餅乾罐、糖罐等玻璃小容器的種類眾多，精巧得讓人捨不得拿它們當配角。它們除了很適合用來當作櫥窗擺飾之外，作為實用品也能讓每天的餐桌都增添一分優雅。別再把糕點放在塑膠容器裡，改放到玻璃製的餅乾罐或糖果罐中，享受一段悠閒的點心時間吧！

鹽罐與胡椒罐是人氣商品

尺寸小、價格平易近人的鹽罐與胡椒罐，是最受玻璃器愛好者歡迎的收藏品。各式各樣的設計，可滿足收集的樂趣。

裝盛調味料的容器多半可以一目了然，但是其他的附蓋玻璃容器就很難從外型上立刻判斷出其用途。儘管無法一概而論，不過，一般而言，有的容器附有密封性較高的金屬蓋，多半是作為餅乾罐，而糖果罐的器身通常比較矮胖，蓋子也是玻璃製的。此外，還有一些附蓋的保存容器是不限定用途的。

最特別的要算是攜帶用的葡萄酒壺。它既有桶形容器的功能，造形亦非常優雅而美觀。

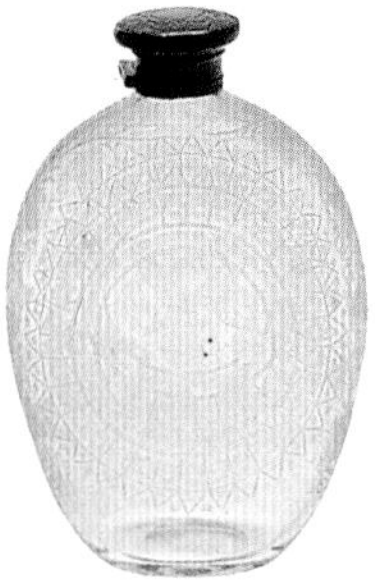

攜帶用葡萄酒壺

［裝飾技法］雕刻技法［生產國］英國［價格］240,000日圓［特徵］高15.5公分的攜帶用酒壺，有銀製壺蓋。也可倒入烈酒，在室內享用。田 38

含鉛玻璃：在主原料矽砂中加入鉛製成的玻璃。開發於17世紀後期的英國。

密封罐

[成型技法] 模製法 [年代] 1935年 [生產國] 英國 [價格] 8,925日圓 [特徵] 蓋子做成王冠造形的保鮮罐。為紀念喬治六世加冕而製作。田 46

密封罐

[成型技法] 模製法 [年代] 1935年 [生產國] 英國 [價格] 29,400日圓 [特徵] 紀念喬治六世加冕而製作的作品，連罐底都有圖案。田 46

鹽罐與胡椒罐

[成型技法] 模製法 [年代] 1928～1932年 [生產國] 美國 [價格] 9,800日圓 [稀有度] 大蕭條時代有色玻璃製成的鹽罐與胡椒罐，是相當受歡迎的商品。田 43

糖罐

[成型技法] 模製法 [年代] 1928～1932年 [生產國] 美國 [價格] 10,000日圓 [特徵] 模製鳶尾花圖案的附蓋糖罐。田 43

餅乾罐

[裝飾技法] 雕刻技法 [年代] 1880年左右 [生產國] 英國 [價格] 260,000日圓 [特徵] 這麼美麗的容器竟然是用來裝餅乾的，實在太優雅了。蓋子為鍍銀製。田 38

糖果罐

[裝飾技法] 酸蝕 [生產國] 英國 [價格] 46,000日圓 [鑑賞重點] 用酸劑腐蝕玻璃表面營造出的緞帶圖案，十分可愛。田 38

找得到的話就太幸運了！芹菜杯

這種玻璃餐具就數量而言雖然不算稀少，卻常常被人忽略。形狀上像是杯口略為外開的玻璃杯，尺寸則比玻璃杯大許多，常被誤視為花瓶。

如果能發現的話，真的是太幸運了！它原本是用來裝盛芹菜束的餐具，讓用餐者各自從中抽取芹菜條，撒鹽後食用。

調味料罐組

[裝飾技法] 切割技法 [年代] 1880年左右 [生產國] 英國 [價格] 34,000日圓 [特徵] 左起依序為醋罐、胡椒罐、鹽罐。蓋子為鍍銀製。田 14

吹製玻璃：有以吹管沾取高溫融熔的玻璃膏後吹氣成型的「手吹法」，以及將玻璃膏插入模子中吹氣成型的「模吹法」。

銀器 SILVERWARE

STUDY & CHECK POINT

◆歷史

既為財富與權力的象徵，又具備機能性

早在紀元前的美索不達米亞文明和埃及文明時期，就已出現銀製的裝飾品了。從那個時候起，銀便是一種高價的貴金屬，並作爲財富與權力的象徵。因爲導熱效果非常好，銀能讓熱的東西保持熱度、冷的東西保持低溫；在熱源不足的時代，銀因此成爲非常珍貴的食器。早在十四世紀初的英國，銀製品上已有用來作爲品質保證的「產品印記」(hallmark)，並發展至今。

銀的最大宗生產地爲英國。大英帝國的輝煌時代，在雄厚的資金與工業革命的時代背景下，生產大量的銀製品。因此，在骨董銀製品中，也以工業革命以降的英國製品最多。

銀除了本身就是一種貴金屬而極具收藏價值之外，再加上性質柔軟、易於加工，即使是一根古老的銀湯匙也多半帶有纖細的做工，因此就算不是名廠出品，一樣不難發現品質極佳的銀器。

◆鑑賞重點

務必仔細檢查標示產地與製造年份的「產品印記」

比起其他骨董商品，銀器的鑑賞方法要來得容易許多。因爲就連一根銀製湯匙上，都刻有用來證明品質的「產品印記」。它隨著生產國不同或許有所差異，不過，以銀器生產大宗的英國製品爲例，標示品質的印記內容包括是否爲純銀、生產地、製造年代，有時甚至包含作者名。

「產品印記」通常包含一列四個印記，左起依序爲「製造者印記」(Maker's Mark)、「產地印記」(Assay Mark)、「純銀印記」(Standard Mark)、「年號印記」(Date Letter)。「製造者印記」是以製造者的第一個羅馬字母標示，「產地印記」則標示生產地。在歐洲，稱含銀率80%以上者爲「銀」(silver)，只有表面爲銀的稱爲鍍銀(silver-plate)，含銀率92.5%以上者稱爲「純銀」(Sterling Silver)，因此，有「純銀印記」的銀器，才是純銀製品。至於「年號印記」，則是以一個羅馬字母來標示製造年號。

刻在湯匙柄背的「產品印記」。左起（不含「England」字樣）依序為製造者印記、產地印記、純銀印記及年號印記。

「純度印記」：用來保證貴金屬品質的標記，隨時代與國家而有所不同。就銀器而言，以英國的印記最為有名。

◆選購方法

優先考慮純銀材質，整體美感也很重要

選購時最重要的考量是素材。純銀與鍍銀在質感與價格上有很大的差異。含銀率80%的銀製品，雖然因爲產量少而較稀有，但在光澤的溫潤度與手執時的質感上皆不及純銀製品。

早期的鍍銀製品鍍銀較厚，有一定水準的質感。不過，鍍銀製品在光澤上太過耀眼，不如純銀的光澤來得有深度，兩者的差異一目了然。而且，鍍銀製品不會有「純銀印記」。此外，有些鍍銀製品的背面由於長期磨損，出現脫落的現象。最重要的一點還是整體的美感。與其選擇一個凹陷、刮痕多的純銀製品，還不如選擇一個加工裝飾優美、保存狀態佳的鍍銀製品。

◆晉升行家之列

有背景的珍品值得一尋

「產地印記」標示的是產品受檢的地點，可依此得知產地。「產地印記」多半爲以下四種標示：倫敦（豹頭）、雪菲爾（王冠）、伯明罕（錨）、愛丁堡（三座城堡），約占銀製品的九成左右。除了上述四種標示之外，刻有其他「產地印記」的銀器非常罕見，其中尤以刻有艾克斯特（Exeter）的產地標示者最爲稀有。同樣是城堡的標誌，但該檢定所於維多利亞時代末的一八八三年關閉，所以，該產地標示的銀器應該都有一百二十年以上的歷史。艾克斯特檢定所關閉之後，便不再有銀器標示該產地印記，所以數量非常稀少。花點心神尋找刻有該產地標示的銀器，也不失爲一種收藏樂趣。

此外，銀湯匙常作爲運動競技的紀念贈品，以高爾夫球等英國貴族熟悉的運動爲主題而設計的銀湯匙紀念品也不在少數。

擺設與裝飾小祕訣

在餐桌旁設一個銀器專用櫃，觀賞與取用一舉兩得

骨董銀器兼具裝飾性與實用性，所以，不要當成普通餐具一般放在碗櫃中，最好在餐桌旁設一個可以清楚看到裡頭的銀器專用櫃，讓銀器即使不使用時也能賞心悅目。如此一來，不只能在用餐時欣賞陳列其中的收藏、增添和諧氣氛，亦能隨時方便餐桌上的取用，真是一舉兩得。

小巧的銀製餐具搭配蕾絲，魅力倍增

小巧的銀製刀叉匙，各有設計與造形上的特色，頗具收藏樂趣。不過，如果單擺上刀叉匙，似乎稍嫌空虛，尤其是當它們和很具份量的其他東西擺在一起時，小小的銀器很容易被埋沒。所以，最好能墊上一塊簡單、有品味的骨董蕾絲，襯托出銀色的高雅質感。

經常使用可防止銀製品變黑

要保持銀器的色澤完美，最好的方法就是讓它成為餐桌上天天出現的實用器具。收在櫃子裡太久，或是擺著當裝飾太久，銀器表面都容易氧化變黑。這時，只要稍加擦拭，就可以去掉黑斑恢復光澤，但如果能經常使用，就不必做額外的保養，還可以讓午茶或用餐時光增添優雅和華麗氣氛。

純銀：原意為100%的銀，又指含銀率為92.5%以上的銀器。

純銀刀叉匙，當作實用餐具能增添午茶時光的優雅氣氛。此為18世紀左右的英國製品。田16

刀叉匙

Cutlery

茶匙是最簡單的開始

收集銀器最好先從刀叉匙開始。收集整套銀器可能要花不少錢，但若從一根茶匙開始收集起，因為種類和數量都很多，較容易找到自己買得起的商品。

歷經銅、黃銅、白鑞（即錫與鉛、黃銅等的合金）等金屬器時代，從十六世紀起以英國為中心，開始了銀器的使用。除了銀本身就是一種貴金屬之外，更由於它的質地柔軟易於加工，因而產生許多裝飾性豐富的製品，成為貴族階級爵位繼承者代代相傳的傳家之寶，受到人們的珍藏。

由於大多數的銀器都是訂做而成，因此兼具時代的流行性與個性，即使只是一支茶匙，種類和數量都多到令人產生收集的慾望。

通常一套是六人用

刀叉匙餐具的基本品項就是刀子、叉子和湯匙。如果再加上一支茶匙，就是一套足以應付一餐的刀叉匙餐具組了。通常，作為傳家寶的刀叉匙餐具組，都是豪華的六人分，並以盒子包裝，送禮亦能展現高雅的格調。

十九世紀以降開始發達的全套刀叉匙組（cutlery serving Set），有許多光看還不知道用途的珍奇品項，是收藏家的最愛。

此外，握把部位的素材也有各式各樣可供選擇和收集。除了整支都是銀器的刀叉匙之外，還有貝類、鹿角、象牙等各種素材製成的握把。尤其是使用時必須用力緊握的刀子，更是講究握把的質感。

刀叉匙餐具：cutlery，原意為切割用的利器，此指用餐時使用的器具。主要為刀子類、叉子類與湯匙類。

湯匙
[年代] ㊧1940年代，㊨1930年代 [生產國] 英國 [價格] ㊧4,800日圓，㊨8,500日圓 [特徵] ㊧很有裝飾藝術風格的設計。㊨葉片造形相當可愛。田29

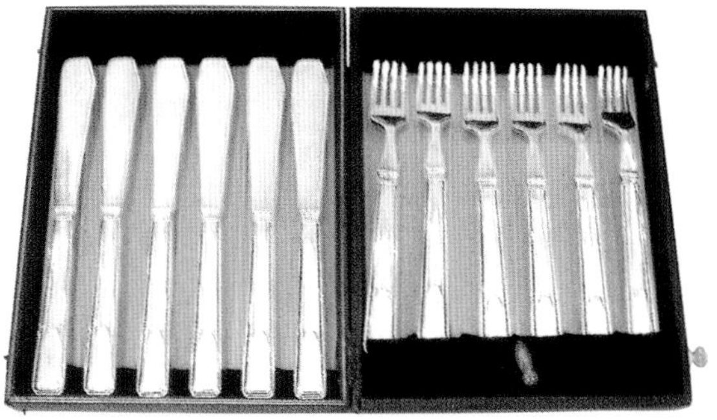

刀叉組
[素材] 鍍銀 [年代] 1920年代 [生產國] 英國 [價格] 38,000日圓 [特徵] 六把魚類用餐刀叉組。田29

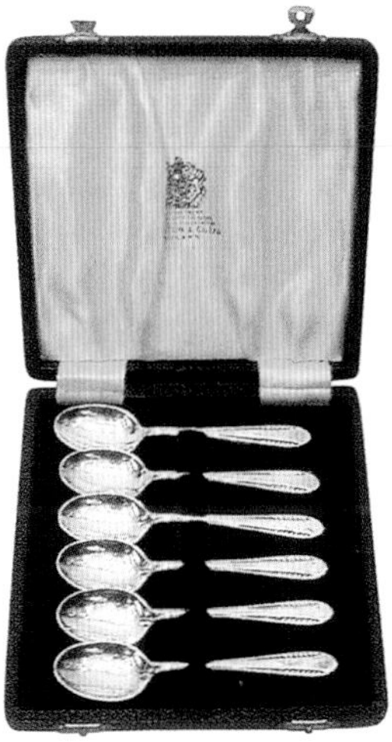

茶匙組
[素材] 鍍銀 [年代] 1930年代 [生產國] 英國 [價格] 15,000日圓 [稀有度] 英國王室御用的埃爾金頓公司（Elkington Company）製。田29

茶匙
[素材] 純銀 [年代] 18世紀後半～20世紀初 [生產國] 英國 [價格] 23,000～48,000日圓 [鑑賞重點] 從茶葉罐中舀取紅茶葉至茶壺時使用的小匙。田16

刀叉匙
[素材] 純銀 [生產國] 英國 [價格] 各10,000～30,000日圓 [特徵] 增添餐桌優雅氣氛的奶油刀、叉子、果醬匙、濾匙（砂糖用）等。田38

刀叉組
[素材] 鍍銀 [年代] 1930～1940年左右 [生產國] 英國 [價格] 78,000日圓 [稀有度] 用來製成握把的厚片珍珠貝素材，現在已經很難取得了。田35

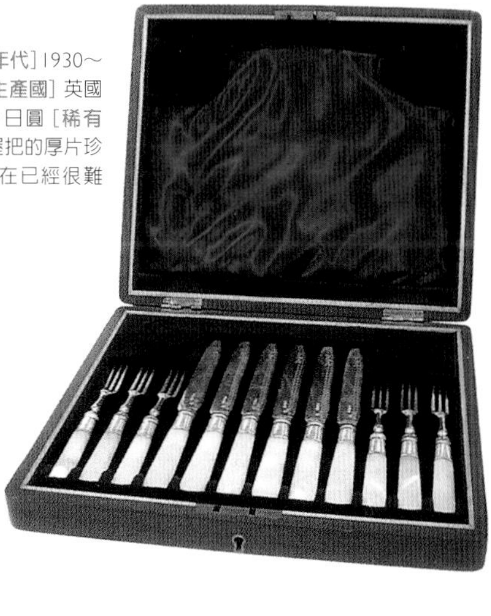

茶罐：tea caddy，裝紅茶茶葉的容器。將茶葉從茶罐舀至茶壺時使用的器具稱為茶匙（caddy spoon）。

甜點用叉杓組

［素材］鍍銀［年代］1800年代［生產國］法國［價格］65,000日圓［鑑賞重點］取用糖煮黑李或檸檬片、蛋糕、糖煮水果等甜點時的器具。設計十分優美。田 38

甜點匙

［素材］純銀［年代］1909年代［生產國］英國［價格］各18,000日圓［特徵］簡約中仍講究螺旋柄與柄端造形等處的細工。田 38

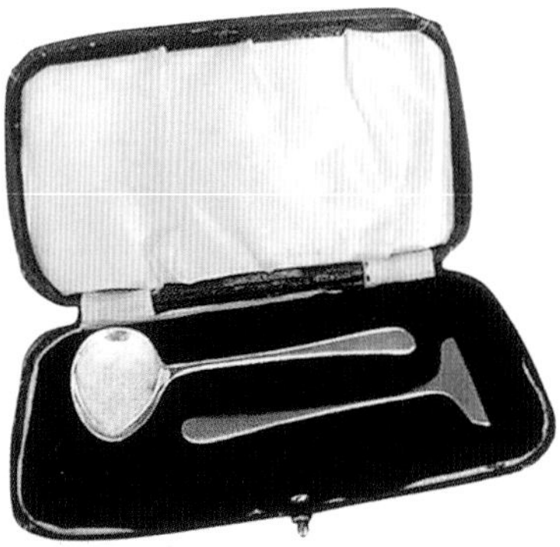

離乳食品專用匙組

［素材］純銀［年代］1939年代［生產國］英國［價格］17,000日圓［稀有度］銀的產地雪菲爾製。難得一見的離乳食品專用餐具，T字形器具可用來搗碎食物後送入嬰孩口中。田 14

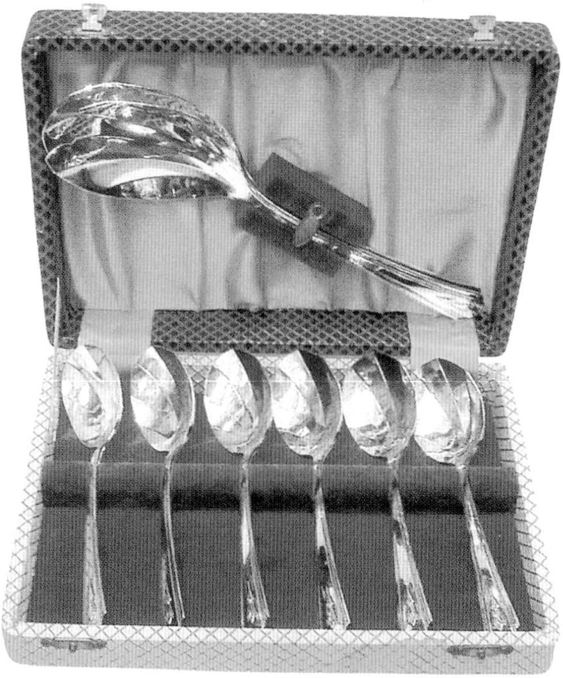

甜點匙與杓子組

［素材］鍍銀［年代］1940年代［生產國］英國［價格］36,000日圓［特徵］含杓子在內的布丁等甜點匙組。筆直的線條很有裝飾藝術風格。田 29

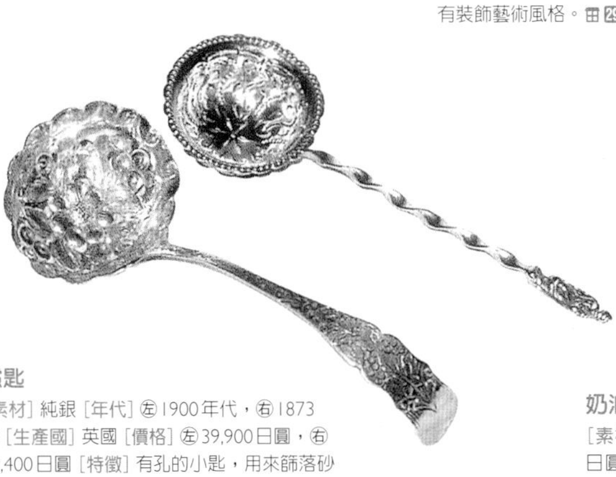

濾匙

［素材］純銀［年代］左1900年代，右1873年［生產國］英國［價格］左39,900日圓，右50,400日圓［特徵］有孔的小匙，用來篩落砂糖至水果等食物上。田 34

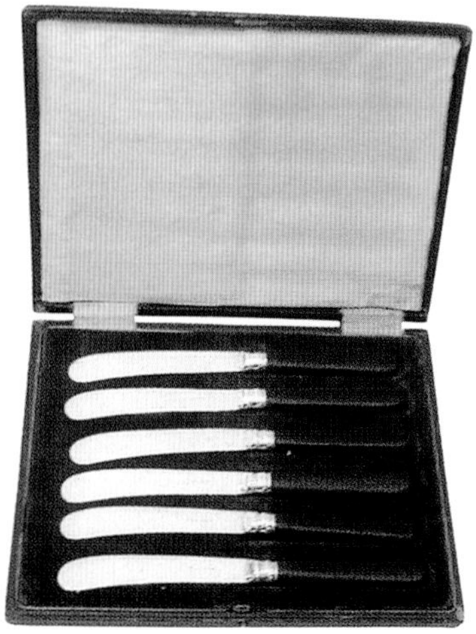

奶油刀組

［素材］鍍銀［年代］1920年代［生產國］英國［價格］14,000日圓［鑑賞重點］在英國通常是一人用一把奶油刀。此為六把裝的奶油刀組。田 29

雪菲爾：Sheffield，英格蘭北部的工業都市，歐洲著名的銀產地之一。在地有相當多銀製品製造商。

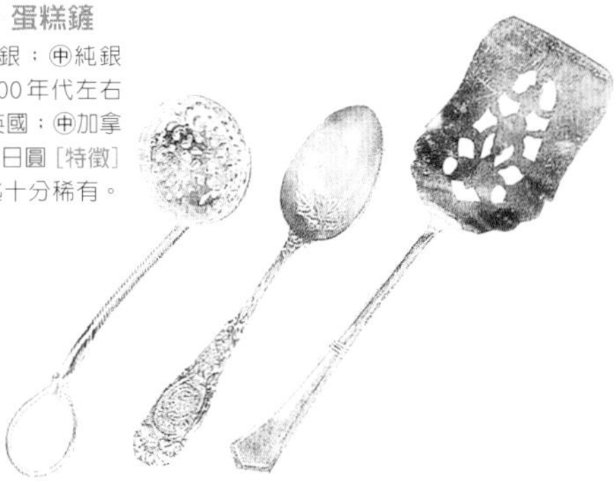

濾匙、果醬匙、蛋糕鏟

[素材] ㊧與㊨鍍銀；㊥純銀 [年代] ㊧與㊨1900年代左右 [生產國] ㊧與㊨英國；㊥加拿大 [價格] 各3,900日圓 [特徵] 加拿大製的果醬匙十分稀有。田45

咖啡匙組

[素材] 鍍銀 [年代] 1940年代 [生產國] 英國 [價格] 11,000日圓 [特徵] 柄端的咖啡豆造形裝飾非常可愛。田29

茶匙

[素材] 純銀 [年代] ㊤1930年左右；㊦1900年代初 [生產國] ㊤美國，㊦加拿大 [價格] ㊤2,800日圓，㊦3,500日圓 [特徵] ㊤高雅的銀顆粒裝飾。㊦浮雕握把。田12

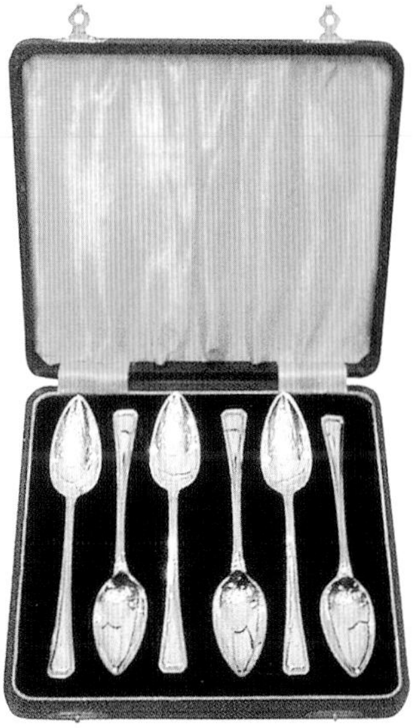

水果匙組

[素材] 鍍銀 [年代] 1940年代 [生產國] 英國 [價格] 18,500日圓 [鑑賞重點] 尖形匙頭，方便挖食葡萄柚等水果。田29

咖啡匙組

[素材] 鍍銀 [年代] 1940年代 [生產國] 英國 [價格] 11,000日圓 [特徵] 裝飾藝術時期的簡約造形咖啡匙。前端的橘色裝飾為膠木材質。田29

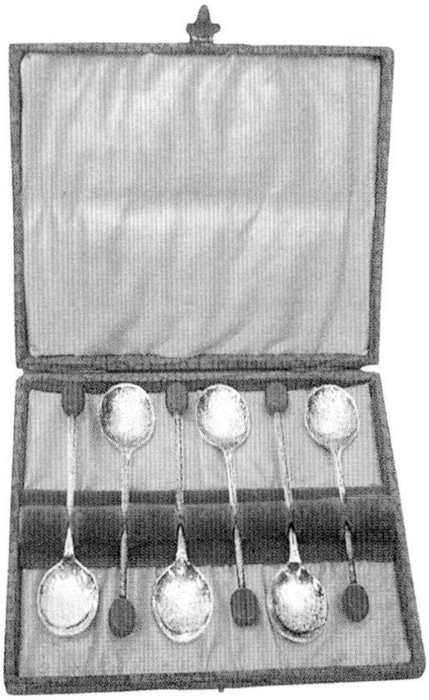

找得到的話就太幸運了！連背面都有裝飾的刀叉匙

銀製刀叉匙的魅力，在於精緻的裝飾工夫。握把的形狀與匙面裝飾之精美，本不在話下，但背面通常都很簡單。如果找得到連背面都有裝飾的刀叉匙，那就堪稱稀有了。

選購銀製刀叉匙的時候，除了正面之外，還要留意一下背面，或許會發現難得一見的珍品喔！

叉匙組

[素材] 純銀 [年代] 1882年 [生產國] 英國 [價格] 58,000日圓 [稀有度] 倫敦製造，連背面都有纖細的雕刻。田38

膠木：bakelite，開發於20世紀初的一種合成樹脂，發明者為美國的貝克列特博士。

茶壺與咖啡壺罐組

Tea & Coffee Service

不只可以泡紅茶，用來泡日本茶也很優雅的純銀茶壺與稀有的純銀木柄濾茶杓。皆為英國製。田 16

三件一組

據說，迷上骨董銀器的收藏者，最後一定會走上收藏茶壺與咖啡壺罐組（茶壺或咖啡壺、糖罐、牛奶壺的三件一組）之路。

只要花十萬日圓的高價，或許就能買到純銀壺罐組的上級品。對於了解銀器魅力的人而言，喝著從銀製茶壺中倒出來的茶，那分優雅才是他們一生的追求。

兼具裝飾性與實用性

英國因為有興盛的午茶文化這樣的歷史背景，故午茶必備的銀製茶具也相當豐富。家家都擁有長期愛用的經典銀製茶具，並作為傳家之寶，連午茶時光的話題也都圍繞在茶具上。

銀製壺罐組廣受喜愛的原因，除了外型的優美之外，導熱性極佳也是重點。因為兼具裝飾性與功能性，所以備受珍愛。

選購時要注意握把是否會搖晃、好不好拿、出水態勢是否良好等重點。銀製壺罐組的價格雖然高，但品質好的可以用好幾代。

直線與曲線絕妙融合的茶壺罐組

［素材］純銀［年代］1911年代［生產國］英國［價格］189,000日圓［鑑賞重點］從新藝術過渡到裝飾藝術時期的設計風格，絕妙融合了直線與曲線。田 40

造形簡約的茶壺罐組

［素材］鍍銀［年代］1930年代［生產國］英國［價格］39,900日圓［特徵］俐落、簡約的設計，呈現高品味。價格平易近人，作為日常使用也不會心疼。田 34

濾茶杓：tea strainer，濾茶器具。17世紀首現於英國，有單握把、雙握把等多種。

拿破崙第一帝國風格咖啡壺罐組

[素材] 銀（900）[年代]1960年左右 [生產國] 比利時 [價格]320,000日圓 [特徵] 獨特的線條、精緻的細工，既優雅又充滿個性，是非常優美的一組咖啡壺罐。田 44

高雅的圈足茶壺罐組

[素材] 純銀 [年代]1900年代 [生產國] 英國 [價格]220,000日圓 [特徵] 高雅的圈足壺底設計與曲線握把，充滿新藝術時期的風格。田 35

圓扁造形的可愛茶壺罐組

[素材] 鍍銀 [年代]1930年代 [生產國] 英國 [價格]39,900日圓 [特徵] 茶壺握把覆有一層樹皮十分特別，糖罐與牛奶壺的設計則簡單大方。田 34

少見的多角形茶壺罐組

[素材] 鍍銀 [年代]1900年代中頃 [生產國] 英國 [價格]75,000～90,000日圓 [特徵] 英國知名製造商「麥平與韋柏公司」製造，直線式的造形十分少見。田 38

骨董銀器的保養方法

銀器的保養向來被誤以為很麻煩，其實只要和其他日用器具一樣每天使用就行了，並不需要額外的保養。用過之後，再以稀釋過的中性洗潔劑和柔軟的海綿正常清洗即可。不常用的銀器容易變黑，要用專門的洗銀劑（有液體或布塊狀）磨亮。變黑的原因是表面氧化，只要以洗銀劑擦拭過就會恢復光澤。

格調高雅的茶壺罐組

[素材] 鍍銀 [年代]1920年代 [生產國] 英國 [價格]110,000日圓 [鑑賞重點] 英國王室御用銀器製造商「麥平與韋柏公司」製造。格調相當高雅的一組茶壺罐。田 35

麥平與韋柏公司：Mappin & Webb，1774年創業的英國老牌銀器製造廠，生產英國王室御用銀器，亦為世界名牌。

妝點下午茶時光的小銀器。左起依序為1724年、1792年的茶匙、單握把的濾茶器、1913年的濾茶器。皆為英國製。田38

各式銀製餐具

Other Silverware

運用於日常生活的巧思

由於銀器在濕氣重的日本容易變色，所以較難普及到日常生活中，只知道銀器在歐洲是世代相傳的有價值物品。歐洲人生產了相當數量的銀器，從餐具到燭臺、相框等，應有盡有。

依照銀器原本的用途來使用當然很好，不過，展現巧思和品味的各種活用方式也很酷。

以在日本較少見的吐司架為例。原本是用來放置剛烤好的吐司麵包、擺放於餐桌上的一種餐具，但若當成信件架來使用，亦能讓書桌多了一分時尚感。

另外，小型的銀製托盤可以拿來當作首飾盤，具有相當重量的燭臺則可以當作紙鎮，皆別有一番趣味。

濾茶器十分受歡迎

在各式各樣的小巧銀器當中，又以茶具類的裝飾和種類最為豐富。將茶水從茶壺倒入杯中時用來過濾茶葉的濾茶器，多半在造形和裝飾上都極為講究，價格也從一萬日圓到平易近人的價格皆有，是十分受歡迎的一種銀器。

它有如同日式濾茶器一般的單握把造形，也有掛在杯口的雙握把造形，濾孔也不限於圓孔，有做成星形或其他圖案的濾孔。

事實上，現在除了五星級飯店的咖啡廳，一般茶館或咖啡館並不另外提供濾茶器，更遑論銀製濾茶器這種精緻的小道具。它講究喝茶時的美感與質感，兼具觀賞與實用的價值，是銀器愛好者絕對不應錯過的小單品。

純銀印記：用來標示銀的純度，純銀的標誌為獅子圖案。另有標示純度為958.4的女神圖案，非常少見。

方形托盤

[素材] 鍍銀 [年代] 1930年 [生產國] 英國 [價格] 12,000日圓 [特徵] 外長18.7公分、內長16.7公分的副菜用盤。用來裝盛其他的小東西也很優美。田 29

六角形托盤

[素材] 鍍銀 [年代] 1910年 [生產國] 英國 [價格] 13,000日圓 [特徵] 直徑16.2公分的小型托盤。盤緣的圖案十分高雅。田 29

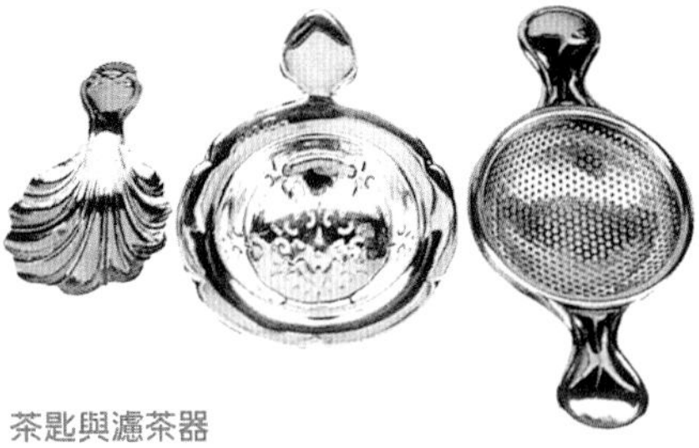

茶匙與濾茶器

[素材] ㊧與㊥純銀；㊨鍍銀 [年代] 左起依序為1840、1919、1940年 [生產國] 英國 [價格] 左起依序為25,000日圓、28,000日圓、15,000日圓。田 29

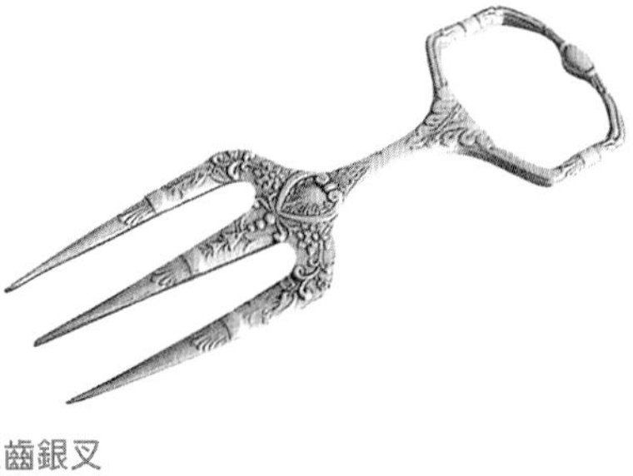

三齒銀叉

[素材] 鍍銀 [年代] 1900年代初期 [生產國] 英國 [價格] 9,800日圓 [特徵] 用來供應肉類料理時使用的叉子，長15公分。田 13

濾茶器

[素材] ㊧與㊥鍍銀；㊨純銀 [年代] 左起依序為1930、1940、1946年 [生產國] 英國 [價格] 左起依序為15,000日圓、18,000日圓、43,000日圓 [特徵] 左邊套入茶壺口的濾茶器為較少見的類型。田 29

橢圓形托盤

[素材] 鍍銀銅器 [年代] 1930年 [生產國] 英國 [價格] 32,000日圓 [稀有度] 銅器表面鍍銀加工。30×20公分的橢圓造形。田 29

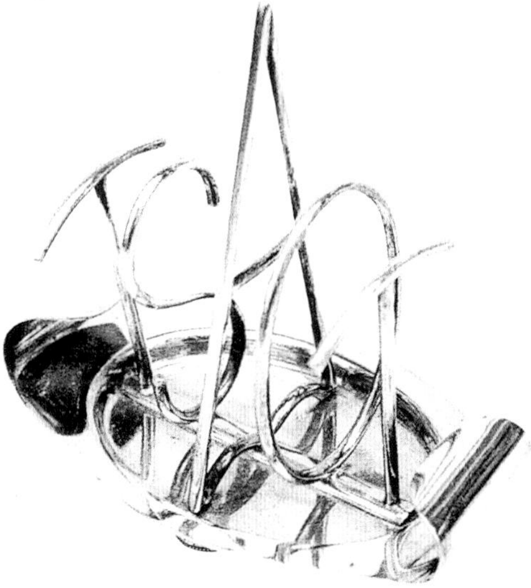

吐司架

[素材] 鍍銀 [年代] 1940年代 [生產國] 英國 [價格] 18,000日圓 [特徵]「TOAST」(土司) 字樣的造形設計相當特別。田 29

年號印記：標示銀器製作年代的標示，通常為一個羅馬字母。可查閱討論銀器「產品印記」的相關書籍。

迷你托盤

[素材] 純銀 [年代] 1900年左右 [生產國] 英國 [價格] 29,000日圓 [特徵] 長11.5公分，表面有一羅馬字母「G」。田13

有腳牛奶壺

[素材] 鍍銀 [生產國] 英國 [價格] 12,000日圓 [特徵] 優雅的貓腳造形，更加襯托出牛奶壺的曲線。田3

吐司架

[素材] 鍍銀 [年代] 1930年 [生產國] 英國 [價格] 25,000日圓 [特徵] 餐桌上用來放置烤好吐司的架子，在英國是很普及的餐具。田14

茶壺

[素材] 純銀 [年代] 1921年 [生產國] 英國 [價格] 210,000日圓 [稀有度] 倫敦李伯蒂百貨公司的上等貨。田14

銀壺

[素材] 鍍銀 [年代] 1880年 [生產國] 英國 [價格] 29,400日圓 [特徵] 壺蓋與壺身上下兩頭皆有花樣浮雕。保存狀態良好。田34

找得到的話就太幸運了！斗狀濾茶器

銀製濾茶器主要有單握把和雙握把兩款，但亦有直接套在壺嘴上的斗狀濾茶器。此種類型極為少見，堪稱珍品。在濾杓的部位有兩根細針，將細針插入壺嘴即可。不必用手握取，相當便利。

哈洛德百貨特製的水壺與加熱器

[素材] 鍍銀 [年代] 1910年 [生產國] 英國 [價格] 110,000日圓 [稀有度] 英國著名哈洛德百貨公司的特製八角形水壺，還附有加熱器。田35

李伯蒂百貨公司：Liberty，1875年創設於倫敦的家具裝飾品店，對「新藝術」的形成有舉足輕重的影響力。

充滿復古風魅力的各式銀色餐具

▶鋁器

鋁為出產於1809年的一種合金非鐵金屬，自19世紀後期開始量產。此組鋁器為1940～1950年左右的英國製品。法國設計者皮哥於英國製作，木質與鋁質的搭配相當新穎。含托盤、兩個鋁壺、糖罐、牛奶壺的鋁製茶具組，價格為63,000日圓。較高的鋁壺用來裝水。田40

▶不鏽鋼器

不鏽鋼為鐵與10.5%以上的鉻之合金鋼總稱，特色是不易生鏽。此壺為一家悠久歷史的不鏽鋼製造商（但已於20世紀90年代結束營業）之製品，收藏者眾，相當受到喜愛。具有摩登的設計與優雅線條。1950年代英國製品。12,000日圓。田17

▶白鑞器

白鑞的主成分為錫，為具有悠久歷史的銀白色合金。14世紀時的白鑞器具必須刻上品質保證的產品印記。這三件皆為1950年代左右的製品，左上為糖罐，15,000日圓，英國製。左下為插電式鬆餅機，18,000日圓，美國製。右下為牛奶壺，10,000日圓，英國製。田43

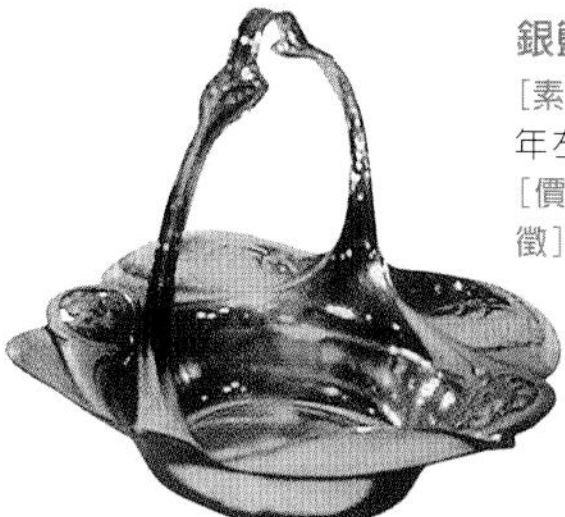

銀籃

[素材] 鍍銀 [年代] 1900年左右 [生產國] 法國 [價格] 88,000日圓 [特徵] 新藝術風格的曲線設計與優美的鏤空雕花。田35

侍者托盤（waiter tray）

[素材] 銀 [年代] 1850年左右 [生產國] 德國 [價格] 92,000日圓 [鑑賞重點] 不只可以用來裝盛玻璃杯或飲料、食物，也可以用來放信件或文件。簡稱「waiter」。田14

高腳盤

[素材] 純銀 [年代] 1921年 [生產國] 英國 [價格] 55,000日圓 [特徵] 伯明罕製高腳盤，裝飾藝術風格十足的俐落設計。田35

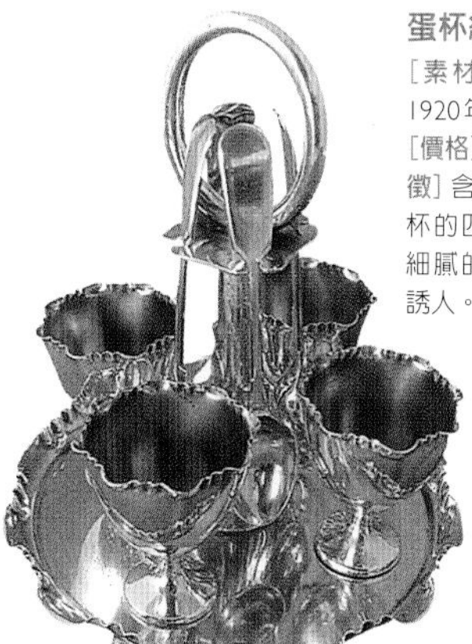

蛋杯組

[素材] 鍍銀 [年代] 1920年 [生產國] 英國 [價格] 30,000日圓 [特徵] 含湯匙、托盤、蛋杯的四人用蛋杯組。細膩的褶邊設計十分誘人。田14

哈洛德百貨：1849年紅茶商人哈洛德（Charles Henry Harrod）於倫敦創立，現為世界最具代表性的百貨公司。

居家生活中使用器具最多的廚房，彷彿是一間收藏骨董的寶庫。在還沒有電器的時代，各種廚房用品不僅都有悠久的歷史，而且在形、色、素材與用途等面向上，都各具特色，令人目不暇給。這些歷史悠久的廚房用具上，裝載了滿滿的驚喜與新奇的感動。既然廚房是每天都要用到的，除了考慮機能性之外，不妨用質感細膩的古老器具，布置一個令人賞心悅目的廚房吧！

Part2 廚房用的骨董

琺瑯製品（儲物罐／麵粉罐與麵包罐／煮鍋與加熱器具／壺具／杓子架／各式琺瑯製品）

廚房用具（磅秤與量杯／儲物罐／陶瓶與陶罐／各式廚房工具）

琺瑯製品 ENAMELWARE

STUDY & CHECK POINT

◆歷史

用於盛水或汲水的實用防鏽材料

琺瑯製品的歷史相當悠久，早在紀元前的埃及就已出現琺瑯製品的雛型了。當時的琺瑯製品與現在有所不同，是在金或銀等貴金屬上以琺瑯質的玻璃加工，著名的圖坦卡門法老王的黃金面具就是代表作品之一。

其後，琺瑯長期被使用在裝飾用途上，直到英國在十八世紀時將琺瑯用作防鏽的實用品之後，漸漸發展成今日在鐵或鋁等金屬素材上以高溫塗覆玻璃質釉藥的琺瑯鐵製品。

在家庭用品以鐵製品爲主的時代裡，防水性強又衛生的琺瑯製品十分受到重視，除了廚房以外，它也廣爲利用在各種需要接觸水的用具上。直到第二次世界大戰以後，由於一波波的新素材不斷登場，琺瑯製品才漸漸消聲匿跡。

防水性強、不會生鏽的琺瑯製品，就算經常碰水也不用擔心。如照片中的廚房一樣清一色使用白色的琺瑯製品，可以讓廚房看起來更清爽、更有品味。

◆鑑賞重點

以多層琺瑯加工的製品為高級品

琺瑯製品經過許多次改良，這一點從各個時代不同琺瑯製品的特徵可見端倪。首先是原形素材的差異。十九世紀後期之前的製品幾乎都是厚質的鑄鐵，十九世紀後期以後，由於將鐵片延展得更薄的軋製技術發達，使用較鑄鐵更輕更薄的鐵板成爲主流。因此，拿起時明顯感覺到重量的琺瑯製品，應可判斷爲早期作品。

除了重量之外，琺瑯加工的次數也是鑑賞的重點。從塗覆一次到仔細塗覆兩次、三次的琺瑯製品皆有。塗覆次數越多，越能呈現陶瓷般的色澤，也更耐用。

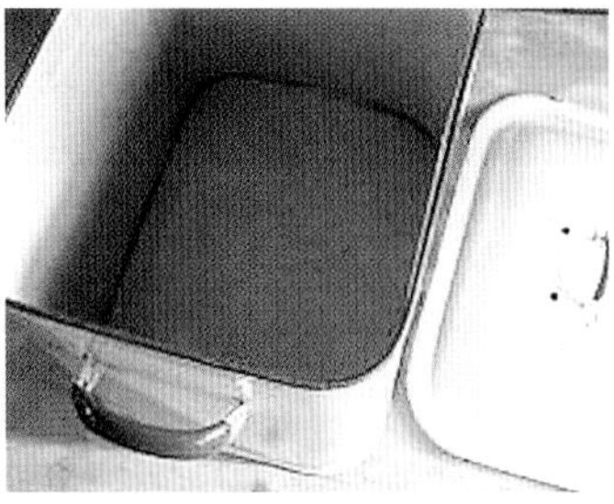

檢查琺瑯製品的保存狀態時，內側比外側更加需要注意。尤其是具有實用目的的琺瑯製品，更要確實檢查製品內側。11

琺瑯：以425°C以上的溫度在金屬表面塗覆玻璃質的加工方法與其製品之統稱。

◆選購方法

檢查內側比注意外側的琺瑯脫落更重要

選購琺瑯製品時最容易注意到的就是琺瑯脫落的部分。表面的玻璃質脫落、露出內層材質的部分越少，品質就越佳。不過，由於琺瑯的性質所致，要找到毫無脫落的骨董琺瑯製品實在少之又少。尤其是曾經被實際使用過的製品更是如此。

所以，對琺瑯脫落的部分其實無須太過介意，反倒是被實際使用過的製品應該更注意內側的狀況。內層因生鏽或小裂縫所造成的髒污很難清除，使用漂白劑或漂白粉來刷洗只會使它更加惡化。這種產品雖無法實際使用，骨董價值也不高，但買來當作擺飾則無所謂。

若想買年代久遠一點的琺瑯製品，則應多關注其製作方式與裝飾技法。十九世紀初期的製品，塗覆的琺瑯層比較厚，圖案多爲手繪。此外，握把等接合部位以螺絲釘牢牢栓緊，所以看得到接縫亦爲其特徵。

◆晉升行家之列

有背景的珍品值得一尋

與其他受貴族或少數階級人士所愛用的製品不同，幾乎所有琺瑯製品都是一般庶民的生活用品。因此，所謂珍貴、稀有的琺瑯骨董，是指那些因某種原因而沒有大量生產的製品。英國製的咖啡壺就是一例。因爲在以飲用紅茶爲主流的英國，咖啡壺並不普及。

此外，像是沒有握把的大型麵粉罐，或是壺口很高、沒有蓋子、很不好注水的水壺等，因爲不好使用，所以不普及、產量少，變成稀有品。雖然不適合當作實用品，對收藏家而言卻是稀世珍品。

另外，若是發現用很多顏色混色製成的琺瑯製品，更是千萬不能錯過！這類製品是爲了在一天的工作收尾時消耗掉剩餘的琺瑯而做的，不同於大理石圖案的獨特色澤充滿了趣味，更是數量極少的超級稀有品。

擺設與裝飾小祕訣

活用顏色與設計，發揮收藏品功能

廚房用琺瑯製品作為實用品當然是高雅又大方，不過，如果內側已有琺瑯脫落或是不適合現在使用的製品，就不必拘泥在其原來的功能，當成花盆或花器來使用也很時髦，即使碰水也不必擔心會生鏽。可用來種植藥草等植物以綠化廚房，或是用來插幾束花擺在窗邊，讓廚房變得更可愛。

當成花盆或花器使用，也很時髦脫俗

顏色、形狀、製品種類的豐富度，是琺瑯製品的魅力所在，但若毫無計畫地擺成一堆，則只會顯得雜亂無章而已。有主題地搭配顏色、形狀、製品種類，擺設時會更為賞心悅目，並且更融入室內的整體設計風格中。此外，原本即成套的製品最好也是成套擺設，更能突顯骨董品的價值。

儲物罐：canister，小型容器。有以琺瑯、陶器、洋鐵皮等材質製成，又稱為「收納罐」（container）。

儲物罐

Canister

法式儲物罐因用途不同而有大小不同的尺寸。咖啡罐和糖罐的大尺寸，反映出這個咖啡愛好國的需求。白色的三件組儲物罐25,000日圓；水藍色的四件組45,000日圓。1920～1930年左右法國製。田47

組合式設計較為稀有

十九世紀後半以降，紅茶和咖啡成為普及的飲料，保存紅茶和咖啡的容器也成為一般家庭的基本需要。到了二十世紀，陶器或琺瑯製的儲物罐開始大量生產。

一般常見的儲物罐為有蓋的圓柱造形，看起來似乎都大同小異。事實上，不同生產國家還是各有特色。

首先是套裝組合的品項數。幾乎所有的儲物罐都是成套的。不過，英式的儲物罐組是兩到三件成一組，而且尺寸相同；法式的儲物罐，則通常是大小依次套疊的六個一組。不過，現在要找到成套出售的儲物罐組已經不容易了，大多是以單品零售，或是出售的儲物罐組並非原來的完整套組。

英式製品添以文字，法式製品則多繪圖

至於設計面的鑑賞重點，標示收納內容物的文字當然會以製造國的語言來標示。此外，英式儲物罐表面幾乎都不繪圖，而是加上種類豐富的英文字形設計。法式儲物罐則會在表面加上美麗的花卉或格子圖案。

儲物罐四件組

［用途］由小至大：胡椒罐、菊苣罐、義大利麵條罐、咖啡罐［生產國］法國［年代］1930年代［價格］29,000日圓［特徵］原為六件一組，此為其中四件。另有同花色的鹽罐（19,000日圓）。田33

儲物罐

［用途］㊧麵粉罐；㊨紅茶罐［生產國］法國［年代］1930年左右［價格］㊧7,000日圓；㊨6,000日圓［特徵］白底加上粉紅色的漸層，十分特別。田49

菊苣：歐洲七葉樹的嫩芽，為含維生素和鐵質的微苦藥草，在法國亦作為咖啡代用飲品。

儲物罐四件組

[用途] 紅茶罐、麵粉罐、咖啡罐、糖罐 [生產國] 法國 [年代] 1930年代 [價格] 40,000日圓 [特徵] 白底加上簡潔俐落的紅色與金色滾邊。簡約的設計，與任何一種室內風格都很協調。田 33

儲物罐六件組

[用途] 胡椒罐、紅茶罐、義大利麵條罐、麵粉罐、咖啡罐、糖罐 [生產國] 法國 [年代] 1930年代 [價格] 50,000日圓 [特徵] 白底上有模板印刷的紅色圖案，非常可愛。完整的六件組合。田 31

儲物罐

[用途] 米罐 [生產國] 法國 [年代] 1910年代 [價格] 10,500日圓 [特徵] 縱向的波浪狀斑馬紋，十分搶眼。表面寫有法文「米」（Riz）一字，更是珍奇。田 31

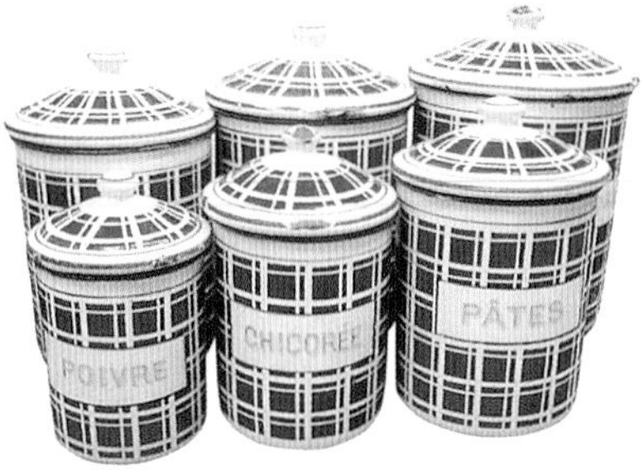

儲物罐六件組

[用途] 胡椒罐、菊苣罐、義大利麵條罐、麵粉罐、咖啡罐、糖罐 [生產國] 法國 [年代] 1930年代 [價格] 68,000日圓 [稀有度] 亮眼的白底藍格子完整六件組。田 31

儲物罐六件組

[用途] 胡椒罐、菊苣罐、義大利麵條罐、麵粉罐、咖啡罐、糖罐 [生產國] 法國 [年代] 1900年代 [價格] 148,000日圓 [稀有度] 高雅的點狀小花圖案，非常特別。完整的大小依次套疊六件組。田 31

各式儲物罐

[用途] 左起依序為西谷米罐、黑糖罐、麵粉罐、紅醋栗罐、咖啡罐、通心粉罐 [生產國] 英國 [年代] 1930年左右 [價格] 各14,000～35,000日圓 [稀有度] 通心粉罐十分少見。田 11

儲物罐六件組

[用途] 胡椒罐、紅茶罐、義大利麵條罐、咖啡罐、麵粉罐、糖罐 [生產國] 法國 [年代] 1930年左右 [價格] 56,700日圓 [稀有度] 時髦的紅底與白色滾邊對比，相當好看。完整的六件組。田 37

找得到的話就太幸運了！遇到少見的文字就非買不可

琺瑯儲物罐的鑑賞重點之一，就是要注意表面上標示用途的文字。若出現少見的文字，就屬稀有品。咖啡罐、紅茶罐、麵粉罐、糖罐是基本的品項，法式的儲物罐組則還要加上胡椒罐和義大利麵條罐。除了這些以外的「TAPIOCA」（樹薯粉）、「MACARONI」（通心粉）等文字就十分珍奇。此外，不單標示用途為「糖」罐，而且還仔細標註「○○用糖」的儲藏罐也是稀有品。

西谷米：sago，西谷椰子的澱粉，是與樹薯粉很相似的一種食品，可加入紅茶中飲用，或用於甜點。

琺瑯製麵粉罐至今仍是很普及的廚房用具。與其他的琺瑯製品善加搭配的話，就能打造一個時髦高雅的廚房。圖中的麵粉罐為1930～1940年左右的英國製品。田⑪

麵粉罐與麵包罐

Flour Bin & Bread Bin

為防止鼠害而發展出來的麵包罐

麵包罐是用來保存麵包的容器。最初是將麵包放在木盒裡並從天花板吊掛而下，以防止麵包被老鼠啃食。到了十九世紀中期，改以素燒的有蓋陶壺來保存，後來相繼被許多素材取代。一直到二十世紀，琺瑯製的麵包罐才開始大量生產。

用來保存麵粉的麵粉罐，也是在自家烘焙麵包的時代的必需品。為了能保存大量的麵粉，麵粉罐以高二十到二十五公分的大尺寸為主流，在二十世紀則以適合量產的琺瑯製品為主流。

表面的上字方式值得注目

麵粉罐或麵包罐的上字方式很值得注意。據說大多數的製品放在店面出售時並沒有寫上文字，而是買主額外付一小筆費用請店家代為加上「BREAD」等字樣。用模板印刷的文字筆劃會有接縫處，手寫的「圖案字」（Lettering）則較為簡單、樸拙。

此外，也有在製造階段就上文字的製品。方法有二，一為「冷壓上字」：在琺瑯層上印上文字之後，再經過一次燒製過程；另一為「陰刻上字」：在以琺瑯加工之前先在底層素材上印上文字，然後僅就文字部分做琺瑯加工，最後再避開文字部分對整體做琺瑯加工。

「陰刻上字」的琺瑯製品，特徵是文字部分會有些微的凹陷，屬於少見的珍品。此外，蓋子部分做成圓頂狀加上一個球形蓋頭的設計，比蓋子中央附有握把的設計更稀有。

圖案字：lettering，正確、協調並充滿美感地呈現同樣字體的一組文字之技術。多應用於儲存容器表面等場合。

麵包罐

［尺寸］寬31×深25×高25公分［生產國］英國［年代］1920～1930年［價格］與同尺寸的麵粉罐成對出售45,000日圓［特徵］完整的成對商品十分少見。田 11

麵包罐

［尺寸］寬30.5×深20×高34公分［生產國］英國［年代］1930～1940年［價格］50,000日圓［稀有度］蓋子較深，罐身背面還有透氣孔。田 11

半高型麵包罐

［尺寸］寬35×深27×高21公分［生產國］英國［年代］1930年［價格］39,000日圓［稀有度］高度只有通常的一半，相當稀有的尺寸設計。田 33

半高型麵包罐

［尺寸］寬34×深24×高20公分［生產國］英國［年代］1920～1930年［價格］54,000日圓［稀有度］難得一見的半高尺寸。藍色在歐美很受歡迎。田 11

輸出用麵粉罐

［尺寸］寬24×深20×高20公分［生產國］法國［年代］1920～1930年［價格］20,000日圓［鑑賞重點］在法國生產、專為輸出英國而設計的斑點底紋麵粉罐。田 11

找得到的話就太幸運了！斑點底紋的品項

英國不知為何原因並不製造斑點底紋的琺瑯罐，幾乎都為法國製。所以，斑點底紋的琺瑯罐上若加上英文字，則為法國製、輸出英國用的稀有珍品。
此外，若發現方形以外形狀的麵包罐也是非買不可，尤其是圓筒形、上方附有透氣孔的麵包罐，更是超級稀有品。

麵粉罐

［尺寸］直徑21×高25公分［生產國］英國［年代］1930～1940年［價格］18,900日圓［鑑賞重點］以「陰刻」方式上字，所以文字部分略為凹陷。田 46

冷壓上字：cold press lettering，在琺瑯層上印上文字之後，再經過一次燒製過程的上字方法。用手觸摸可以感覺到文字略微浮凸。

麵粉罐

［尺寸］寬27×深22×高26公分［生產國］英國［年代］1930～1940年［價格］16,000日圓［特徵］模板印刷的文字，保存狀態良好。田 11

麵粉罐

［尺寸］寬26×深22×高24公分［生產國］英國［年代］1930～1940年［價格］15,000日圓［稀有度］以「陰刻」方式上字，非常稀有。田 11

麵包罐

［尺寸］寬39×深27×高34公分［生產國］英國［年代］1900年代初期［價格］30,450日圓［稀有度］鐵板較厚，頗具重量的古早製品。蓋上有透氣孔。田 23

麵包罐

［尺寸］寬39×深25×高33公分［生產國］英國［年代］1930～1940年［價格］28,000日圓［特徵］用模板印刷的文字，在日本很受喜愛。田 11

麵包罐

［尺寸］寬32×深26×高32公分［生產國］英國［年代］1930年［價格］29,400日圓［稀有度］以「陰刻」方式上字的貴重珍品。田 46

麵粉罐

［生產國］英國［年代］1940年［價格］21,000日圓左右［特徵］蓋頭為木製，相當特別。文字則為模板印刷。田 46

陰刻上字：Incised Lettering，琺瑯製品的上字技法之一，文字部分會呈現些微的凹陷，十分珍貴。

麵粉罐

[尺寸] 直徑19×高21公分 [生產國] 比利時 [年代] 1930年 [價格] 15,750日圓 [特徵] 略為矮胖的造形，相當可愛。田37

麵粉罐

[尺寸] 寬24×深17×高19公分 [生產國] 英國 [年代] 1930年代 [價格] 22,000日圓 [稀有度] 尺寸較一般來得小，上字的方法也很少見。田31

麵包罐

[尺寸] 寬33×深25×高36公分 [生產國] 英國 [年代] 1930～1940年 [價格] 28,000日圓 [稀有度] 以凹槽取代握把，非常少見的款式。田11

麵粉罐

[尺寸] 直徑29×高33公分 [生產國] 英國 [年代] 1950年 [價格] 29,400日圓 [特徵] 陳售時原本無圖無字，是買主購買時才上字的。田46

骨董琺瑯器的保養方法

為防止表面的玻璃質遭到磨損，切勿使用金屬刷和清潔粉來清洗。以柔軟的布或海綿沾取中性洗劑清洗為佳。此外，要留意劇烈的溫度變化。遇到乾燒或燒焦時，若立刻放入冷水中，琺瑯器的表面會產生龜裂。一定要等到自然冷卻之後，再浸泡冷水，清除焦黑和污垢。

麵粉罐

[尺寸] 直徑21×高24.5公分 [生產國] 英國 [年代] 1920～1930年左右 [價格] 33,600日圓 [特徵] 外側為綠色，中間是灰白色的少見配色。田37

圓頂型：dome，琺瑯罐的蓋子呈拱起的山形者稱之。較蓋子扁平的琺瑯罐有更高的骨董價值。

散發一種素樸且溫暖感覺的琺瑯鍋。骨董琺瑯鍋有針對料理需求做成的各種專用造形，豐富的種類令人目不暇給。16

煮鍋與加熱器具

Pan & Boiler

各種料理都有專用鍋

西洋的鍋子種類真是包羅萬象。因為西洋料理中必須花長時間燉煮的料理與烤箱料理較多，所以幾乎是每種料理都有一種專用的鍋子。

有些鍋子的造形並非我們所熟悉的，去猜想這些鍋子的用途也成為一種樂趣。最簡單的一種就是單握把的「煮鍋」了。這是用來加熱醬汁等材料、造形簡單的單手鍋，有各種尺寸。其中，燉煮料理專用的稱為「燉鍋」（stew pan），從鍋側到鍋底的彎曲角度幾近直角為其特徵。

雙層式造形為隔水加熱專用

另有一種特殊的雙層式造形隔水加熱專用鍋。將燕麥片以水或牛奶煮成燕麥粥（porridge）專用的鍋子，下層的鍋子裡裝水，用上層的內鍋加熱燕麥粥。

這一類的鍋子通稱為「加熱鍋」、「雙層加熱鍋」，其中，煮燕麥粥專用的稱為「粥鍋」（porringer），煮醬汁專用的稱為「雙層湯鍋」（double sauce pan）。

另外還有雙握把的「有蓋深鍋」，以及烤箱專用的「烤盤」（roast tin）。

不論是煮鍋或加熱鍋，古樸的琺瑯鍋具看起來感覺比現代鍋具來得輕巧與溫暖。

有蓋深鍋

[用途] 燉煮料理用 [生產國] 法國 [年代] 1930年左右 [價格] 10,000日圓 [特徵] 難得一見的裝飾藝術風格幾何圖案有蓋深鍋。31

煮鍋

[用途] 燉煮料理用 [生產國] 比利時 [年代] 1950年左右 [價格] 13,000日圓 [特徵] 乳白鍋身加上綠色握把與淡藍色的內壁，色彩相當豐富。14

有蓋深鍋：casserole，法文的「鍋子」，主要是指有蓋子的深鍋，即「煮鍋」（pan）。

單握把鍋
［用途］鍋［生產國］英國［年代］1950年代［價格］4,000日圓［特徵］柔和的乳白色鍋身與綠色滾邊。看得出曾被相當程度地使用過。田 31

雙層加熱鍋
［用途］隔水加熱用［生產國］美國［價格］9,800日圓［特徵］花卉圖案的雙層構造隔水加熱專用鍋。設計十分華麗 。田 33

有蓋深鍋
［用途］燉煮料理用［生產國］法國［年代］1930年左右［價格］19,950日圓［特徵］尺寸較小，直徑約19cm，繪有可愛的三色堇圖案。田 37

有蓋深鍋
［用途］燉煮料理用［生產國］法國［年代］1920年左右［價格］36,750日圓［特徵］連蓋子上面都繪有花卉圖案，漸層的水藍色相當美麗。田 37

雙層加熱鍋
［用途］隔水加熱用［生產國］英國［年代］1930年左右［價格］12,000日圓［特徵］推測是曾經用來製作甜點的隔水加熱專用鍋。白底藍邊的清爽配色。田 31

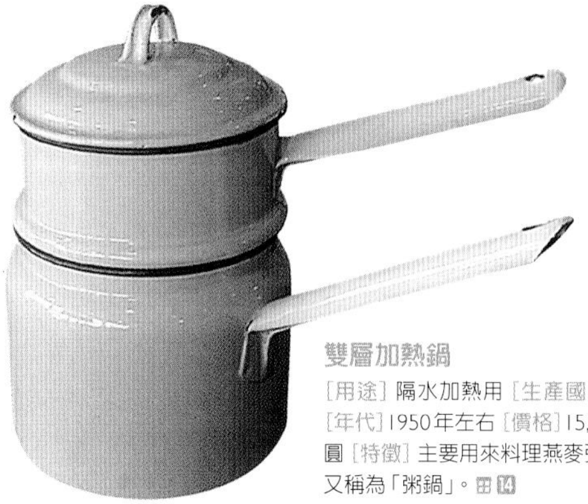

雙層加熱鍋
［用途］隔水加熱用［生產國］英國［年代］1950年左右［價格］15,000日圓［特徵］主要用來料理燕麥粥，故又稱為「粥鍋」。田 14

找得到的話就太幸運了！牛奶防溢蓋板

另一項與鍋子有關的有趣小器具為牛奶防溢蓋板（milk saver），用來防止煮沸的牛奶溢出鍋子，形狀如同帶有凹槽的圓形薄平盤（類似日本的鍋內蓋一般），是蓋在牛奶上方一起加熱的鍋子配件。因為清洗起來很麻煩，所以並不普及，反而成為稀有品。用來當作杯墊或裝飾用的擺設品，也可與現代生活相結合。

單握把鍋
［用途］鍋［生產國］法國［年代］1930年代［價格］18,900日圓［特徵］法國B.B.公司製造，紅白相間的條紋十分可愛。方便將料理移入盤中的形狀設計。田 46

雙層加熱鍋：double boiler，雙層構造的隔水加熱專用鍋，用來煮粥或煲湯。

咖啡壺
[生產國] 波蘭 [年代] 1950年代 [價格] 12,000日圓 [特徵] 紅黑兩色的搭配，既活潑又大方。還有同一系列的茶壺，價格12,000日圓。店 31

可以直接放在爐子上將水煮沸，也是珐瑯製壺具的一大優點。除了握把還加裝握環的壺子非常少見。

過濾式咖啡壺
[生產國] 英國 [年代] 1910～1930年代 [價格] 15,000日圓 [稀有度] 「紅茶之國」英國所製造的咖啡壺非常少見。把咖啡粉和水裝入壺中煮沸，透過壺內的過濾器倒出來飲用。店 43

咖啡壺
[年代] 1900年代 [價格] 23,000日圓 [特徵] 黃色的漸層底色上，繪上大膽的花卉圖案，印象十分鮮明。當作擺飾也相當優雅好看。店 31

壺具

Pot

英國製品為泡茶用

在紅茶與咖啡仍為高級飲料、只有上流階級人士才喝得起的時代，壺具是以高價的陶器或銀器為主流，但是到了一九二〇年左右，隨著紅茶與咖啡開始普及到一般家庭之後，珐瑯製的壺具也逐漸增多。

特徵之一便是在「紅茶之國」的英國幾乎不生產咖啡壺，而以茶壺為主流，珐瑯製濾茶器等小器具也隨之興起。咖啡壺則以「咖啡之國」的法國製品為多，其次是美國製，亦有上層為濾杯功能的雙層構造咖啡壺。

握把的接合處值得注意

購買時要特別注意的是內側的裂縫。作為盛裝液體的廚房用具而言，裂縫是致命傷，作為骨董的價值也會大跌。此外，握把與本體的接合若為一體成型，則屬於年代較新的製品；若是以打釘的方式接合，則為珐瑯器發展初期的手工製品，是相當貴重的骨董品。

此外，蓋子失佚，或是以別的蓋子代替原蓋的珐瑯壺，都會降低骨董的價值，因此務必要仔細檢查。

過濾式咖啡壺：percolator，傳統的咖啡萃取器。利用熱氣壓原理讓熱水在壺內循環，再透過濾器萃取出咖啡。

茶壺

[生產國] 英國 [年代] 1920年左右 [價格] 19,000日圓 [特徵] 最適合三到四人分使用的茶壺。有鉸鏈連接蓋子與本體。田 14

茶壺

[生產國] 英國 [價格] 4,725日圓 [特徵] 圓頂大蓋與渾圓壺身，個性十足。呈現完美無暇琺瑯光澤的良質品。田 41

兩段式咖啡壺

[生產國] 法國 [年代] 1920年代 [價格] 20,000日圓 [鑑賞重點] 在上段的過濾器中注入煮沸的開水，下段則裝盛過濾出來的咖啡。法國B.B.公司製。田 31

咖啡壺

[年代] 1930年代 [價格] 23,000日圓 [特徵] 壺口位置較高的特別款式。紅底白點的設計很有流行感。田 31

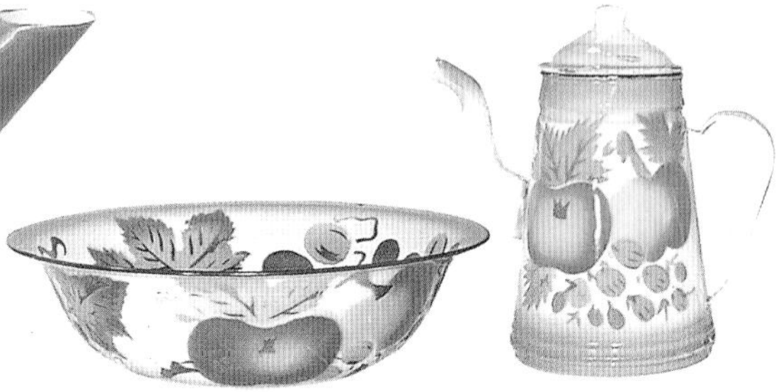

咖啡壺與缽盆

[價格] 咖啡壺 11,340日圓；缽盆 6,825日圓 [稀有度] 色彩鮮豔的蔬果圖案咖啡壺，加上相同花色的缽盆，相當稀有。田 21

找得到的話就太幸運了！柳樹圖案琺瑯壺

18至19世紀時，歐洲流行中國風，陶器等器具上經常繪製有東洋風味的柳樹圖案（Willow Pattern），用來作為上流社會的富有象徵，相當受到喜愛。一般庶民階級可以擁有的柳樹圖案器具，則以琺瑯製品為主。當中尤以壺口和握把處皆繪上圖案的柳樹圖案琺瑯壺最為珍貴。

柳樹圖案茶壺

[生產國] 英國 [年代] 1930～1940年代 [價格] 33,000日圓 [稀有度] 柳樹圖案陶器的琺瑯版製品。如今依然受到喜愛的稀有珍品。田 11

兩段式咖啡壺

[生產國] 法國 [年代] 1920年左右 [價格] 30,450日圓 [鑑賞重點] 雙層式咖啡壺的蓋子與下層壺身的壺口也完全相合，可以兩用，十分便利。田 37

柳樹圖案：以中國的愛情悲劇故事為主題之設計，繪有柳樹、兩隻鳥、樓閣、橋、小船等圖案。

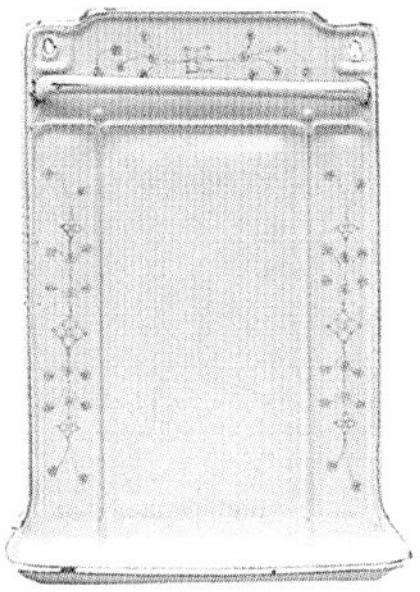

杓子架

［生產國］比利時［年代］1930年左右［價格］30,450日圓［鑑賞重點］白底配上手繪圖案，清爽怡人。20世紀初，在比利時、荷蘭等地有大量的杓子架產出。田37

「調理用的器具要放在方便取用的地方」，這種想法古今皆然。壁掛式的專用櫃與全套的杓子與杓架，極具觀賞與實用機能。

杓子架

Ladle Rack

從木製到琺瑯製

杓子架是指用來吊掛杓子等調理器具的壁掛式架子。十九世紀中期起，在英國開始出現木製杓子架。

自從琺瑯製品在十九世紀後期開始實用化以後，色彩豐富的琺瑯製杓子架在荷蘭、法國、比利時等地都受到相當的喜愛。

掛在杓子架上的長柄杓、漏杓（撈取浮末用）、鍋鏟（翻煎料理用）等器具也開始有琺瑯製的整組製品。

杓子架的基本造形為背板有兩個掛勾用的孔、用來吊掛杓子等的細鐵桿，還有凹盤——用來承接杓子滴落下來的水滴。平均尺寸為寬三十至三十五公分，高五十公分左右，體積不小。

完整的全套製品較珍貴

原創的全套杓子與杓架組，比單獨的杓架更為珍貴。此外，吊掛杓子的鐵桿容易毀損，購買時要仔細檢查是否有彎曲或被調換成新品。在現代廚房裡，只要有用心挑選與搭配，全套的琺瑯杓子與杓架也可以成為展現廚房品味的所在。

杓子架

［生產國］法國［年代］1930年［價格］10,000日圓［特徵］優雅的大理石紋路與整體的流線造形，散發十足的法國韻味。田33

鍋鏟：slice，用來煎魚或荷包蛋的調理器具。煎魚用的鍋鏟呈細長橢圓形，煎荷包蛋用的為四角形，皆以薄的金屬素材製成。

杓子架

[生產國] 法國 [年代] 1930年 [價格] 19,000日圓 [特徵] 鮮豔藍底點綴白色的瓷磚圖案，十分清爽又具現代感的設計。田 33

杓架組

[生產國] 法國 [年代] 1930年左右 [價格] 33,600日圓 [特徵] 附有長柄杓與漏杓的杓架組。紅色的線條別具特色。田 37

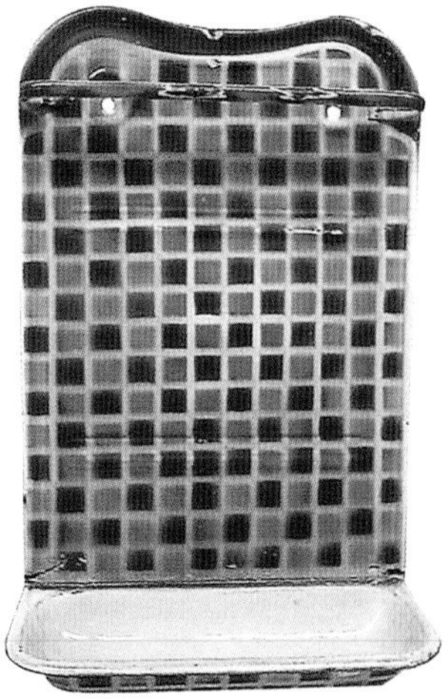

杓子架

[生產國] 法國 [年代] 1920年代 [價格] 22,000日圓 [特徵] 充滿個性的色彩運用，彷彿是以馬賽克瓷磚拼貼出來的。保存狀況也十分良好。田 31

杓架組

[生產國] 英國 [年代] 1930年代 [價格] 42,000日圓 [稀有度] 完整的全套調理器具與杓架，相當少見。田 31

杓子架

[生產國] 法國 [年代] 1920年代 [價格] 22,000日圓 [特徵] 鮮豔的橘色搭配白色的格紋，相當可愛，與具有現代感的廚房十分相稱。田 31

找得到的話就太幸運了！變形杓子架非買不可

與此處所介紹的品項在造形上大異其趣的杓子架，都是難得一見的珍品，例如只有背板和鐵桿，卻沒有盛水盤的簡單造形。因為沒有突出的盛水盤，所以不占空間，擺放的位置較不受限。此外，還有在盛水盤上打上若干的孔，用來插置調理器具的超級稀有款式。因為乍看之下不像杓子架，所以相當稀奇。

杓架組

[生產國] 法國 [年代] 1940年代 [價格] 89,250日圓 [鑑賞重點] 白底上彩繪可愛的小花圖案。有孔的長柄杓是用來撈除浮末的器具，又稱漏杓。田 46

調理器具：utensil，長柄杓與漏杓等調理器具的統稱。

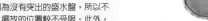

各式珐瑯製品

Other Enamelware

顏色和造形都相當可愛的珐瑯製廚房小器具，不只具有實用性，用來當作擺飾也能增加室內的設計感。大型珐瑯罐還可以用來收納小東西。

開洞的方式是瀝水器具的關鍵

自從耐熱又不生鏽的珐瑯製品普及以來，與水有關的各種器具也急速發展起來。從保存容器、調理器具等廚房用品，到掃除用具以及乍看之下猜不出用途的各種珐瑯製品，紛紛誕生。

美國在一八七〇年，最先開始以珐瑯材質製造液體容器的代表：水壺。英國則在一八九〇年代開始生產珐瑯壺，產品包括珐瑯水壺、珐瑯牛奶壺等。

此外，還有一種收藏者衆的瀝水容器：瀝水盆。它是鑿有數個大洞的碗狀容器，同時附有可以直接放在流理台上的腳座。此容器兩邊有握把，連側面都有鑽洞是它的特色。另一種鑽孔較小且只分布在底部的器具，被歸為篩濾器，多被稱為「過濾器」或「排水器」。鑽孔排列成星形或花形的容器相當稀少而珍貴。

有各式罕見的製品

法國與德國另外還製造出放置浴室、廚房用清潔劑的架子。這種被稱為「肥皂架」的架子，是掛壁式的組合，共可收納研磨用的砂子、鹼性蘇打、肥皂粉等三種清潔劑。

在英國，因為一般家庭習慣將清潔劑存放於陶製廣口瓶中，因此既未生產這種肥皂架，也未進口。

如果想在現代生活活用這項器具，試著將它擺在洗臉盆上，用來收納肥皂等小東西，應該也是美化廚房或浴室的絕佳選擇。珐瑯製品的範圍包羅萬象，由實用品到各種稀奇罕見的東西，應有盡有。

瀝水盆：colander，不只底部有孔，側面也分布有較大的孔。同時，為了便於放置在流理台上使用，底部附有腳座。

瀝水盆兼排水器

[用途] 瀝水器與篩濾器 [生產國] 英國 [年代] 1930～1940年代 [價格] 12,000日圓 [稀有度] 瀝水孔只分布在盆子下半部，成為罕見的瀝水與篩濾兩用型。冊11

水壺

[用途] 飲用 [生產國] 英國 [年代] 1930年 [價格] 7,140日圓 [鑑賞重點] 這種形狀非常少見的水壺，是用來服用藥水的器具。冊31

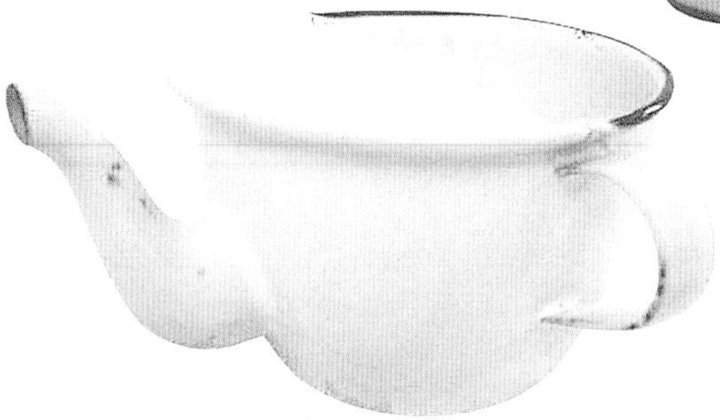

迷你咖啡杯與杯碟

[用途] 飲用濃縮咖啡 [生產國] 法國 [年代] 1930年 [價格] 12,800日圓 [特徵] 杯子的直徑6.7公分，高4.2公分，屬於較小的杯子，可用來喝濃縮咖啡或扮家家酒。冊31

瀝茶器

[用途] 過濾茶湯 [生產國] 法國 [年代] 1930年代 [價格] 左起12,000、10,290、10,290日圓 [鑑賞重點] 與銀器相比之下，價格較為平易近人，因此受到藍領階級的歡迎。冊31

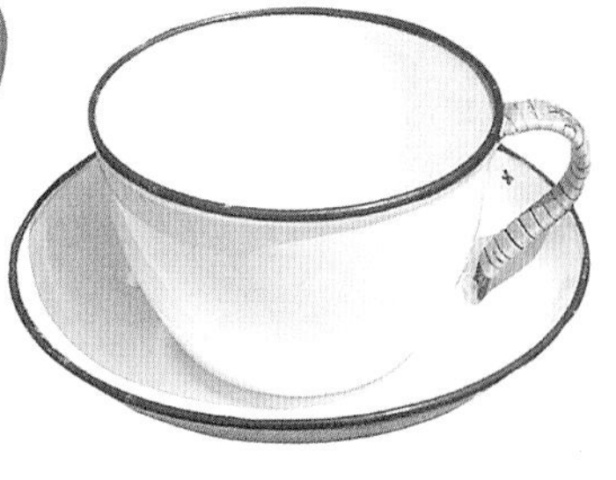

咖啡杯與杯碟

[用途] 飲用 [生產國] 英國 [年代] 1920～1930年 [價格] 6,800日圓 [稀有度] 充分考慮觸感與設計感，把手上纏有竹籐。冊49

找得到的話就太幸運了！火柴罐

火柴的法文是allumette。「火柴罐」在數量上絕不算少，卻較不常聽到，掛在牆上的「火柴罐」，形狀類似鹽罐，特徵是為了便於點火，在蓋子內側附有砂紙。因為是琺瑯製品，放於浴室廚房也不易受潮，更便於火柴的保存。

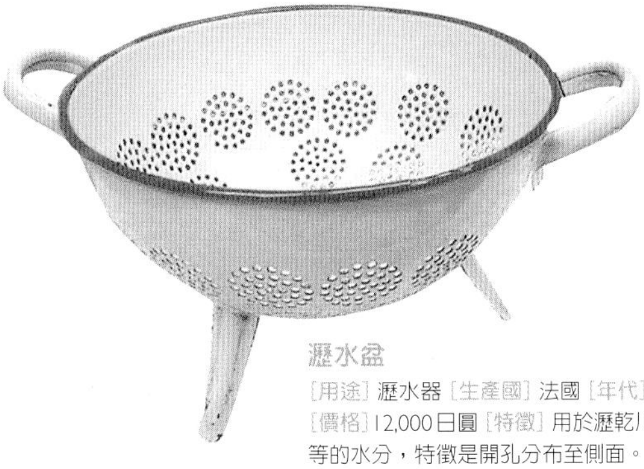

瀝水盆

[用途] 瀝水器 [生產國] 法國 [年代] 1920年代初期 [價格] 12,000日圓 [特徵] 用於瀝乾川燙料理或蔬菜等的水分，特徵是開孔分布至側面。冊31

排水器：drainer，屬於過濾器（strainer）的一種，開孔較大，是希望殘留在容器上的固體能被再利用時常使用的器具。

琺瑯罐

［生產國］法國［年代］1930年代［價格］18,000日圓［特徵］直徑與高度皆為26公分，形狀大小都接近麵粉罐，但因無明確記載，使用目的不明。田 31

醬汁罐

［用途］盛裝烤肉醬汁［年代］1940年代［價格］20,000日圓［鑑賞重點］英國大多數家庭都使用這種醬汁罐來保存以肉汁與調味料調製而成的醬汁。田 31

鹽罐

［用途］保存食鹽［生產國］法國［年代］1930年代左右［價格］23,000日圓［特徵］白底的罐身上只點綴著紅色文字，簡單俐落的設計充滿法國鄉村氣息。田 31

鹽罐

［用途］保存食鹽［生產國］法國［年代］1930年代左右［價格］19,000日圓［特徵］因為是掛在廚房牆壁上的食鹽保存容器，故有掛吊所需的洞。田 33

鹽罐

［用途］保存食鹽［生產國］法國［年代］1930年代左右［價格］19,000日圓［特徵］乳白色罐身搭配金色線條與文字，是一款現代感十足的鹽罐。田 33

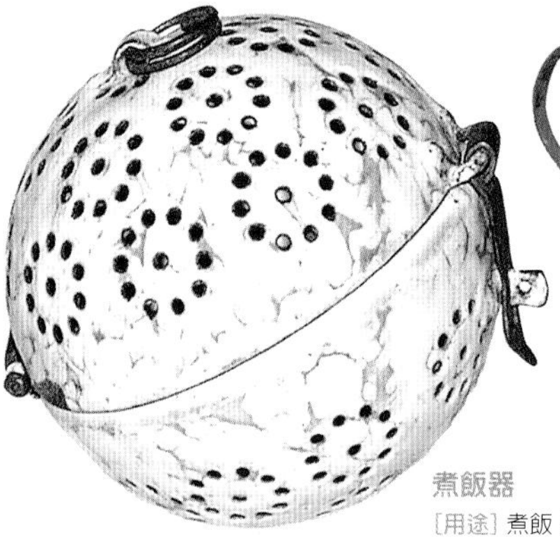

鏟勺

［用途］舀取粉末［生產國］英國［年代］1930年代［價格］7,800日圓［特徵］由麵粉罐等容器中舀取麵粉時所需的鏟勺，長16公分，是相當不占空間的尺寸。田 31

煮飯器

［用途］煮飯［價格］12,600日圓［稀有度］將米放入球狀容器，直接放到裝滿滾水的鍋中，即可將米煮熟。田 21

鹽罐：裝鹽用的容器。「Sel」為法文的「鹽」，英國製的鹽罐罐身上則大多以英文寫上「Salt」。

水瓶

［用途］倒水用［生產國］法國［年代］1930～1950年［價格］㊧12,500日圓；㊨14,500日圓［特徵］明亮的色調是其吸引人之處，當作花瓶使用也十分適合。田 11

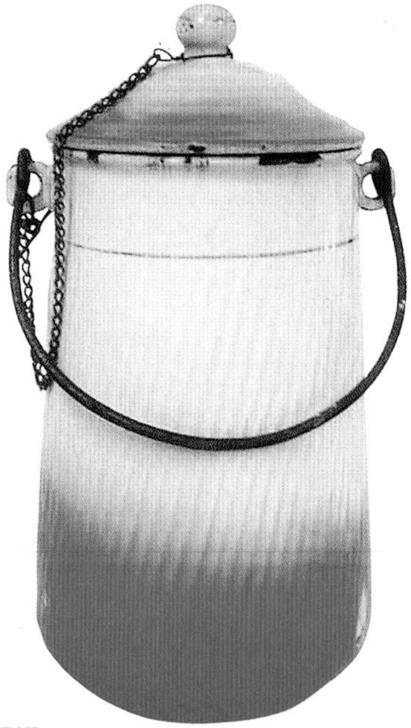

牛奶罐

［用途］盛裝牛奶［生產國］法國［年代］1900年代［價格］20,000日圓［特徵］生產諸多琺瑯製品聞名的法國B.B.公司製造。25公分的高度正好方便使用。田 31

水瓶

［用途］倒水用［生產國］英國［價格］10,290日圓［特徵］白色的瓶身鑲上海軍藍邊，更顯俐落大方。高32公分，屬於略大型的水瓶。田 41

肥皂架

［用途］收納清潔劑［生產國］法國［年代］1930年左右［價格］36,750日圓［鑑賞重點］由左而右分別為收納肥皂粉、鹼性蘇打、研磨用砂子的罐子，主要擺設於浴室、廚房。田 37

找得到的話就太幸運了！板狀的置物架台

在法國與德國有不少以金屬線編織而成的精巧架台，在英國則由木頭架台慢慢轉變為鋁製，因此琺瑯製的架台幾乎都停產了。不過，為廣告宣傳用而特別訂做，或商店展示用的琺瑯製架台，據說還有極少數存在。雖然只是在琺瑯板上挖有容納小罐子凹槽的簡單器具，若能發現這樣的東西，絕對是很幸運的。

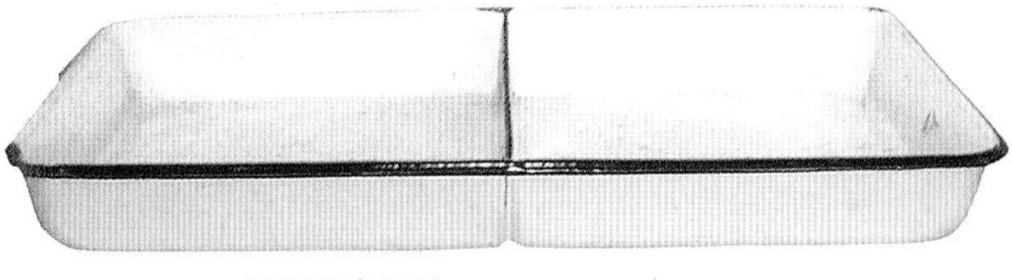

餐廳用食品盤

［用途］盛裝食物的托盤［生產國］美國［價格］5,800日圓［特徵］屬於放置食材的托盤，中央作分隔的設計。因寬度達52公分，據推測應為餐廳用等商業用途。田 33

肥皂架：savon rack，可收納三種清潔劑（肥皂粉、鹼性蘇打、研磨用砂子）的組合，在法國、德國尤其常見。

廚房用具

KITCHENTOOL

STUDY & CHECK POINT

◆歷史

各種方便的用具從十九世紀起陸續登場

工業革命以後，一般市民的生活開始有極大的轉變。這是因爲原本只有少數富裕階級人士才能擁有的用具與生活用品，透過大量生產開始深入普及於一般人的生活中。

最清楚反映出這種變化的，就是廚房用具；各種手工製容器，逐漸由原本的瓷製或木製轉變爲鍍錫、琺瑯或玻璃製品。進入二十世紀後，刀具與杓子等烹調用具的分類日益細密，各種專用的烹調用具紛紛登場。此外，由於烤箱在二十世紀後半問世，從此在家裡也可製作蛋糕或麵包，製作這些點心的各式用具也就應運而生。

陳列著雞蛋籃、起司刨削器、錫製烘焙盤、儲物罐等一九〇〇年代左右的廚房用具架。用具的金屬色澤呈現出懷舊的統一感。

有了上述種種背景，店家在銷售食品之際也開始使用陶製容器。當時人似乎習慣將這些販賣用的陶器在使用過後埋入土中。它們日後被挖掘出來，在今日骨董市場上吸引了許多目光。

◆鑑賞重點

從用途來檢視是否真為廚房用具

有別於「〇〇窯的咖啡杯組」、「〇〇大師的玻璃作品」，廚房用具的分類尚未十分成熟完整，因爲這些都是一般市民的生活用具，文獻資料當然比較少。事實上，就連實際販賣這類商品的店家，也有許多他們不清楚詳細用途的用具。同時，由於文化差異，有時也會出現東方人完全想像不到的用途。因此，在檢視商品時，確認用途是非常重要的一點。

例如，乍看之下讓人很想擺在廚房裡的有蓋淺盆，原本可能是用來裝廚餘或垃圾；又或看來像清潔用具的筆刷，事實上可能是用來將生蛋汁塗抹於蛋糕上。當然，不拘泥於過去的用途、在今日生活中充分活用是非常重要的，但如果能了解其原來用途，也就能更深入了解該國的文化。

即使是作擺設用，了解用途也會影響對該商品所投射的感情。

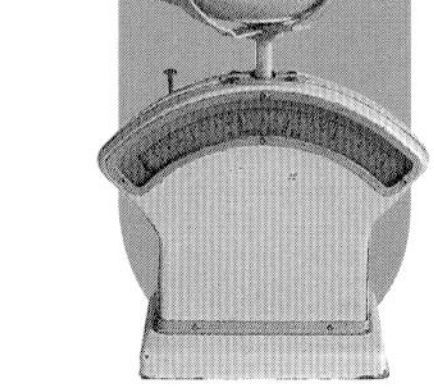

刨削器：grater，磨泥器之一，主要是指將起司削成碎片的用具。酪農業盛行的英國，曾在20世紀大量生產。另有旋轉式的削割器。

◆選購方法

先決定好實用型或裝飾型，再進行選購

選購骨董廚房用具時，必須明確界定是要用於日常生活，抑或純粹作爲裝飾用。原因在於，這些古老的廚房用具中有許多已嚴重損壞，現在不復使用，但其外觀與氣氛仍十分復古美好；也有的用具雖然未嚴重損壞，但在現今日常生活中已不方便使用；也有的用具根本不耐用。以廚房用磅秤爲例，它雖充滿復古的氣氛，但若非保存狀況十分良好，則絕對無法測量出正確的重量。

再加上，歐美大多使用盎司、磅、品脫等單位，如果要使用這些骨董磅秤，每次都必須將數值換算成公克。這是十分麻煩的問題。此外，例如製作點心的用具或削皮器等，如果希望能在日常生活中實際使用，就必須審慎考慮其銳利度與實用度。

倘若是希望當作裝飾品，建議可鎖定幾個項目。將實用型與裝飾型區分清楚，將能幫助你更容易比較其價值、好壞與種類等。

擺設與裝飾小祕訣

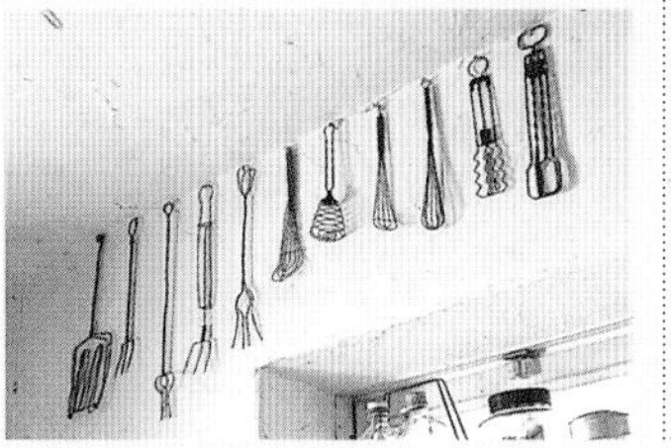

骨董器具就該與骨董擺在一起

木製、鐵製或琺瑯製等骨董廚房用具中，如果擺入閃閃發亮的現代嶄新用具，好不容易營造出的古典氣氛也會大為失色。既然收集了幾種骨董用具，若能一起放進琺瑯製的骨董容器中，同樣骨董的東西擺在一起將會有更協調的氣氛。建議可以選定一個空間專門擺放骨董。

收集同樣的項目，當作擺設品展示

骨董廚房用具中，同一品項也有各種不同的設計，讓人忍不住想收集所有的商品。事實上，實用的可能只有一種，其他用不著的東西就可以掛在牆壁上作擺飾。上圖即為以打泡器為主的各式烹調用具，右圖則是專門用來切碎香藥草的碎切板，它的右邊是各式各樣的削割器。

◆晉升行家之列

有背景的珍品值得一尋

雞蛋是歐美早餐不可少的，與它密不可分的廚房用具中，有些有趣的東西。蛋架或置蛋器屬於比較大眾化的項目，而蛋的分離器應該就是非常少見的用具了。這是一種小缽一般的容器，像撲滿一樣側面有條縫，利用這條縫竟然就可以將蛋白跟蛋黃完全分離。它的構造非常簡單：將生雞蛋打入，只需稍微將分離器傾斜，蛋白就會自動流出，只留下蛋黃。若不知道有這樣專用的容器存在，乍看到這分離器，一定會很狐疑這是什麼奇怪的用具。

另一種與蛋有關且十分特別的廚房用具，就是蛋的測試器。一個上面繪有蛋的模樣與刻度的杯子，在裡頭裝水，將生蛋放入，便可由蛋的下沉幅度來判斷新鮮度。因爲杯身上畫的蛋的圖樣實在太可愛，讓人忍不住想買下。

吃的文化經常表現在用具上。由這種觀點來欣賞的話，一定可以邂逅許多有趣的商品。

碎切板：chopper，用以切碎葉片的用具。平刀鋒的用於砧板上，彎刀鋒的可直接放入缽碗中切碎葉片。

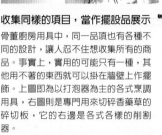

塑造懷舊風格時，最適合的用具就是磅秤。圖中皆為英國梭特公司生產的磅秤。㊧16,000日圓；㊨12,000日圓。田11

磅秤與量杯

Scale & Measuring Cup

最著名的英國梭特公司製品

雖然磅秤的種類有許許多多，一般家庭中常見的還是廚房用與秤書信重量用。其他還有如公共場所使用的體重計、商店做生意時秤蔬菜或點心重量用的磅秤等。

磅秤製造廠商當中，十分有名的是於一七六〇年創業以來至今仍持續營業的英國梭特（Salter）公司。它原本是一間以製造發條為重心的公司，生產小型秤桿開啓了它製造磅秤的歷史，之後甚至製造出英國第一部體重計與家庭廚房用磅秤，同時也將觸角伸往計量器以外的領域，成功擴展其企業版圖。

梭特公司同時也在英國擁有40%的市場占有率，是一個知名品牌，所生產的骨董廚房用磅秤屬於世界級的熱門收藏品。

刻度與單位的差異

選購時，必須特別注意的還是商品的狀況。為了實用目的而選購時，必須注意發條型的磅秤是否能正確無誤測出重量；如果是秤桿型的商品，則必須確認秤錘是否齊全。即使是無法使用的商品，在材質、色彩、形狀各方面也要有豐富的變化，才適合用於擺設展示。

此外，量杯與磅秤相同、杯身上的刻度能夠清楚辨識的才是良品。同時，非常容易成為盲點而被忽視的就是單位問題。英國製商品絕大多數都以盎司（OZ）為單位，而即使同樣是盎司，英國與美國的容量又略有不同，因此稍顯複雜。另外還有公克單位的磅秤，或印上兩種刻度的磅秤，選購時必須小心確認。

盎司：歐美的計量單位。1盎斯約28.4毫升（英）或約30毫升（美）。1品脫約570毫升（英）或約480～500毫升（美）。

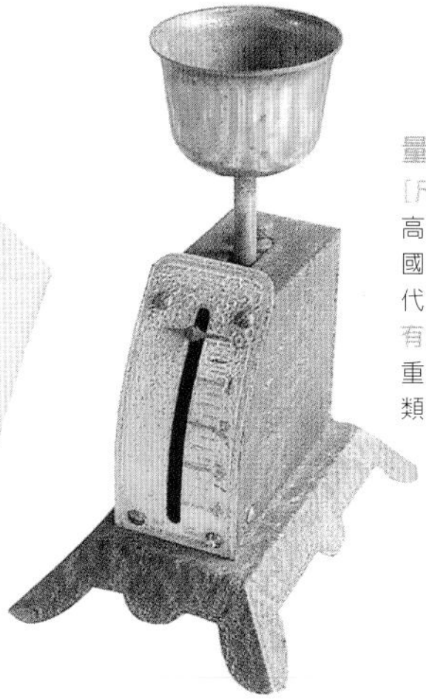

量蛋器

〔尺寸〕寬6.5×深9.5×高13公分〔生產國〕英國〔年代〕1920～1930年代〔價格〕13,000日圓〔稀有度〕專門用來測量蛋的重量，是極少見的磅秤種類。田 11

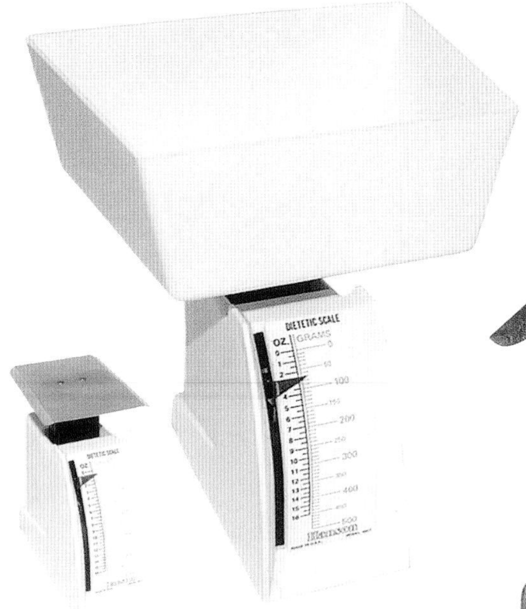

瘦身用磅秤

〔尺寸〕寬11.5×深11.5×高15公分〔生產國〕美國〔價格〕4,410日圓〔稀有度〕這是節食者用來測量食材重量的用具。另外附有塑膠製容器，以便放入粉末或液體。田 21

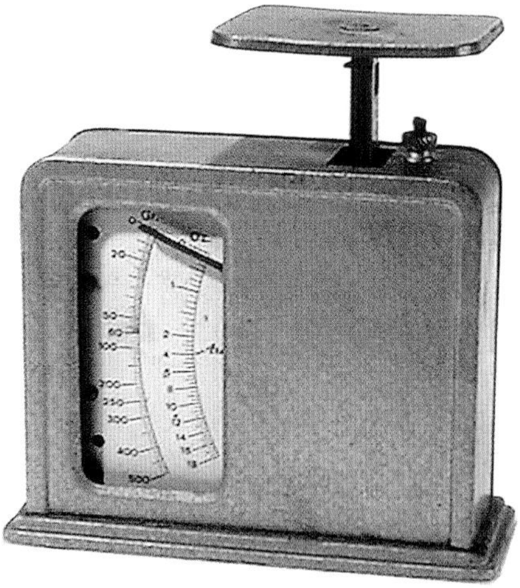

磅秤

〔尺寸〕寬12×深4.5×高14公分〔生產國〕美國〔價格〕5,775日圓〔稀有度〕雖然原本是用來秤郵件重量，因為同時可顯示公克與盎司兩種單位，故也可於廚房使用。田 1

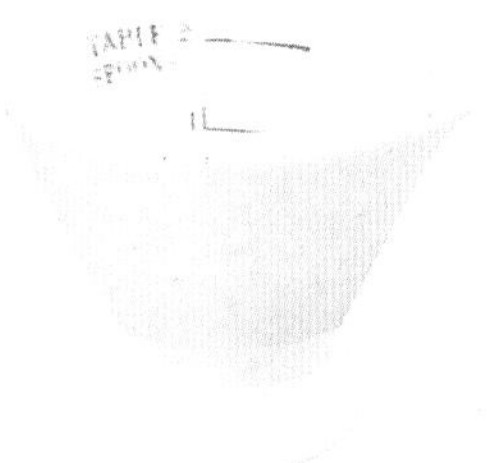

陶製量杯

〔生產國〕英國〔年代〕1920年左右〔價格〕18,000日圓〔特徵〕陶器製的量杯，據推測為現今量杯的始祖。用來插花也十分典雅可愛。田 31

找得到的話就太幸運了！專用磅秤

為特定物品設計的專用磅秤是限量販賣且相當罕見稀有的。當中較常見到的是量蛋器，是在雞蛋上沒有標示M或L標準尺寸的時代之必需品。利用這個用具，人們才能判斷雞蛋的尺寸。此外，如果發現磅秤附有超乎尋常的大托盤或籃子，那就是專門用來秤量嬰兒體重的嬰兒磅秤。

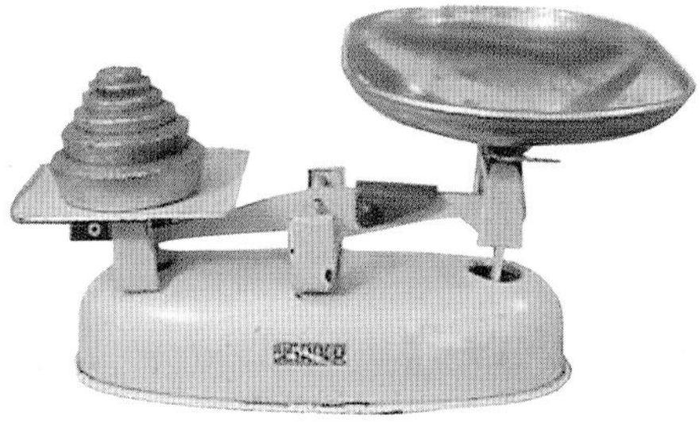

磅秤

〔尺寸〕寬30×深23×高16公分〔生產國〕英國〔年代〕1950年代〔價格〕21,000日圓〔稀有度〕附有秤錘，是還可以繼續使用的罕見珍品。田 34

梭特公司：Salter，1760年創業，英國具有代表性的磅秤製造廠商，是目前仍營業中的老店。

琺瑯量杯兼水瓶

［生產國］英國［價格］7,140日圓［鑑賞重點］檢視量杯的重點，在於刻度是否仍清楚顯示。這個量杯屬於保存狀態很好的商品。田 41

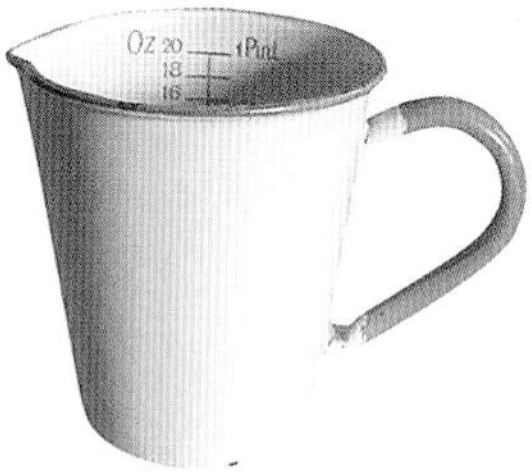

琺瑯量杯兼水瓶

［生產國］英國［年代］1930年左右［價格］12,600日圓［特徵］同時標示盎司與品脫兩種刻度的量杯。綠色滾邊與米白色杯身的組合顯得十分俏麗。田 37

陶製量匙

［生產國］英國［年代］1920年左右［價格］19,000日圓［鑑賞重點］刻度標示的意義如下：TABLE即一大茶匙，DESSERT即大茶匙的1/2，TEA即大茶匙的1/3。田 31

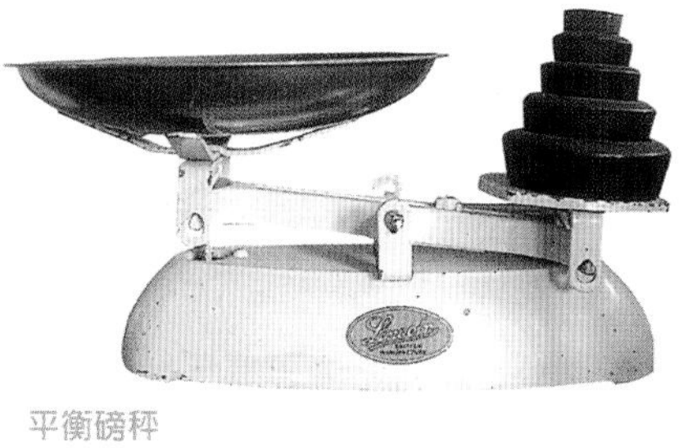

平衡磅秤

［尺寸］寬28×深22×高15.5公分［生產國］英國［年代］1900年中期［價格］15,750日圓［特徵］可利用附屬的秤錘測出重量的磅秤。磅秤本身為鐵製品。田 37

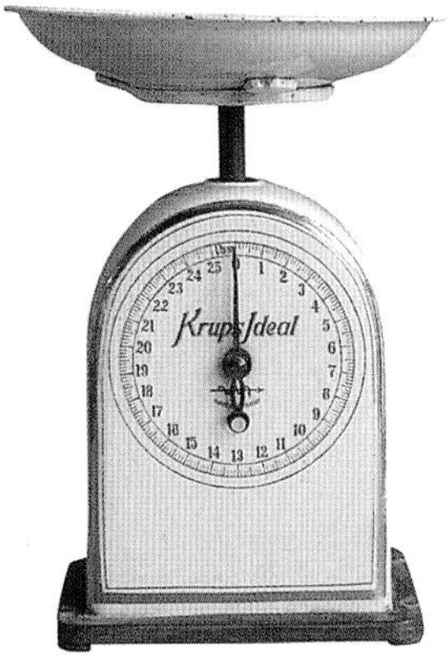

陶器磅秤

［尺寸］寬22.5×深22.5×高30.5公分［生產國］德國［年代］1900～1920年［價格］45,000日圓［稀有度］由德國出口到英國的罕見陶製品。田 11

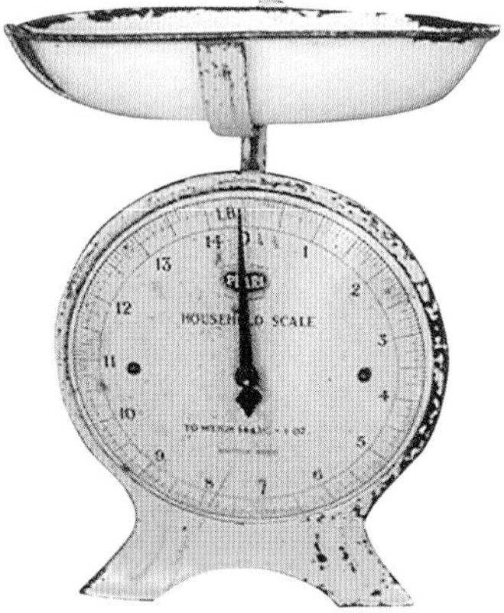

珍珠（Pearl）公司製廚房磅秤

［尺寸］寬20.2×深20.2×高27.4公分［生產國］英國［年代］1930年左右［價格］19,000日圓［特徵］磅秤本身是鐵製的，托盤則為琺瑯製。秤重限制是14磅。田 14

廚房磅秤

［尺寸］寬16×深9.5×高20公分［生產國］英國［年代］1950年左右［價格］12,600日圓［特徵］英國羅伊爾（Royal）公司的商品，磅秤本身是鐵製的，托盤為塑膠製。田 46

刻度標示：歐美並不是以公克來標示，而是採用湯匙一匙、水杯一杯等方式。因此，湯匙大小就直接如同刻度標示出來的大小一般。

「秤重大師」廚房磅秤

［尺寸］寬22×深22×高28公分［生產國］英國［年代］1940～1950年代前後［價格］12,000日圓［特徵］英國「秤重大師」（Weight Master）公司生產的磅秤。磅秤本身為鐵製品。田49

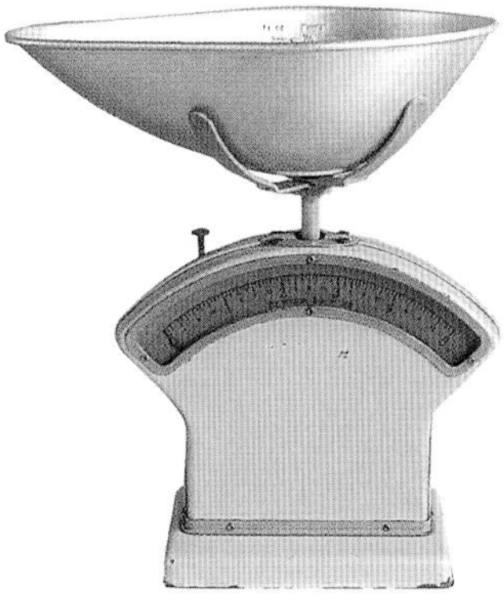

廚房磅秤

［尺寸］寬20×深10×高27公分［生產國］英國［年代］1940～1950年代前後［價格］12,000日圓［特徵］獨樹一格的外型深獲好評。托盤為鋁製品。田11

廚房磅秤

［尺寸］寬20×深20×高19.5公分［生產國］英國［年代］1900年代中期［價格］15,750日圓［特徵］塑膠磅秤搭配鋁製托盤，顯得個性十足。田37

廚房磅秤

［尺寸］寬18.5×深25×高23公分［生產國］英國［年代］1950～1960年代［特徵］數量上取得壓倒性多數的塑膠磅秤。於1950年代開始大量出現。田11

梭特公司的廚房磅秤

［尺寸］寬22.5×深22.5×高12.5公分［生產國］英國［年代］1930～1940年代［價格］㊧16,000日圓；㊨18,000日圓［稀有度］這是梭特公司商品中，特別受收藏家喜愛的一款類型。當中尤以紅白搭配的這一款特別罕見。托盤為琺瑯製。田11

找得到的話就太幸運了！塔拉量杯

塔拉（Tala）公司是英國數一數二的五金用品製造公司，所販售的鋁製量杯通稱「塔拉量杯」（Tala Measure），是至今仍持續生產的長銷品。骨董「塔拉量杯」中，也有一般設計以外的商品，因為極罕見而搶手，例如為了搭配促銷活動而特別生產的「期間限定設計商品」量杯之類。這類的稀有商品共有數種，不妨抱著尋寶的心情找找看。

塔拉公司：1899年設立於倫敦，是生產五金與廚房用品的廠商。曾因首創鍍錫的鐵罐而聲名大噪。

茶與糖罐

［材質］鍍錫［生產國］英國［年代］1930年代［價格］12,600日圓［稀有度］可攜帶的兩段式儲物罐。這款直徑5.5公分、高7.8公分的小型儲物罐十分罕見。田46

紅茶罐

［材質］陶器［生產國］英國［年代］1930年代［價格］35,000日圓［稀有度］TG Green公司於百年前開始生產的舊款式，罐蓋外包於罐身。現在則由梅森·凱許(Mason Cash)公司繼續生產中。田14

儲物罐（四件組）

［材質］鍍錫［生產國］美國［年代］1930～1950年代［價格］四件一組，15,540日圓［鑑賞重點］生產手繪儲物罐聞名的美國藍司堡公司製造。田27

外型精美的儲物罐，正好適合作為廚房的重點擺設。不論是用來擺乾燥花或收納小東西，都再適合不過了。陶製儲物罐組四個，價格為38,000日圓。1900年代中期捷克製。田13

儲物罐

Canister

深受歡迎的「康瓦耳」

除了琺瑯製骨董儲物罐，其他材質的儲物罐也有許多優質且魅力十足的商品。其中，成為主流的是堅固的陶製品，以及輕便好用的鍍錫製品兩種。

在陶製儲物罐中，在此要特別一提的是「康瓦耳器皿」(Cornish Ware)。這是英國TG Green公司在一百年前開始生產的系列，其中，藍白相間的橫條紋樣式被稱為「康瓦耳藍」的商品特別有名。乍看之下，那似乎只是兩色相間的橫條狀陶器，但它的作法其實是將染成藍色的黏土覆蓋於成形的白色黏土上，再將希望顯現出白色的帶狀部位削除，以製造出兩色相間的橫條紋效果，是非常耗費功夫的手工製作。正因為它現在仍維持同樣的製作方法，其骨董製品也更形珍貴。

鍍錫製品在美國成為主流

鍍錫製品在美國比在英國更為主流，錫製儲物罐基本上是四件一組。與歐洲商品不同的是，它的罐身上幾乎沒有文字記號，最主要的特徵是，它們大多是大眾化而俏皮的圖樣。

丁香：clove，香味十分強烈的香料，經常用於掩蓋肉的腥味或加入點心、飲料中。

儲物罐（五件一組）

［材質］陶器［生產國］法國［年代］1950年代［價格］36,750日圓［特徵］由左而右分別為裝麵粉、鹽、糖、香料與咖啡用的罐子。紅白的搭配充滿現代感。田 46

儲物罐（四件一組）

［材質］鍍錫［生產國］美國［年代］1940～1950年代［價格］18,000日圓［特徵］藍司堡公司生產之鍍錫儲物罐，以可愛的手繪圖案聞名。田 37

陶器儲物罐

［材質］陶器［生產國］英國［年代］1930～1950年代［價格］各19,950日圓［特徵］「CLOVES」即丁香，「C PEEL」是指柑橘類的果皮。田 37

儲物罐（三件一組）

［材質］鍍錫［生產國］英國［年代］1950年代左右［價格］9,800日圓［特徵］左起分別為裝咖啡、糖、茶葉用的儲物罐。整組罐子都同樣大小，是英國製品的特徵。田 33

麵粉罐

［材質］鍍錫［生產國］英國［年代］1900年代［價格］17,325日圓［特徵］英國歷史悠久的「麗晶希器皿」(Regency Ware)公司生產的麵粉罐。鮮豔的用色讓罐身顯得很活潑。田 37

找得到的話就太幸運了！儲物罐附有壁掛式托盤

儲物罐有時會與專用壁掛式的托盤成套出售。因為連儲物罐都不一定能湊齊整組，如果連壁掛式托盤都保有良好的狀態，更是難能可貴。鍍錫儲物罐主要是搭配同為鍍錫製品的壁掛式托盤，後者呈簡單的L型。較重的陶製儲物罐則多半搭配木置托盤，大多為放置在桌上的樣式。

藍司堡公司：Ransburg，美國知名鍍錫金屬罐廠商，生產許多鮮豔華麗的手繪圖案鍍錫金屬罐，擁有眾多的愛好者。

在過去，食品是放入美麗的陶器中保存與販賣，現在這些容器則成為標準的收藏品。將保存奶油、橘子醬、啤酒等各種容器收集並擺設陳列，可以布置出一個趣味盎然的空間。

陶瓶與陶罐

Stone Jar

表面的印刷大同小異

十九世紀後半至一九五〇年代左右，食品販賣業使用的是陶製容器。果醬、啤酒、奶油、魚與肉類加工品、橘子醬、營養補充食品等各種食品都裝入陶瓶或陶罐中，於店面販賣。這些販賣用的容器都印有各式各樣的廠商名稱、商品名、標誌、圖樣等。然而，它們最大的特徵就是許多瓶、罐的形狀都十分相似。

這是因為商業用容器幾乎都是由大型專門廠商大量生產的，不論大型超市或個人商店，基本上都使用相同的容器。

商業用容器的專門廠商中，相當著名的是英國馬林（Maling）公司。它也是生產丹地（Dundee）公司橘子醬容器，以及各種軟膏或醫療用品容器的公司。

由地下挖掘出的英國製品

當時的人不會將食品的容器特別保存起來，因此留存到現在的東西比較少。相較之下，英國的製品比較常出現。

當時的英國人習慣將空的食品容器集中埋在地下，這些容器後來就被挖掘出來，出現在骨董市場上。

生產橘子醬的大型廠商，例如丹地、法蘭克·古波（Frank Cooper's），其保存容器數量多且價格平易近人，但鄉下地方的製造商或個人商店的保存容器則數量較少；如果是稀有商品，價格也較高。

此外，一般被認為是學校或醫院使用的商業用大型保存容器，也因罕見而比較珍貴。

馬林公司：英國的商業用陶器專門製造商。前身為陶器工廠，於18世紀時開始營業，1853年起正式生產商業用陶器。

Virol Pot 維若爾瓶

維若爾（Virol）是用牛的骨髓濃縮而成的營養食品名稱，1860年代開始在英國販賣。它就像法式清湯塊一樣，可以加入湯或燉肉中一起食用。這種以孩童與身體病弱者為主要消費族群的食品在當時十分普及，其陶罐共有六種大小不同尺寸。

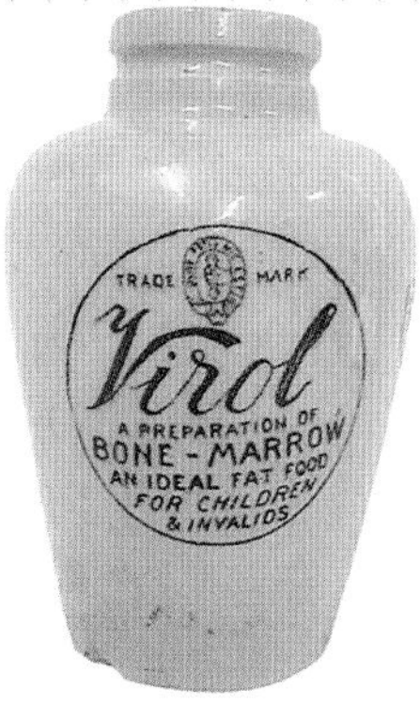

「握骨」維若爾瓶

［尺寸］直徑9×高13.5公分［生產國］英國［年代］1880年左右［價格］15,000日圓［稀有度］繪有「握著牛骨的手」標誌，屬生產初期的成品，十分少見。田 31

超大維若爾瓶

［尺寸］直徑19×高30公分［生產國］英國［年代］1920年左右［價格］78,000日圓［稀有度］據推測，這種特大容器主要應為商業用途。前㊧5,000日圓；前㊨11,000日圓。田 31

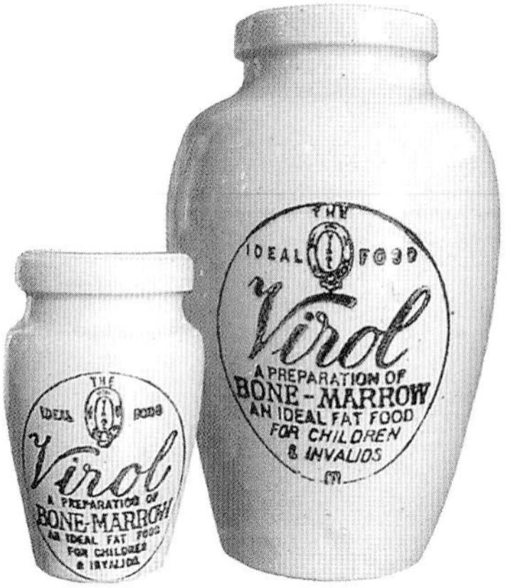

維若爾瓶

［尺寸］㊧直徑4.5×高8公分；㊨直徑5×高14公分［生產國］英國［年代］1900年代初期［價格］各7,350日圓［稀有度］極受歡迎的收藏項目。田 37

Paste Pot 醬泥罐

塑膠等容器問世前，魚、肉類磨成泥狀或其加工品常裝在小型陶製容器中，封上紙蓋後陳列於店頭販賣。其中大多數素面容器都由專門廠商大量生產，再依店家需要印上店名與商品名稱。

燻鯡魚用陶罐

［尺寸］直徑6.5×高4公分［生產國］英國［年代］1930年左右［價格］6,090日圓［特徵］英國大型超市仙詩貝麗（Sainsbury's）所使用的陶罐。田 37

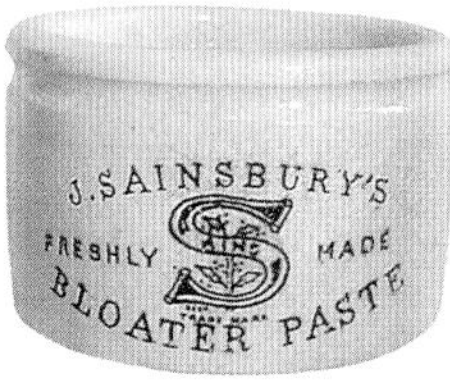

陶罐

［尺寸］直徑4.8×高3.5公分［生產國］英國［年代］1920年左右［價格］13,800日圓［特徵］據推測，應為克拉奇司（Clarkes）商店所使用的陶罐。田 31

肉泥陶罐

［尺寸］直徑8.5×高4公分［生產國］英國［價格］4,500日圓［特徵］據推測，應為盛裝、販賣肉類加工食品的容器。田 43

法蘭克·古波公司：位於牛津的食品店，19世紀後期開始生產、販賣橘子醬的知名廠商。

Marmalade Pot 橘子醬罐

橘子醬於1495年由葡萄牙傳入英國，後來成為英式早餐中不可或缺的一品，許多相關產品也開始出現，其中較知名的有丹地公司與法蘭克．古波公司的製品。當然，這些容器也成為受歡迎的品項之一。

法蘭克．古波的橘子醬罐

[尺寸] 直徑9×高10公分 [生產國] 英國 [年代] 1910年左右 [價格] 8,800日圓 [特徵] 人氣僅次於丹地公司的法蘭克．古波公司用陶罐。31

兩大廠牌橘子醬罐

[尺寸] 各為直徑8.5×高9.5公分 [生產國] 英國 [年代] 1920年左右 [價格] ㊧丹地公司，8,400日圓；㊨法蘭克．古波公司，10,500日圓 [鑑賞重點] 兩者皆為英國代表性橘子醬製造廠商。37

法蘭克．古波的橘子醬罐

[尺寸] 直徑10.5×高11公分 [生產國] 英國 [年代] 1900年～1940年 [價格] 9,000日圓 [特徵] 橘子醬罐中口徑較大的類型。11

大型橘子醬罐

[尺寸] 直徑15.5×高18.5公分 [生產國] 英國 [年代] 1900年～1930年 [價格] 25,000日圓 [鑑賞重點] 此類大尺寸陶罐原為醫院或學校所使用的製品。11

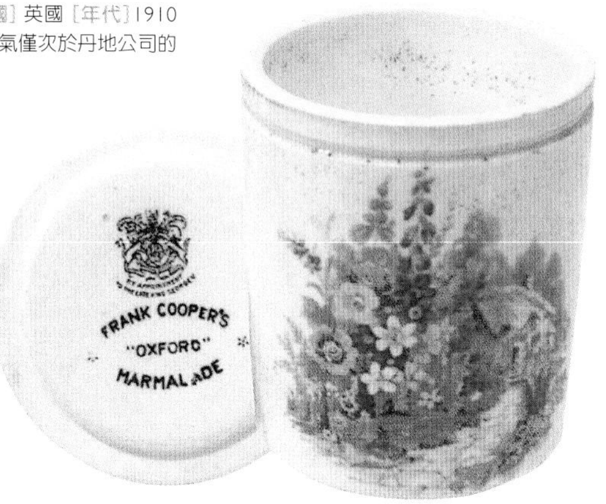

法蘭克．古波的有蓋式橘子醬罐

[尺寸] 直徑8×高10.5公分 [生產國] 英國 [年代] 1930年～1940年 [價格] 20,000日圓 [稀有度] 有蓋子、罐身同時繪有圖案的品項極罕見。11

Beer Bottle 啤酒瓶

在英國將啤酒稱為「Ale」，加入生薑後，成為薑汁啤酒（Ginger Ale），是英國主流的酒類。盛裝這些酒類的容器，在進展成玻璃瓶身之前大多使用陶瓶，包括幾乎沒有圖樣的素面樣式，以及繪有廠商商標圖案的瓶身。

生薑啤酒瓶

[尺寸] ㊧直徑7×高16公分；㊨直徑7×高20公分 [生產國] 英國 [年代] 1900年～1920年 [價格] 各8,500日圓 [特徵] 只有刻印的素面陶器，是相當簡單大方的瓶子。11

啤酒瓶

[尺寸] 直徑7×高17公分 [生產國] 英國 [年代] 1930年左右 [價格] 5,775日圓 [特徵] 博芮（Barrett）公司的啤酒瓶，星形符號令人印象深刻。37

丹地公司：Dundee創業於1797年的英國果醬製造商，起源於鎮上一位名為「丹地」的婦女所製作之橘子果醬。

Cream Pot 奶油罐

利用牛奶上層的透明部分製成英國特有的濃醇鮮奶油，例如濃縮奶油（clotted cream）等；英國人習慣用英式鬆餅沾濃醇奶油。盛裝這些奶油的販賣容器當中，上面繪有乳牛圖案的罐子特別受到歡迎。

理查森公司奶油罐
［尺寸］直徑4.5×高7.5公分［生產國］英國［年代］1920年左右［價格］5,000日圓［特徵］位於英國雪菲爾的理查森（Richardson's）公司奶油罐。田31

紐莫公司奶油罐
［尺寸］直徑4.5×高7.5公分［生產國］英國［年代］1920年左右［價格］6,000日圓［特徵］紐莫（Numol）公司生產的營養補充食品用奶油罐，是一款相當受歡迎的品項。田31

霍伍公司奶油罐
［尺寸］直徑5×高8公分［生產國］英國［年代］1920年左右［價格］5,000日圓［特徵］霍伍（Hallwood's）公司的罐子，繪有乳牛圖樣。如果是雙色的罐身則更少見。田31

理查森公司奶油罐
［尺寸］直徑4.5×高10.5公分［生產國］英國［價格］5,000日圓［特徵］理查森公司販賣高濃度奶油用的罐子。田43

Caviar Pot 魚子醬罐

魚子醬就是魚卵。下圖是被譽為「世界三大美味」之一的蝶鮫魚子醬所用的保存容器，據推測應為高級食材店販賣魚子醬的用具。今天，蝶鮫只能在裏海捕獲，但據說過去在英、法兩國也都能捕獲。

玻璃罐

19世紀後半，密閉性更高且更加美觀的玻璃容器開始登場。

1861年英國開發了玻璃製保存容器，即玻璃罐。從此以後，這種容器日漸普及，在20世紀後半成為一般人日常生活中不可或缺的物品。㊤罐身上寫有「米」與「葡萄乾」字樣的玻璃罐各為9,450日圓，約1920年代的產品。田37／㊧麥芽飲料好立克的販賣用容器，6,800日圓，約1900～1930年的產品。田11

魚子醬罐
［尺寸］直徑6.7×高8公分［生產國］英國［年代］1920年左右［價格］8,000日圓［特徵］米白色罐身上寫有淡綠色的「魚子醬」字樣，是極為罕見的樣式。田31

好立克：Horlick's，1883年美國食品公司所開發的麥芽飲料。由於飲用時必須將粉末倒入水中溶解，另外也有市售專用攪拌器。

What is this?
這些工具是作什麼用的呢？

本節蒐集了許多乍看之下無法聯想其用途的骨董廚房用具。仔細想想這些用具誕生的時空背景，以及人們是如何使用它們，或許能讓你感覺到復古的歐美廚房似乎突然出現在身邊。

將饒富趣味的廚房用具當成生活雜貨來收藏，也是非常有趣的。在亞洲難得一見的特殊形狀或材質，能為廚房帶來俏皮活潑的氣氛。田11

攪拌的好幫手

What is this?

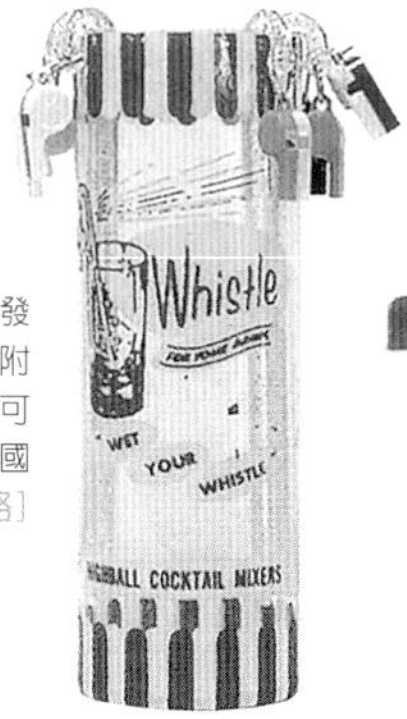

飲料攪拌棒
[用途] 每根攪拌棒都附有會發出聲音的口哨，一組共八根（附有塑膠盒）。在派對等場合可以讓氣氛更熱烈 [生產國] 美國 [年代] 1950～1960年代 [價格] 9,555日圓。田1

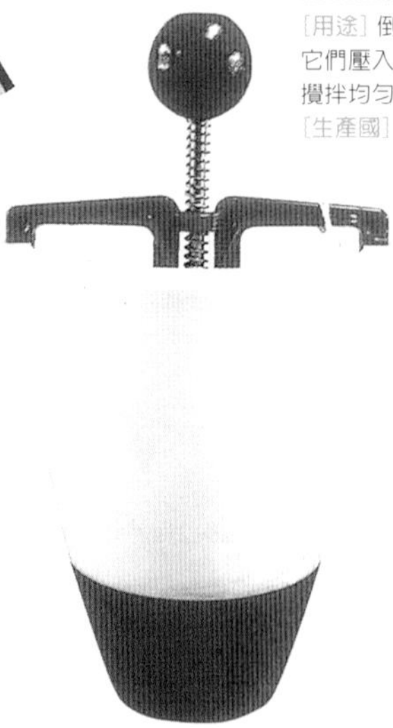

甜甜圈攪拌器
[用途] 倒入製作甜甜圈的材料，分幾次將它們壓入圓形容器內。裡面的材料被充分攪拌均勻後，就能做出柔軟美味的甜甜圈 [生產國] 美國 [價格] 8,000日圓。田43

好立克攪拌器
[用途] 專門用來拌勻麥芽飲料好立克粉的攪拌器。利用裡面擴散棒的上下作用，將粉末攪拌均勻 [生產國] 英國 [年代] 1950年代 [價格] ㊧8,000日圓；㊨6,000日圓。田49

奶油製造機
[用途] 只要有這個用具，加入乳脂（cream）與鹽，就可以自己動手做奶油。在過去各家庭自己製作奶油的時代，這曾經是生活必需品 [生產國] 英國 [價格] 26,250日圓。田41

攪拌器
[用途] 廚房用電動攪拌器，製造商為現仍持續生產攪拌器的美國桑賓（Sunbeam）公司。除了附有大小兩個翡翠綠色的攪拌杯以外，還有說明書與外罩 [生產國] 美國 [年代] 1930年 [價格] 60,900日圓。田1

翡翠綠：如同翡翠一般的綠色。50年代，美國安克哈金玻璃廠「火王」（FireKing）翡翠系列大為流行時，曾經大量生產。

What is this?

蔬果的好良伴

馬鈴薯泥製造器

［用途］放進煮熟的馬鈴薯，將把手下壓，米粒狀的馬鈴薯泥就會從小洞中跑出來。塔拉公司產品［生產國］英國［年代］1950～1960年代［價格］8,190日圓。田 41

蘋果去核器

［用途］去蘋果核。製作烤蘋果等點心時不可或缺的用具，無須切開蘋果就可將蘋果核除去［生產國］英國［年代］1950年代［價格］2,650日圓。田 46

馬鈴薯削皮器

［用途］削馬鈴薯等外皮的專用削皮器，能讓人感受到以馬鈴薯為主食的英國風情［生產國］英國［年代］1950年［價格］2,625日圓。田 46

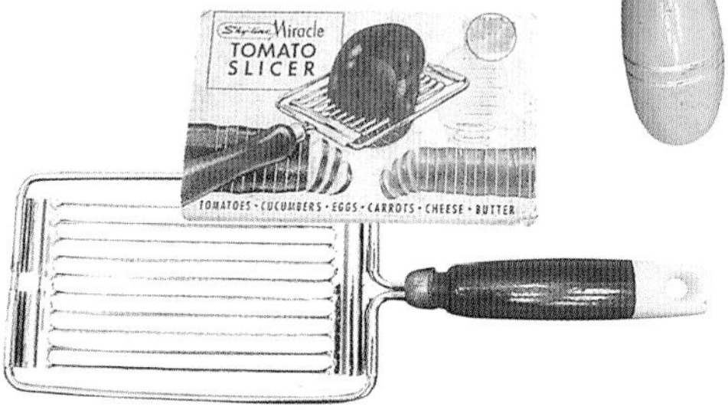

番茄切片器

［用途］如同包裝盒上的繪圖一樣，可以一口氣將番茄等蔬果切成薄片的方便切片器［生產國］英國［年代］1950年代［價格］5,040日圓。田 46

蔬菜切割器

［用途］除了可用以切割紅蘿蔔或馬鈴薯等蔬菜之外，也可用來將起司切成波浪狀［生產國］英國［年代］1930～1950年代［價格］1,260日圓。田 41

馬鈴薯挖球器

［用途］可以將馬鈴薯或水果挖成小圓球狀；想讓配菜看來更美觀的必備用具［生產國］英國［年代］1970年［價格］945日圓。田 46

削皮器

［用途］馬鈴薯或紅蘿蔔用的削皮器，可用削切的方式除去較硬的蔬菜外皮［生產國］英國［價格］1,050日圓。田 41

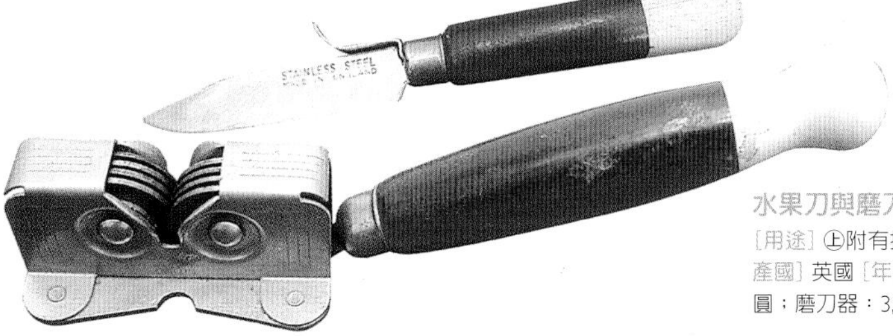

水果刀與磨刀器

［用途］㊤附有拇指靠座的水果刀。㊦磨刀器［生產國］英國［年代］1950年代［價格］刀：2,890日圓；磨刀器：3,675日圓。田 46

桑賓公司：1897年設於芝加哥的家電廠商，至今仍持續生產包括標準攪拌器等各式各樣家電用品。

What is this?

做點心的好伙伴

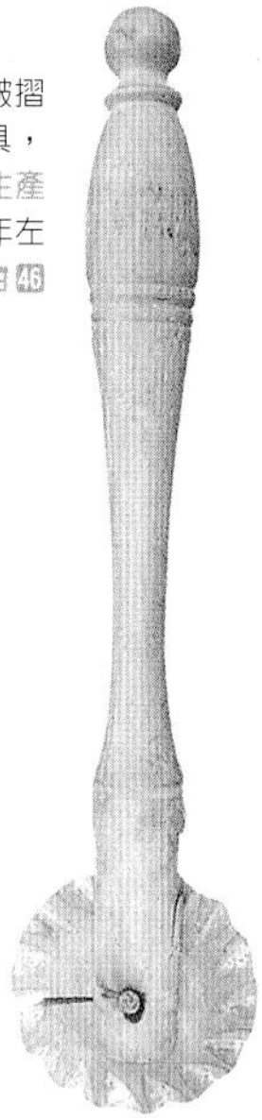

切派器

[用途] 可以集中派的皺摺並切去多餘派皮的用具，也被稱為派皮清除器 [生產國] 英國 [年代] 1930年左右 [價格] 1,890日圓。田46

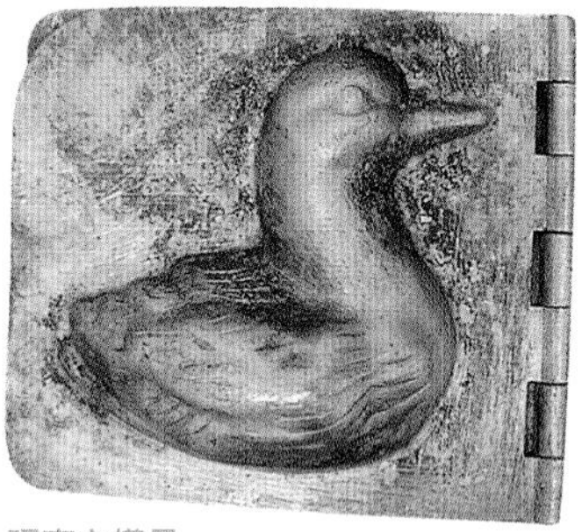

巧克力模具

[用途] 製作巧克力的模具。㊤錫製熊形模具 [生產國] 美國 [年代] 1950年代 [價格] 2,500日圓。田49／㊦鋁製鴨型模具 [生產國] 英國 [價格] 10,290日圓。田46

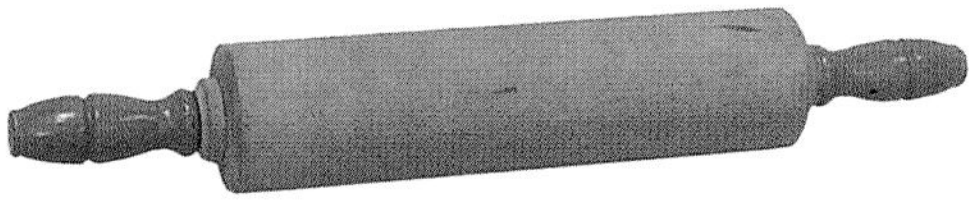

滾棒

[用途] 即擀麵棍，主要用來使派皮或蛋糕的原料均勻伸展。另外也有燕麥專用的滾棒 [生產國] 英國 [價格] 4,800日圓。田33

派餅空氣排除器

[用途] 烤派的時候放在派的中央、將空氣排出去的用具。右方像鳥一般的用具稱為「派鳥」[生產國] 英國 [年代] 1930年代 [價格] ㊧15,000日圓；㊨10,290日圓。田31

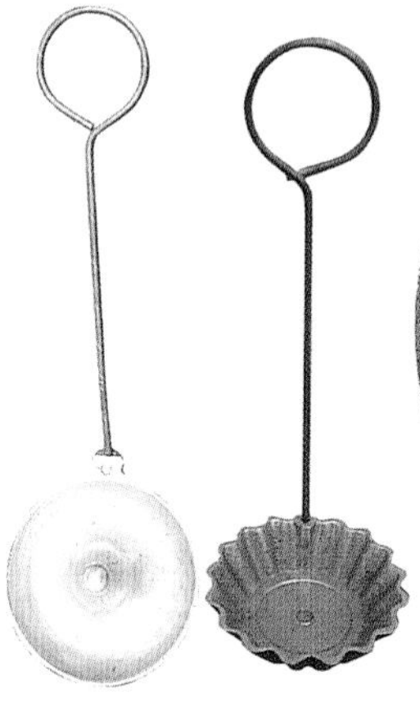

甜甜圈模具

[用途] 炸甜甜圈專用的模具，附有鐵製把手，更便於模具在熱油中進出 [生產國] 英國 [價格] 各4,725日圓。田46

鍍錫烘焙模具

[用途] 烤麵包或蛋糕時用的鍍錫模具。㊧烤派用鍍錫烘焙模具 [生產國] 美國 [年代] 1960年代 [價格] 3,800日圓。田49／㊦鍍錫麵包模具 [生產國] 英國 [年代] 1920年代左右 [價格] 7,000日圓。田31

派鳥：pie bird，鳥形的派餅專用空氣排除器，多以英國常見的黑鳥為模型。

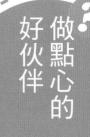

冷卻盤

[用途] 冷卻剛烤好的蛋糕或麵包，或要在蛋糕上淋熱巧克力時使用的用具 [生產國] 英國 [年代] 1950年代 [價格] 4,095日圓。田41

糕點用刷子

[用途] 過去多使用於在蛋糕模具上塗奶油，或為了製造光澤感在最後階段塗上蛋汁時 [生產國] 英國 [年代] 1950年代 [價格] 3,675日圓。田41

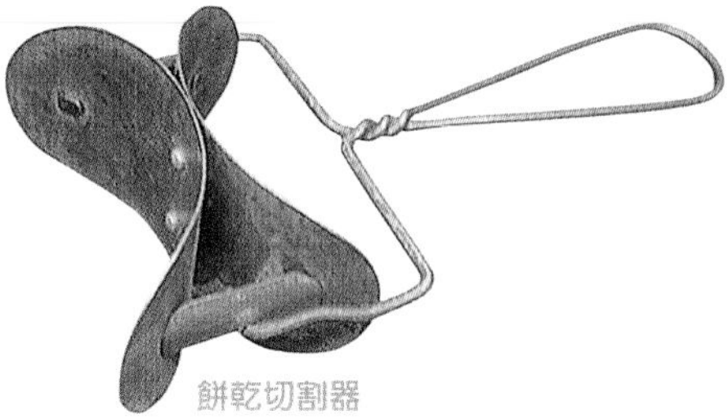

餅乾切割器

[用途] 放在擀得薄薄的餅乾麵糰上，可切割出圓形、新月形、橢圓形等形狀的用具。變化刀面放置的角度，可做出四種不同形狀的餅乾 [生產國] 英國 [年代] 1900年代 [價格] 5,800日圓。田31

粉末篩濾器

[用途] 濾去麵粉等材料中的糰塊，並在麵粉中加入空氣的篩濾器。正面寫有「麵粉」(FLOUR)，背面則寫著「通心粉」(MACARONI) [生產國] 澳洲 [年代] 1940年代 [價格] 7,140日圓。田41

布丁速成器

可以更快速、簡單製作布丁的劃時代創意用具

從前，布丁是一道非常費功夫而花時間的料理。1909年，英國葛里威(Grimwade)公司開始販賣布丁速成器(guick cooker)，讓人可以更快速簡單地做出美味的布丁。有蓋的耐熱碗裡設有透氣管，只要將材料放入碗中加熱即可。容器上繪有產品的宣傳字樣也是其特色之一。價格：25,000日圓。英國製。田31

烹飪用計時器

[用途] 廚房用計時器 [生產國] 英國 [年代] ㊤1950年代；㊧1930～1950年代 [價格] ㊤4,095日圓。田41／㊧12,600日圓。田37。皆為史密斯(Smiths)公司製造。

葛里威公司：Grimwade創業於1880年的陶器廠商，以開發布丁速成器而聞名。

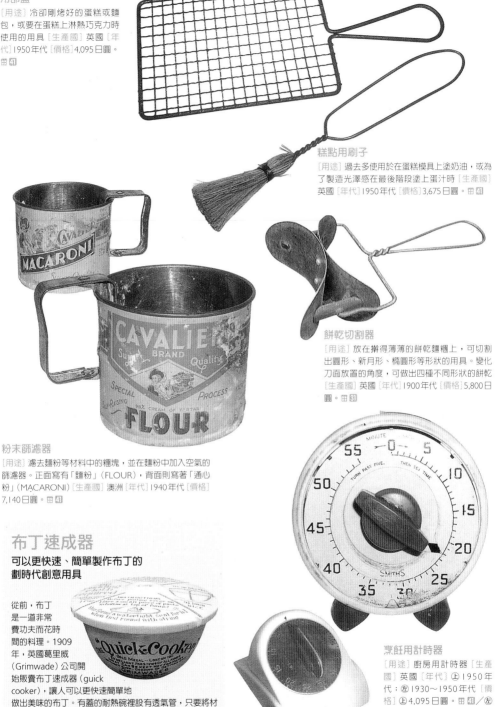

What is this?

收納的利器

鹽罐（碟）

［用途］餐桌上的鹽罐（碟）。由於是翡翠色的玻璃製品，作為餐桌的擺飾也非常適合［生產國］美國［價格］雞形：5,040日圓；六角形各3,150日圓。田 21

雞蛋籃

［用途］保存蛋時使用的籃子，通風性佳。㊧雞的形狀［生產國］美國［價格］5,800日圓。田 43／㊨圓形［生產國］英國［年代］1900年代［價格］8,925日圓。田 37

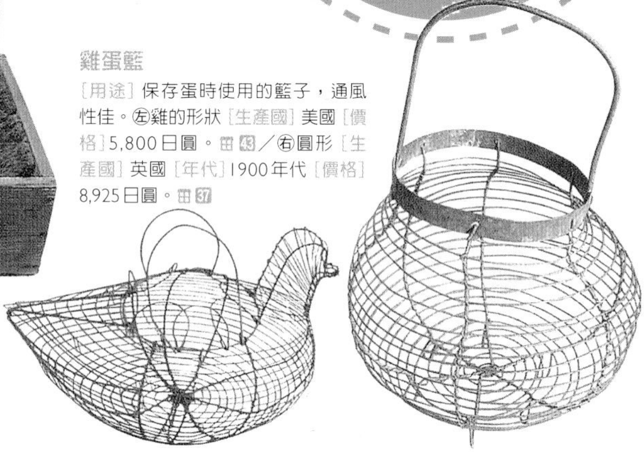

蛋盒與蛋架

［用途］保存蛋所使用的盒子與架子。盒内軟墊在搬運時可充分發揮保護作用［生產國］英國［年代］1900年代［價格］㊧ 10,000日圓；㊨ 38,000日圓。田 31

What is this?

處理奶油的便利工具

奶油戳

［用途］可在奶油表面壓印出圖案，或形塑奶油的形狀［生產國］英國［年代］㊧1880年左右；㊨1900年左右［價格］㊧ 18,000日圓；㊨ 5,800日圓。田 31

奶油刀

［用途］在奶油上劃線條並將之切割出完美圓形的用具。據說過去多於富裕的家庭中使用［生產國］英國［年代］1950年代［價格］2,625日圓。田 46

奶油罐

［用途］保存奶油的容器。有別於一般常見的平面容器，立體而細長的外觀是它的特別之處。除了這種容器之外，另有一種被稱為「厚板」(slab)、專門用來放置並秤量販賣用奶油的陶板，也是相當受歡迎的相關商品［生產國］英國［年代］1920年代［價格］29,000日圓。田 31

奶油保冷器：butter cooler，自製奶油的保存容器。將水倒入其中，再放入奶油，蓋上蓋子後可形成雙層構造，將奶油與外界熱空氣隔離。

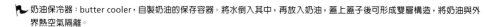

What is this?

切、割、磨的好法寶

刨削器
[用途] 這是個鐵製的簡樸刨削器，主要用來將起司削成碎屑。20世紀中期開始也出現旋轉式的 [生產國] 英國 [年代] 1940年代 [價格] 5,775日圓。田46

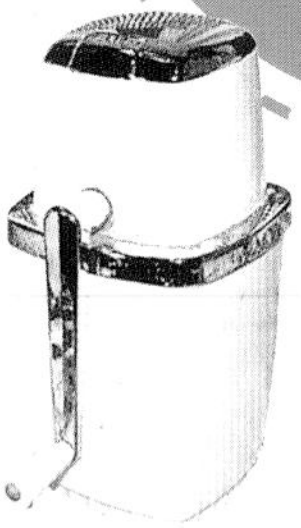

碎冰器
[用途] 將冰塊削磨成碎冰的用具，即所謂家用碎冰器，塑膠製 [生產國] 美國 [價格] 11,550日圓。田21

研磨器
[用途] 磨碎胡椒粒或咖啡豆的用具。㊧胡椒用 [生產國] 英國 [年代] 1950年左右 [價格] 18,000日圓。田38／㊨咖啡豆用 [生產國] 英國 [年代] 1950年代 [價格] 12,500日圓。田29

麵包用砧板與麵包刀
[用途] 麵包專用砧板與麵包刀的組合，砧板採用堅固的完整木板 [生產國] 英國 [年代] 1900年代 [價格] 19,800日圓。田31

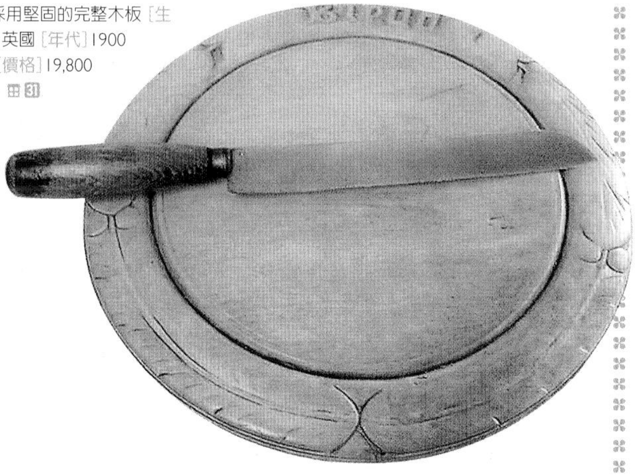

果醬罐
[用途] 造形可愛的果醬容器，乍看之下彷彿是擺飾。左邊罐身上寫有橘子醬的字樣。兩者都附有湯匙 [生產國] 英國 [年代] 1930～1950年 [價格] 各12,600日圓。田23

奶油盤
[用途] 由奶油保冷器取出奶油後，可放在這個盤子上切成小塊，再端到餐桌上。中國風味的柳樹圖案尤其少見 [生產國] 英國 [年代] 1880～1900年代 [價格] 40,000日圓。田11

模具：mold，又指盛裝果凍、慕斯、肝醬派(terrine)的容器。最早出現在18世紀，為木製的模具。

經過歲月洗禮的骨董小品與餐具，以及各式各樣日常生活用品，經常帶有全新物品所沒有的深度與獨特味道。讓思緒隨著這些古老的東西回到過去的同時，或許有許多人也會想將西方社會這種「珍惜所有物品並代代相傳」的生活魅力帶進自己家中。不論是燈具或紡織品、花瓶或桌鐘等，若能以骨董來取代這些日常生活中隨處可見的小東西，就能打造一個可以完全放鬆心情、好好休息的舒適空間。

Part 3

居家生活的骨董

照明燈具 （檯燈／吊燈與枝狀吊燈／玻璃罩燈／燭臺）

居家小品 （元氣商品／桌鐘／花瓶／錫罐／籃子／玻璃瓶／戶外用具／室內設計配件）

照明燈具 LIGHTING

STUDY & CHECK POINT

◆歷史

十九世紀後半開始普及的骨董燈具，大多是英國與法國製品

使用燈泡的燈具開始在歐洲普及，是十九世紀即將結束的時候。也就是說，最古老的骨董燈具也只是約一百年前的東西。比起其他的骨董，它的歷史還算短。

在日本能買得到的，幾乎都是造形優美且數量也很多的英國與法國製品。

主要全盛時期，大約是十九世紀後半起到二十世紀左右，其中尤其以英國製品的數量特別多。

英國的燈具在外型上沒有因爲時代的差別而有太大不同，燈罩上多採噴砂等技法作爲裝飾，是它的特徵之一，而且基本上不會標示作者的名字。

法國的燈具則會標示作者名，主要常見的有「新藝術」與「裝飾藝術」兩種造形風格。

◆鑑賞重點

色彩豐富的為法國製品，作者名也有標示

「新藝術」與「裝飾藝術」兩種時代的作品，從藝術角度上來看，有許多價值不斐的名家作品。正因爲如此，也出現了許多仿製品。

如果想追求眞品，最重要的前提就是必須了解時代背景與製作工房的特徵。整體而言，簡單來說：「新藝術」風格的燈具呈流線型，主要圖案爲植物或生物。燈罩主要爲套色玻璃或彩色浮雕玻璃。

至於「裝飾藝術」風格的燈具，整體來說是呈直線型，與「新藝術」風格相較之下較爲簡單，燈罩也幾乎都是透明的。

此外，最重要的一點在於署名。蓋雷、杜慕等知名創作者的作品，大部分在燈罩上都看得到署名。

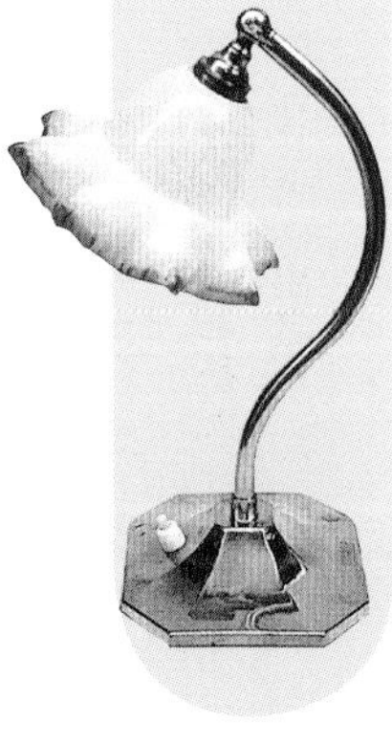

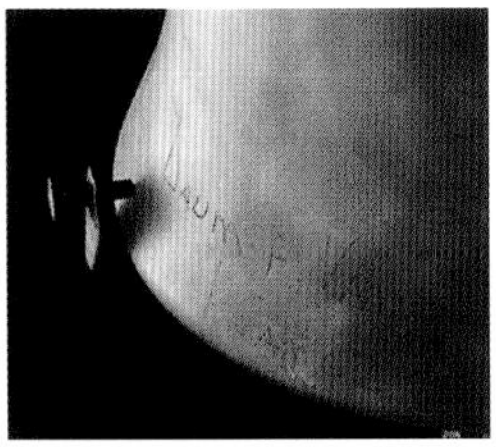

名家燈具的燈罩上都會有署名。本圖燈罩上刻有「DAUM NANCY」（杜慕．南錫）的字樣，表示該作品是出自位於法國南錫的杜慕工房。

套色玻璃：重複套上多層不同色的玻璃，成型後再削除一部份表面。是利用色彩對比凸顯圖樣的一種技法。

◆選購方法

先試點燈，同時也要注意燈泡的瓦數

選購骨董燈具時，首先最基本的就是試著將燈點亮，因爲骨董玻璃燈罩在點燈與不點燈時的不同風情也是其魅力之一。

點燈時必須特別留意的是燈泡的瓦數。與其期待古老的燈具綻放出明亮的光芒，倒不如享受它內斂的光線帶來的想像樂趣。若是光線過亮，反而無法充分感受骨董燈具的這種魅力。

店家的人當然應該也非常清楚這道理，因此骨董燈具上應該都裝有十瓦到四十瓦左右的專用燈泡。此外，如果燈具本身與燈罩是分開購買時，務必要考慮整體的平衡感，挑選出最具協調性的組合。同時也必須仔細檢查金屬部分是否堅固、電線與燈座是否有損傷。如果不能順利點亮燈具的話，就失去購買的意義了。

擺設與裝飾小祕訣

成對的作品十分貴重，當然應該盡量成對擺設

經過長年歲月洗禮而保留到現在的骨董燈具，本身已經夠貴重了；如果能成對完整流傳到現在，那就更罕見了。好不容易取得成對的骨董燈具，就不該分開擺設，而且應該擺在餐櫃等醒目的地方，以凸顯其成對的特色，整體室內空間也會因此而瞬間顯現出更有質感的氣氛。

與鏡子充分搭配，即使是小小的燈具也會魅力倍增

小型骨董燈具的魅力，在於其溫暖的微弱燈光，但在寬廣的空間中就會稍顯分量不足。如果能將之擺在鏡子前面，則不只能表現出加倍的存在感，燈罩中傾洩出的燈光之美也會倍增。若能配合周遭的氣氛擺上小品骨董或鮮花等，更能成為絕佳的聚焦作品。

◆晉升行家之列

有背景的珍品值得一尋

新藝術時期的巨匠蓋雷（1846～1904年），是眾所皆知的玻璃藝術創作者。然而，事實上他也創作出許多家具與陶藝領域的作品。或許也正因如此，他的玻璃藝術作品有不少應用了家具裝飾技巧。

蓋雷作品可以分爲三大類，包括他自己企畫製作的原創品，以及他指揮下的工房製品，另外再加上他過世之後、後人承襲他的基本理念再加上新設計而量產的商品。

他過世後的工房製品，大多是一九〇四年之後的作品，因此很容易劃出分界線。就作品本身特質而言，它們不像他生前的作品一般求精求益，仿冒品較多也是其特徵之一。

蓋雷生前的原創作品是屬於藝術品級的珍品，事實上，它們與他生前的工房製品很難做出區分。大致上，除了商業目的以外的作品，都可視爲原創作品，例如博覽會展出之作。

噴砂：sandblast，利用高壓空氣在玻璃表面噴上砂粒並加以雕刻的手法。19世紀在美國首先被開發出來的技法。

檯燈是骨董燈具中必備的項目之一。尤其是在打造居家空間的過程中，檯燈扮演著主角，因此人們當然希望選擇一盞自己喜愛又能與家具搭配的燈具。

檯燈

Lamp

黃銅製燈架為主流

骨董燈具的進口項目，範圍從骨董收藏家專門收購的美術工藝品，到我們日常生活中欣賞用的燈具都有。

與吊燈或枝狀吊燈相較之下，檯燈的價格更平易近人，不論形狀或色澤等，都具有觀賞價值，挑選的過程也充滿無窮的樂趣。

進口燈具基本上都配合國內使用之需要，變更過配線後才上市販賣，因此燈具也能視為可立即使用的商品。

燈架與燈罩有時整組出售，有時也可單獨出售。若欲分開購買，建議實際安裝起來看看，檢視整體的平衡感。這是因為有時候會有因燈罩過重，造成燈架無法支撐的問題。

燈具的燈架有一部分會加以電鍍修飾或鍍膜處理，不過，從以前到現在始終被用來作為素材、帶有深度光澤感的黃銅依然是主流。除此之外，還有木製的燈架商品。木製燈具的特色之一，即是有許多都屬於搭配布製燈罩的組合。

布製燈罩稀少

燈罩原本分為玻璃製與布製兩種，但由於布製燈罩原本數量即少，加上非常容易老化與髒污，因此現在市場上主要可見的多為玻璃製燈罩（關於玻璃燈罩詳細介紹，請參考一一〇頁）。

除此之外，立燈雖然在數量上不比檯燈，但也有許多精美的商品。經營骨董燈具的商店裡幾乎都有立燈，下回可以試著詢問店家。

燈泡標示：商品資料上的標示，指最能表現出該燈具魅力的建議瓦數。大部分最高到60瓦。

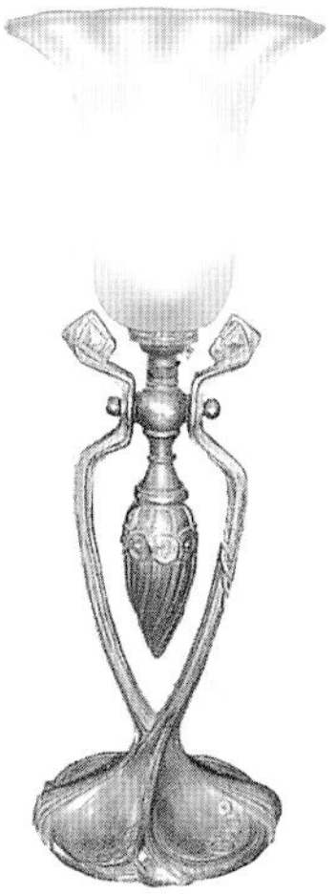

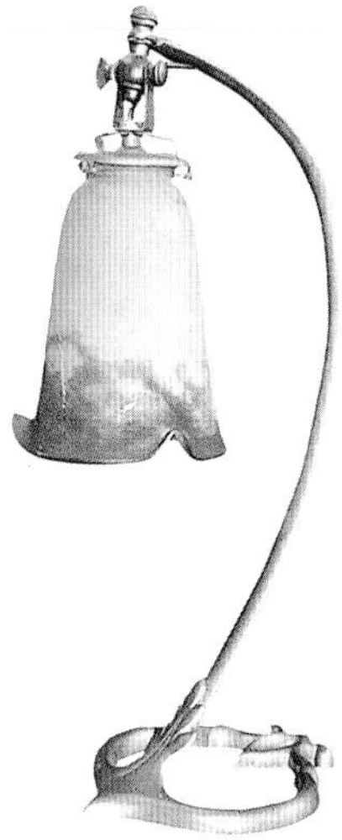

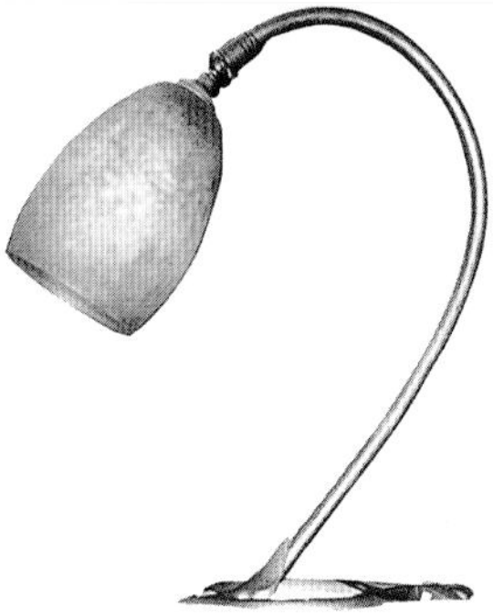

杜慕檯燈

[尺寸] 寬36×深33×高36公分 [生產國] 法國 [年代] 1800年後期～1900年初期 [價格] 399,000日圓 [燈泡] 40W [稀有度] 杜慕兄弟作品。田8

變色玻璃罩燈

[尺寸] 直徑14×高39公分 [生產國] 法國 [年代] 1925年左右 [價格] 158,000日圓 [燈泡] 10～20W [特徵] 燈架為青銅製，燈罩為變色玻璃。亦可作為壁掛燈。田15

穆勒燈

[尺寸] 寬30×深25 ×高35公分 [生產國] 法國 [年代] 1800年後期～1900年初期 [價格] 294,000日圓 [燈泡] 40W [稀有度] 穆勒兄弟作品，燈架為黃銅製。田8

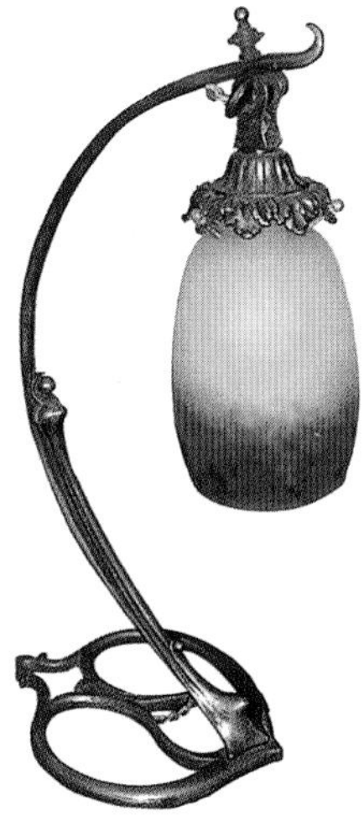

彩色罩燈

[尺寸] 寬16 ×深20 ×高43公分 [生產國] 法國 [年代] 1925年左右 [價格] 160,000日圓 [燈泡] 10～20W [特徵] 法國工房ROBJ的彩色燈罩作品。田15

施耐德燈

[尺寸] 直徑13×高34公分 [生產國] 法國 [年代] 1915年左右 [價格] 129,000日圓 [燈泡] 10～25W [鑑賞重點] 施耐德兄弟之作。他們是新藝術運動時期的代表藝術家。田15

變色玻璃罩燈

[尺寸] 直徑17×高38公分 [生產國] 英國 [年代] 1900年左右 [價格] 160,000日圓 [燈泡] 20～25W [稀有度] 充滿新藝術氣息的燈罩。田26

骨董燈具的海外燈泡在這裡可以買得到

骨董燈具的燈座基本上都是原創的，燈泡規格則分為所謂英國式、法國式等「海外燈泡」，最亮不超過60瓦。這種可緊密鑲入燈座的海外燈泡，在擺設有燈具的骨董商店都有出售，最近甚至在大型電器行也可買得到。偶爾，我們也可找到一些已經改為本地規格的燈具。

黃銅：brass，銅與鋅的合金，因材質柔軟而易加工。不易生鏽，溶解度高。常被用來作為燈具的燈架材質。

法式檯燈

[尺寸] 直徑30×高51公分 [生產國] 法國 [年代] 1900～1910年左右 [價格] 33,600日圓 [燈泡] 25W [特徵] 高雅的燈架搭配布面燈罩。田 23

變色玻璃罩燈

[尺寸] 寬14×深10×高38公分 [生產國] 法國 [年代] 1925年左右 [價格] 138,000日圓 [燈泡] 10～25W [特徵] 方向朝上的光線十分獨樹一格。燈架為黃銅鍍金。田 15

布面罩燈

[尺寸] 直徑23×高35公分 [生產國] 英國 [年代] 1950年左右 [價格] 33,600日圓 [燈泡] 25W [特徵] 布面燈罩上的花朵圖案帶來溫柔恬靜的印象，搭配黃銅燈架為特徵之一。田 24

蝕刻玻璃罩燈

[尺寸] 直徑14×高46公分 [生產國] 英國 [年代] 1930年左右 [價格] 189,000日圓 [燈泡] 25W [特徵] 蝕刻玻璃花紋十分精細。燈架為黃銅製。田 29

彩繪罩燈

[尺寸] 直徑15×高46公分 [生產國] 英國 [年代] 1900年左右 [價格] 150,000日圓 [燈泡] 20～25W [特徵] 燈罩上有洋溢新藝術風格的蝴蝶與植物手繪圖案。田 26

櫸木燈架檯燈

[尺寸] 直徑16×高50公分 [生產國] 英國 [年代] 燈架為1900年代，燈罩為1930年代 [價格] 60,000日圓 [燈泡] 20～25W [鑑賞重點] 一款由燭臺改造而成的檯燈。田 26

施耐德兄弟：Schneider Frères，兩兄弟都曾在杜慕工房工作過。1913年自立門戶，創作出許多玻璃作品。

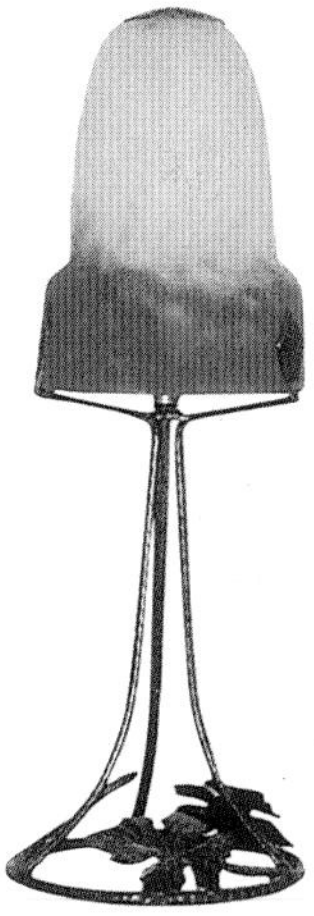

裝飾藝術檯燈

［尺寸］直徑10×高35公分［生產國］法國［年代］1920～1930年代［價格］126,000日圓［燈泡］15W［鑑賞重點］整體而言屬於裝飾藝術時期的簡單造形。田40

布面罩燈

［尺寸］直徑16×高37公分［生產國］英國［年代］燈罩為1940年代，燈架為1930年代［價格］52,800日圓［燈泡］25W［特徵］點燈時，燈罩上的蕾絲圖樣會更變得清楚。田29

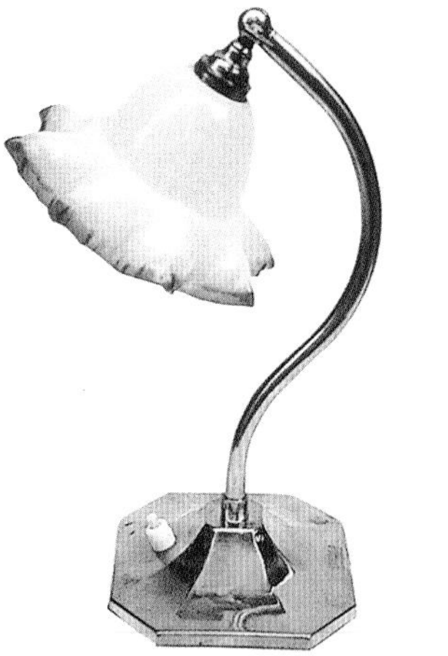

乳白玻璃罩燈

［尺寸］寬16×深18×高34公分［生產國］英國［年代］燈罩為1930年代，燈架為1940年代［價格］124,000日圓［燈泡］25W［特徵］燈罩為有厚度的乳白色玻璃。田29

ROBJ精油燈

［尺寸］直徑12×高14公分［生產國］法國［年代］1920年左右［價格］315,000日圓［燈泡］20W［鑑賞重點］在凹洞中加入水與香精油，就能享受香味。田8

鐵製檯燈

［尺寸］寬30×深15×高40公分［生產國］法國［年代］1940年左右［價格］58,000日圓［燈泡］25W，2個［特徵］勾勒出優美線條的鐵製燈架充滿法國氣息。田35

可同時享受燈光之美與芳香的精油燈

距今約一百年前，人們發明了不只可欣賞燈光之美、同時也可享受芳香的香精燈。在玻璃或陶器製成的燈罩上有可加入香精油的凹洞，利用點燈時的熱度使香精油蒸發，進而使香味擴散。作為燈具即十分美麗，再加上可享受芳香，是十分優雅美麗的骨董品項之一。

大理石燈架的燈

［尺寸］寬16×深26×高33公分［生產國］英國［年代］1920～1930年代［價格］130,000日圓［燈泡］20～25W［特徵］大理石燈座配上充滿躍動感的飛鳥模樣黃銅燈架與玻璃燈罩的組合。田26

ROBJ：1910年於法國成立的工房，尤以製造玻璃精油燈聞名。1930年結束營業。

橡木製燈架的檯燈

[尺寸] 直徑13×高40公分 [生產國] 英國 [年代] 燈罩為1930～1950年左右，燈架為1930年左右 [價格]32,340日圓 [燈泡]25W [特徵] 燈罩下擺的流蘇十分美麗。田25

裝飾藝術檯燈

[尺寸] 直徑10×高30公分 [生產國] 燈罩為英國製，燈架為法國製 [年代] 1920～1930年代 [價格]45,000日圓 [燈泡]15W [特徵] 鐵製燈架洋溢著裝飾藝術風。田40

桌上對燈

[尺寸] 直徑15×高46公分 [生產國] 英國 [年代]1930年代 [價格] 一對118,000日圓 [燈泡]40W [稀有度] 由膠木與鉻製成的燈架屬於現代的摩登造形。田7

法式檯燈

[尺寸] 直徑15×高35公分 [生產國] 法國 [年代]1950年左右 [價格]90,000日圓 [燈泡]25W [特徵] 精雕細琢的黃銅燈架十分少見。燈罩為布製。田35

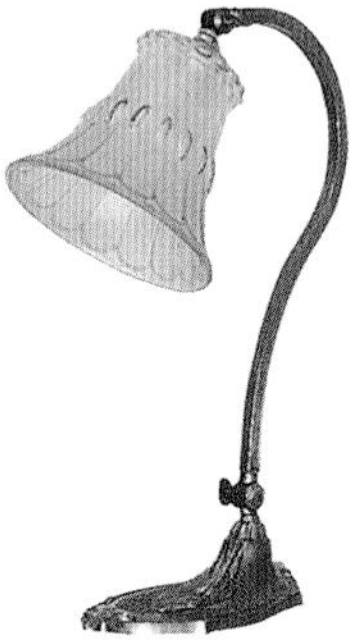

可調式檯燈

[尺寸] 寬25×深12×高30公分 [生產國] 英國 [年代]1910～1920年代 [價格]70,000日圓 [燈泡]15W [特徵] 黃銅燈架與燈座、燈罩的連接處都是活動式的。田40

玫瑰燈罩檯燈

[尺寸] 直徑18×高26公分 [生產國] 英國 [年代]1900年代 [價格]108,000日圓 [燈泡]20～25W [稀有度] 燈罩由數片有厚度的玻璃如同花瓣一般組合而成，十分稀有。田26

霧面玻璃檯燈

[尺寸] 直徑16×高41公分 [生產國] 燈罩為法國製，燈架為英國製 [年代] 燈罩為1940年代，燈架為1930年代 [價格]94,000日圓 [燈泡]25W [特徵] 燈罩為霧面玻璃。田29

杜慕兄弟：Daum，1875年，兩兄弟於法國南錫市設立工房，是新藝術時期最具代表性的工房，現仍營業中。

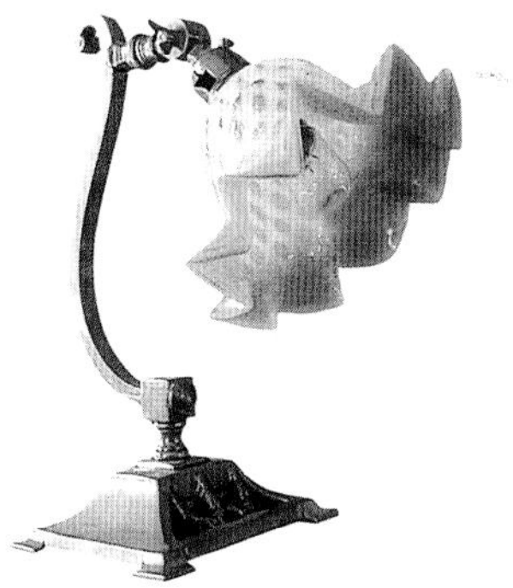

變色玻璃罩燈

［尺寸］寬14×深25×高27公分［生產國］英國［年代］1900年代［價格］185,000日圓［燈泡］20W［稀有度］燈罩以變色玻璃製成，可調整角度。田26

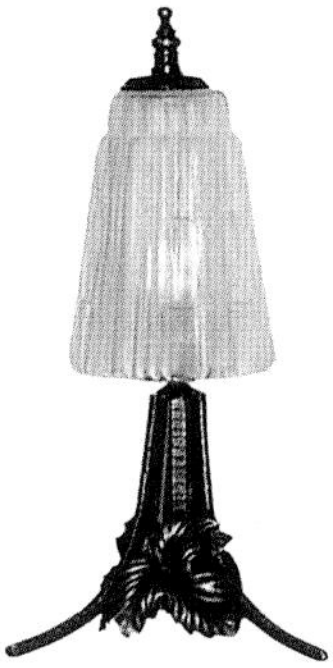

裝飾藝術檯燈

［尺寸］直徑13×高28公分［生產國］法國［年代］1920～1930年代［價格］35,000日圓［燈泡］15W［特徵］直線形的裝飾藝術風格玻璃燈罩令人印象深刻，燈架為鐵製。田40

穆勒桌燈

［尺寸］直徑9.5×高28公分［生產國］法國［年代］1920年代［價格］241,500日圓［燈泡］25W［特徵］穆勒工房的作品，由鑄鐵製成的燈架分量十足。田20

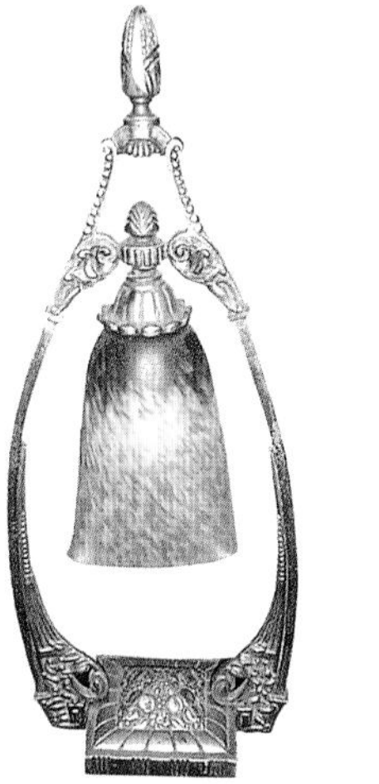

施耐德檯燈

［尺寸］寬17×深11×高41公分［生產國］法國［年代］1925年代［價格］360,000日圓［燈泡］10～25W［特徵］施耐德兄弟的作品，燈架表面鍍上青銅。田15

陶器娃娃燈

［尺寸］直徑19×高34公分［生產國］法國［年代］1930年左右［價格］158,000日圓［燈泡］25W［稀有度］娃娃後方的玻璃背後藏有光源，是裝飾用桌燈。田26

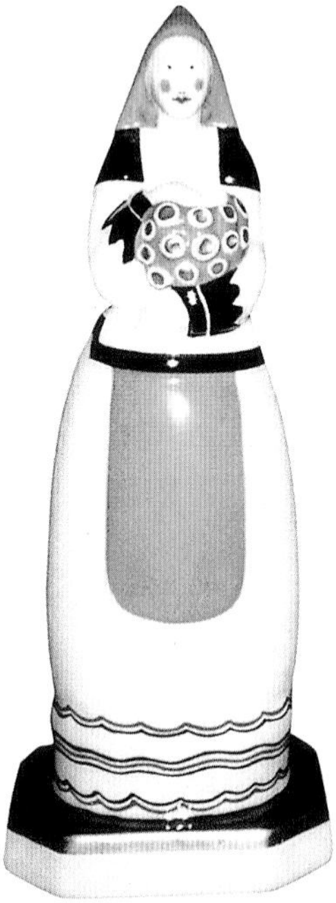

ROBJ香精燈

［尺寸］直徑9×高22公分［生產國］法國［年代］1920年代［價格］294,000日圓［燈泡］20W［特徵］少女穿著巴斯克地區民族服飾，手中捧著的花籠中有可以滴入精油的凹洞。田8

水晶玻璃檯燈

［尺寸］直徑25×高55公分［生產國］英國［年代］1940年代［價格］135,000日圓［燈泡］25W，4個［稀有度］如水晶吊燈般的水晶玻璃裝飾十分華麗，燈架為黃銅製。田35

找得到的話就太幸運了！Charder品牌

只要是對骨董稍微有興趣的人，應該都聽過施耐德兄弟。然而，「Le Verre Français」（法國玻璃）以及「Charder」這兩個品牌卻似乎鮮少為人所知。事實上，這兩者都是施耐德兄弟作品的商標。如果發現這兩種商標的作品，因為它們是施耐德兄弟的作品，絕對值得多看幾眼。

霧面玻璃：smoke glass，如同煙燻般霧面色調的玻璃，經常使用氧化鎳做為著色劑。多做為化妝瓶用。

色彩與形狀種類繁多、趣味橫生的骨董吊燈，用於營造小空間氣氛再適合不過了。1900～1930年代左右的英國作品，價格約為30,000～ 190,000日圓。田 38

吊燈與枝狀吊燈

Pendant & Chandelier

簡單而優雅

一旦真正發現骨董燈具的魅力時，就會想將房間內的燈具全都換成骨董燈具。包括由天花板上垂吊下來的吊燈與枝狀吊燈，以及裝在牆壁上的壁燈。

一提到枝狀吊燈，很容易讓人立刻想到它裝有許多燈泡的豪華模樣；但在骨董吊燈中，絕大多數是只有兩、三個有燈罩的燈泡，或是燭臺型燈具上有幾盞燈泡這類簡單而優雅的造形。

吊燈的魅力就在形狀變化多端的燈罩。由於體積相對而言較小，正適合擺放於玄關或洗手間。

照明度、重量與長度

與一般檯燈不同的是，選購安裝於天花板的燈具時必須注意許多地方，首先就是照明度。單憑骨董燈具要照亮整間房間是不可能的。若是有三盞燈泡的枝狀吊燈，用以照亮四人用的餐桌是最適當的明亮度。由於西方國家在製造燈具時，沒有東方這種「一盞燈可以照亮整間房間」的觀念，建議同時搭配嵌入式天花板燈(downlight)或檯燈等數種燈具會更恰當。

其次需留意的是長度與重量。附有數個玻璃罩燈的枝狀吊燈是非常重的，天花板有可能無法支撐其重量，這時候就需要另行安裝工程。

此外，由於西方國家的天花板比較高，吊燈等的吊線原本就較長。這些吊線的長度未必符合東方家庭的環境，建議事先仔細洽詢店方人員。

吊燈：利用繩索或鍊子、由天花板垂吊下來的燈具。壁燈：bracket，直接安裝於牆壁或柱子上的燈具。

雙盞壁燈

[尺寸] 寬30×深14×高37公分 [生產國] 英國 [年代] 壁燈為1940～1950年代，燈罩為1930～1950年代 [價格] 56,700日圓 [燈泡] 25W，2個 [特徵] 另有單燈造形的款式。田23

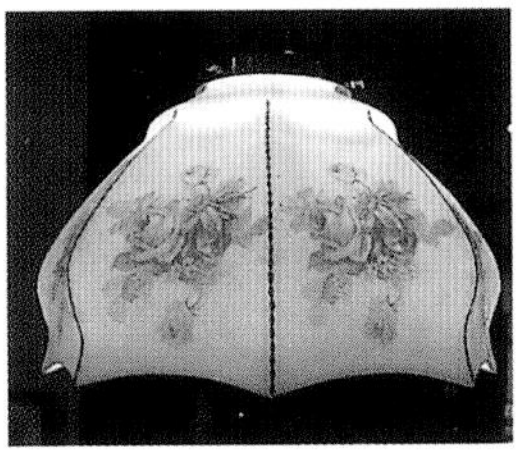

吊燈

[尺寸] 直徑13×高15公分 [生產國] 捷克 [年代] 1930～1940年代 [價格] 25,725日圓 [燈泡] 25W [特徵] 弧線造形的輪廓與花朵圖樣十分俏皮可愛。田23

手工切割枝狀吊燈

[尺寸] 直徑50×高55公分 [生產國] 英國 [年代] 1920年代 [價格] 550,000日圓 [燈泡] 25W，8個 [稀有度] 手工切割玻璃的每個細節，都可看出其細膩之處，十分少見。田6

枝狀吊燈

[尺寸] 直徑50×高50公分 [生產國] 英國 [年代] 1930年代 [價格] 294,000日圓 [燈泡] 40W，6個 [特徵] 閃著耀眼光澤的黃銅燈架，令人更加感受到其豪華感與高格調。田20

找得到的話就太幸運了！玻璃珠串燈具

美麗的玻璃珠以線串起、同時連接好幾條線而成的玻璃珠串燈罩吊燈十分少見。除了因為線很容易斷裂、保存狀態良好的燈具少之又少之外，也因為是利用小玻璃珠串成的，即使只少了一顆珠子也很難恢復原來的面貌。如果發現這種充滿獨特風格的玻璃珠吊燈，應該毫不猶豫地買下來！

毛玻璃吊燈

[尺寸] 直徑24×高17公分 [生產國] 捷克 [年代] 1930～1940年左右 [價格] 50,400日圓 [燈泡] 25W [特徵] 在毛玻璃（Frost glass）繪上圖案的簡單造形吊燈。田23

麥穗造形枝狀吊燈

[尺寸] 直徑35×高70公分 [生產國] 法國 [年代] 1940年左右 [價格] 135,000日圓 [燈泡] 25W，3個 [特徵] 彷若麥穗般的黃銅燈架十分高雅。田35

枝狀吊燈：附有許多燈泡、由天花板垂吊而下的燈具。字源來自法文的「蠟燭」（chandelle）。

花朵造形枝狀吊燈

[尺寸] 直徑35×高60公分 [生產國] 法國 [年代] 1940年代 [價格] 125,000日圓 [燈泡] 25W，3個 [特徵] 精細手工打造出由花朵與綠葉形態構成的鐵製骨架造形，纖細動人。田 35

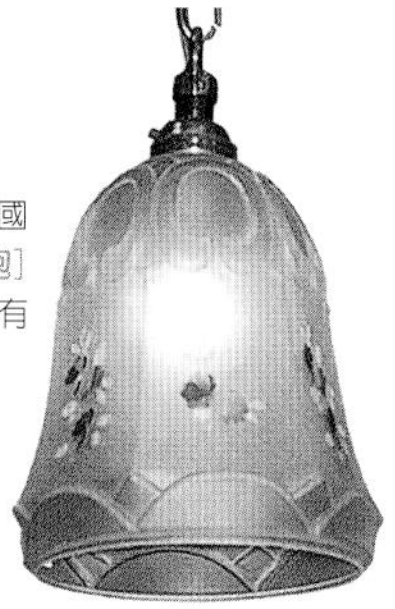

小花吊燈

[尺寸] 直徑13×高15公分 [生產國] 英國 [年代] 1920年代 [價格] 21,000日圓 [燈泡] 20～40W [特徵] 燈罩的半透明玻璃上繪有藍色與白色小花，風格高雅。田 20

裝飾藝術吊燈

[尺寸] 直徑58×高55公分 [生產國] 法國 [年代] 1910年代 [價格] 398,000日圓 [燈泡] 40W，4個 [特徵] 洋溢裝飾藝術時期風格的直線造形。田 9

花朵造形枝狀吊燈

[尺寸] 直徑45×高60公分 [生產國] 法國 [年代] 1950年代 [價格] 250,000日圓 [燈泡] 25W，3個 [特徵] 精細手工製成、彷彿被花朵包裹起來的鐵製骨架造形令人嘆為觀止。田 35

三燈式枝狀吊燈

[尺寸] 直徑50×高43公分 [生產國] 英國 [年代] 燈罩為1930年代，燈架為1910年代 [價格] 448,000日圓 [燈泡] 25W，3個 [特徵] 黃銅燈架配上乳白色玻璃。田 29

玻璃水滴吊燈

[尺寸] 直徑45×高70公分 [生產國] 義大利 [年代] 1940年代 [價格] 380,000日圓 [燈泡] 10W，4個 [特徵] 合金燈架搭配玻璃球，十分耀眼。田 6

毛玻璃吊燈

[尺寸] 直徑18×高18公分 [生產國] 捷克 [年代] 1930年代 [價格] 50,000日圓 [燈泡] 40W [特徵] 可看出十分用心設計的造形燈罩上繪有女性的圖樣。田 7

水晶玻璃：crystal glass，如同水晶一般無色透明，一般指17世紀在英國問世的鉛（水晶）玻璃。

裝飾藝術造形吊燈

[尺寸] 直徑51×高39公分 [生產國] 法國 [年代] 1910年左右 [價格] 2個一組，388,000日圓 [燈泡] 25W，4個 [特徵] 成對的組合十分罕見。田9

水晶枝狀吊燈

[尺寸] 直徑45×高80公分 [生產國] 法國 [年代] 1940年左右 [價格] 160,000日圓 [燈泡] 25W，4個 [特徵] 垂吊的水晶玻璃彷彿就要溢出的樣子，令人印象深刻。燈架為黃銅製。田35

吊燈

[尺寸] 直徑17×高11公分 [生產國] 英國 [年代] 1930〜1950年代 [價格] 28,875日圓 [燈泡] 25W [特徵] 另外還有同樣造形、直徑14×高10公分的商品。田24

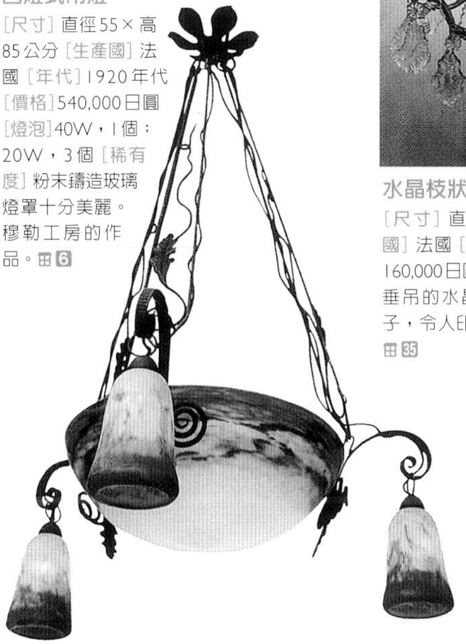

四燈式吊燈

[尺寸] 直徑55×高85公分 [生產國] 法國 [年代] 1920年代 [價格] 540,000日圓 [燈泡] 40W，1個；20W，3個 [稀有度] 粉末鑄造玻璃燈罩十分美麗。穆勒工房的作品。田6

磨砂玻璃燈罩吊燈

[尺寸] 直徑14×高16公分 [生產國] 英國 [年代] 1950年代 [價格] 12,000日圓 [燈泡] 25W [特徵] 燈罩是由磨砂玻璃 (ground glass) 搭配細膩的鏤空圖樣而成。田42

三燈式吊燈

[尺寸] 直徑54×高74公分 [生產國] 英國 [年代] 1920年左右 [價格] 490,000日圓 [燈泡] 20W，3個 [特徵] 特殊造形的三個燈罩十分惹人喜愛。田6

活用方式：倒置的枝狀吊燈變成桌子

骨董枝狀吊燈精心雕琢的裝飾或造形總令人驚嘆不已，但也正因為如此，若只為了一點小瑕疵或不能再使用而必須丟棄的話，實在十分可惜。倘若只是燈罩有一部分破損，或因為燈具本身故障，還是可以像這個家庭一樣充分活用燈架、嵌入玻璃，使它搖身一變成為全新的家具，同時也是現代難得一見的濃厚古典風味家具。

天使吊燈

[尺寸] 寬35×深30×高80公分 [生產國] 燈架為法國製，燈罩為英國製 [年代] 1900年代初期 [價格] 150,000日圓 [燈泡] 15W，2個 [稀有度] 大受歡迎的天使燈架。田40

穆勒兄弟：Muller Frères，共有九男一女，1895年於法國盧內維爾城(Luneville)成立工房，投入玻璃生產。1936年關閉工房。

不論色彩或造形都很豐富多樣的骨董玻璃燈罩，具有讓人蒐集再多都不厭倦的獨特魅力，即使只是作為擺飾都十分美麗。圖內為1830～1930年左右的英國製品，價格約30,000日圓起。田 38

玻璃燈罩

Glass Shade

古老作品的含鉛量高

欣賞骨董燈具的趣味之一在於燈罩。不再是完整燈具、只留下燈罩的情況很常見；不論是桌燈或吊燈，只要換上不同燈罩就能欣賞到截然不同的氣氛。

從前的燈罩本身就十分美麗，作為室內擺設的重點也有十足魅力，因此吸引了人們的目光，焦點也由燈罩逐漸延伸到燈具本身。

材質方面，目前可見的幾乎全是玻璃製品。古老的作品由於含鉛量高，輕輕敲打時可以聽到清澈的「鏗」聲響。

罕見的鈾玻璃

雖說燈罩的色彩與造形豐富多變，但其中被視為十分貴重的，是現在已經停產的變色玻璃（vaseline glass，直譯為「凡士林玻璃」）。「凡士林玻璃」名稱的由來，據說是因為英國與美國大量生產的這種黃色鈾玻璃，看起來就像凡士林（軟膏的原料）一樣。

這種鈾玻璃乃加入極少量的鈾作為著色劑精製而成，主要為綠色或黃色，其他尚有水藍色、粉紅色等。最大的特徵是，在黑暗中以紫外線照射它時，會顯現出綠色螢光。

它的鈾含量極少，對人體不會有影響，但由於第二次世界大戰時發現了鈾可以作為核能原料，美國於是宣布禁止製造鈾玻璃。戰後，雖然禁令解除，但鈾的價格飆漲，加上顧慮到工作人員安全，現在鈾玻璃已經幾乎完全停產，因此顯得相當稀有，價格也較高。

乳白玻璃：opal glass，此種玻璃並非完全不透明，而是呈現如蛋白石般的乳白色，隨著光線不同有時看起來像紅色。

變色玻璃與乳白玻璃燈罩
[尺寸] 直徑12×高16公分 [生產國] 英國 [年代]1830～1930年左右 [價格]110,000日圓 [特徵] 有緞帶圖樣的縱長型燈罩。田 38

變色玻璃與乳白玻璃燈罩
[尺寸] 直徑13×高12公分 [生產國] 英國 [年代]1830～1930年左右 [價格]160,000日圓 [稀有度] 罕見的變色與乳白玻璃燈罩。田 38

變色玻璃與乳白玻璃燈罩
[尺寸] 直徑13.5×高8.5公分 [生產國] 法國 [年代]1830～1930年左右 [價格]98,000日圓 [特徵] 燈罩下擺狀似飄揚展開，由黃綠變色玻璃與乳白玻璃製成。田 38

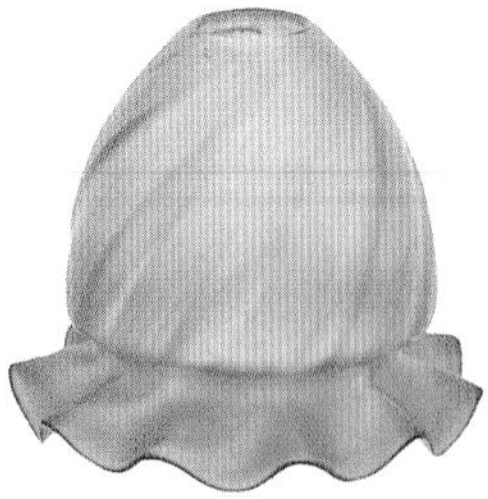

變色玻璃、乳白玻璃與紅寶石玻璃燈罩
[尺寸] 直徑13.5×高12公分 [生產國] 英國 [年代]1830～1930年左右 [價格]126,000日圓 [特徵] 燈罩邊緣是紅寶石玻璃製成，超級罕見作品。田 38

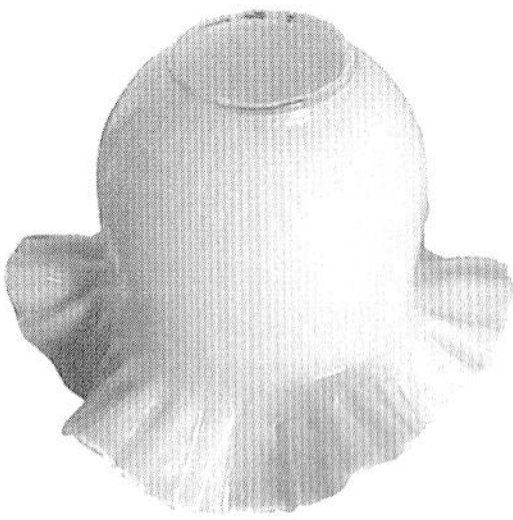

牛奶玻璃燈罩
[尺寸] 直徑16.5×高11公分 [生產國] 英國 [年代]1930～1950年代 [價格]18,900日圓 [特徵] 乳白色的玻璃搭配俏皮造形的燈罩。田 37

找得到的話就太幸運了！彩色的牛奶玻璃

正因為是白色的，才被稱為牛奶玻璃，但有一種比較特別的牛奶玻璃燈罩，是在外面再套上一層透明彩色玻璃。
這種與乳白玻璃或變色玻璃展現不同氣氛的不透明粉彩玻璃，帶給人略為休閒輕鬆的印象，但也是一款擁有獨特質感的魅力燈罩。

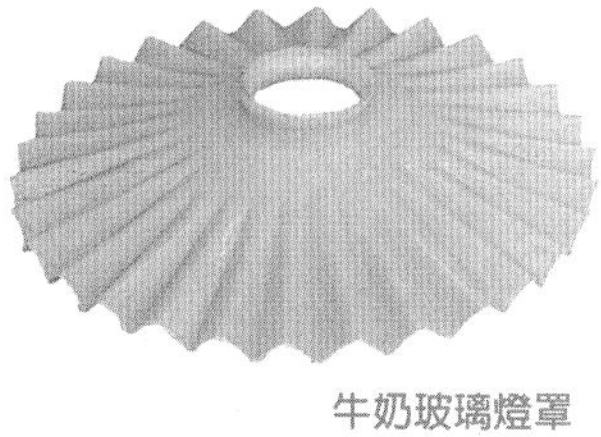

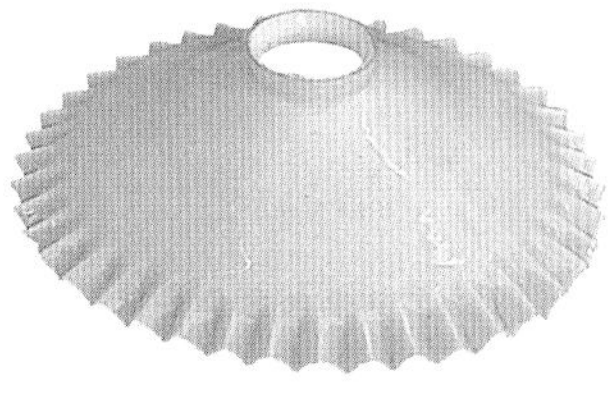

牛奶玻璃燈罩
[尺寸] ㊧直徑25×高5公分、㊧直徑25.5×高7公分 [生產國] 法國 [年代]1930～1950年左右 [價格] ㊧24,150日圓；㊨23,100日圓 [特徵] 點燈時就轉為乳白色。田 37

紅寶石玻璃：cranberry glass，雖指在玻璃上方套以紫粉紅或紅色薄玻璃的作品，但也可泛指所有紅寶石色的玻璃。

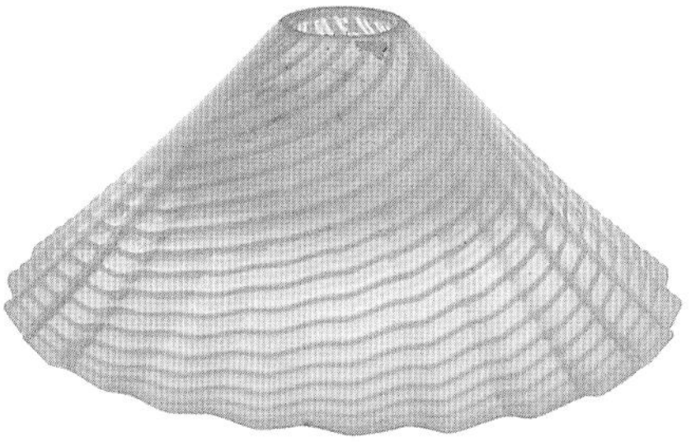

變色玻璃與乳白玻璃燈罩

[尺寸] 直徑20×高10公分 [生產國] 英國 [年代] 1830～1930年左右 [價格] 180,000日圓 [稀有度] 漩渦狀的線條部分為充滿藝術性的變色玻璃。田 38

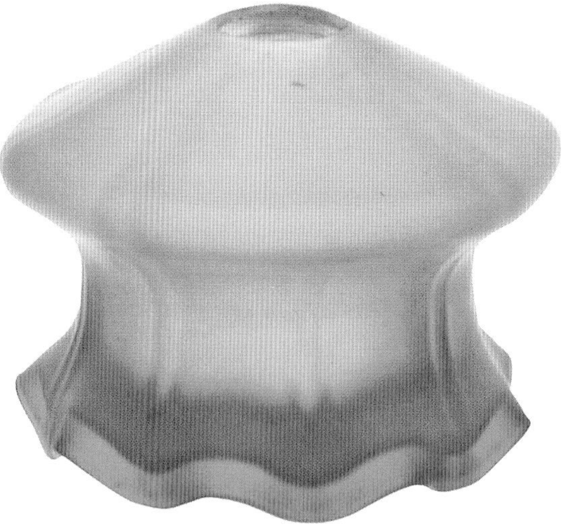

變色玻璃、乳白玻璃與紅寶石玻璃燈罩

[尺寸] 直徑15×高11公分 [生產國] 英國 [年代] 1830～1930年左右 [價格] 126,000日圓 [稀有度] 是集當代技術大成的燈罩。深濃的紅色與個性十足的造形也相當少見。田 38

紅寶石玻璃與乳白玻璃燈罩

[尺寸] 直徑15×高11公分 [生產國] 英國 [年代] 1830～1930年左右 [價格] 95,000日圓 [特徵] 由下擺的縐摺可看出手工作業的自然不做作。紅寶石玻璃的色澤接近粉紅色。田 38

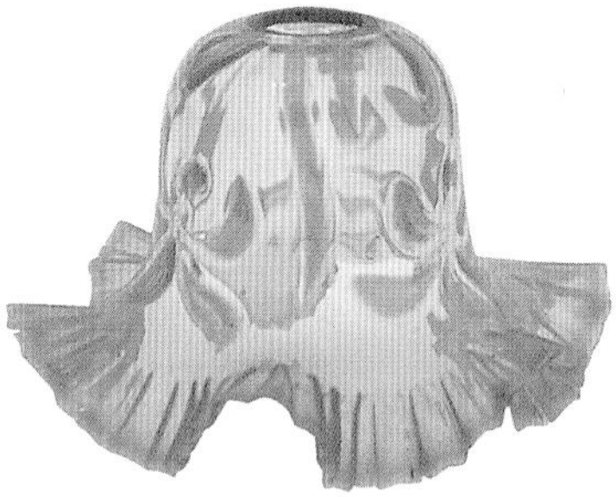

紅寶石玻璃與乳白玻璃燈罩

[尺寸] 直徑17×高11公分 [生產國] 英國 [年代] 1830～1930年左右 [價格] 128,000日圓 [特徵] 下擺細緻的縐摺充滿藝術氣息，紅寶石玻璃面上有令人喜愛的圖樣。田 38

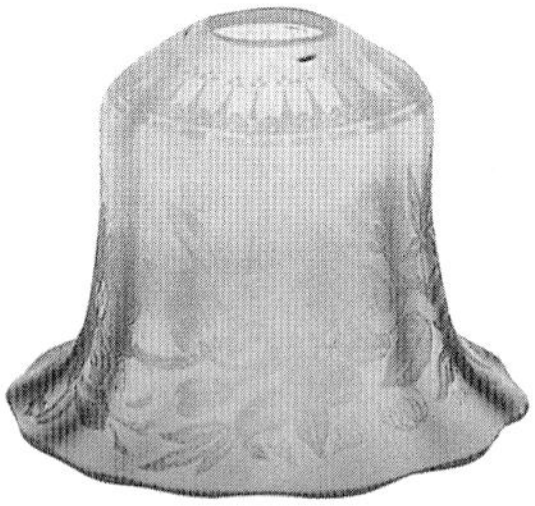

紅寶石玻璃燈罩

[尺寸] 直徑13×高10公分 [生產國] 英國 [年代] 1830～1930年左右 [價格] 58,000日圓 [特徵] 造形雖然十分簡單，越接近下擺呈現出越深的粉紅色，是一款有分量的燈罩。田 38

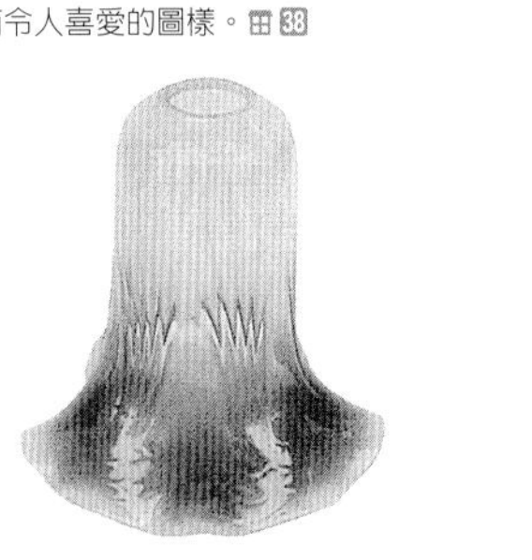

紅寶石玻璃燈罩

[尺寸] 直徑14.5×高15公分 [生產國] 英國 [年代] 1930年代 [價格] 60,000日圓 [特徵] 高雅的色澤搭配彷彿水流般線條而成的紅寶石玻璃。田 29

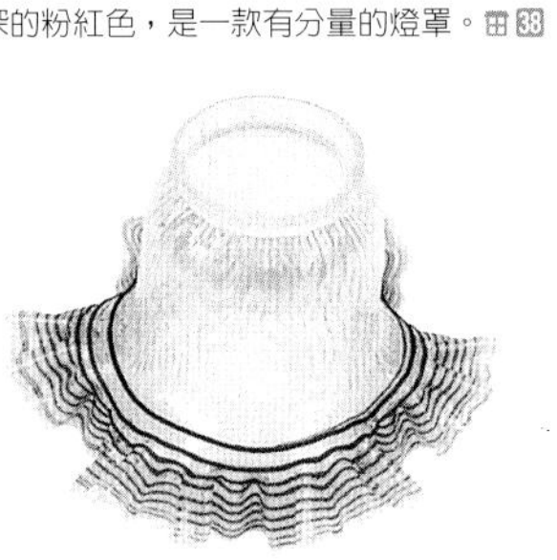

乳白玻璃燈罩

[尺寸] 直徑13.5×高12公分 [生產國] 英國 [年代] 1930年代 [價格] 65,000日圓 [稀有度] 淡色乳白玻璃搭配紅色線條，是十分稀有的作品。田 29

牛奶玻璃：milk glass，不透明的白色玻璃，常使用骨灰、錫或鋅來著色。乳白玻璃則使用少量的氟化合物。

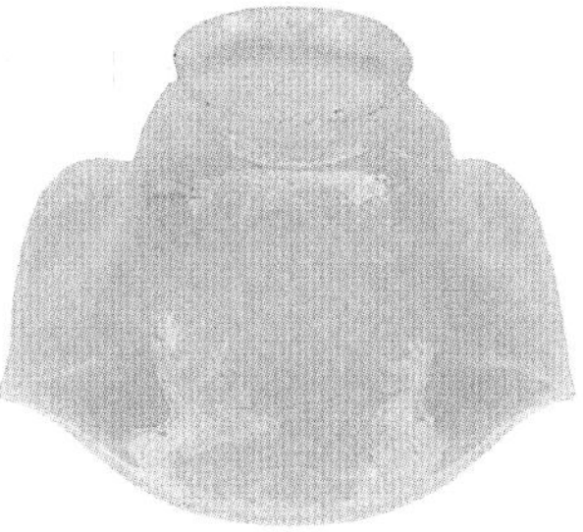

乳白玻璃燈罩

[尺寸] 直徑15×高8.5公分 [生產國] 英國 [年代] 1940年代 [價格]36,000日圓 [特徵] 由上方看來幾乎是四方形的燈罩。田29

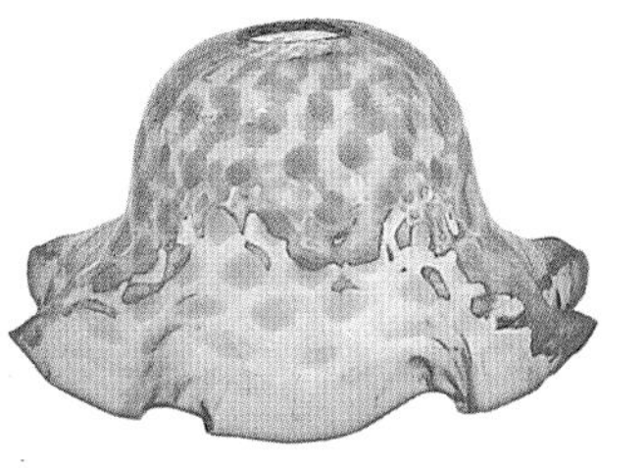

變色玻璃與乳白玻璃燈罩

[尺寸] 直徑18×高9公分 [生產國] 英國 [年代]1830～1930年左右 [價格]126,000日圓 [稀有度] 藍色的變色玻璃搭配乳白色斑點，個性十足。田38

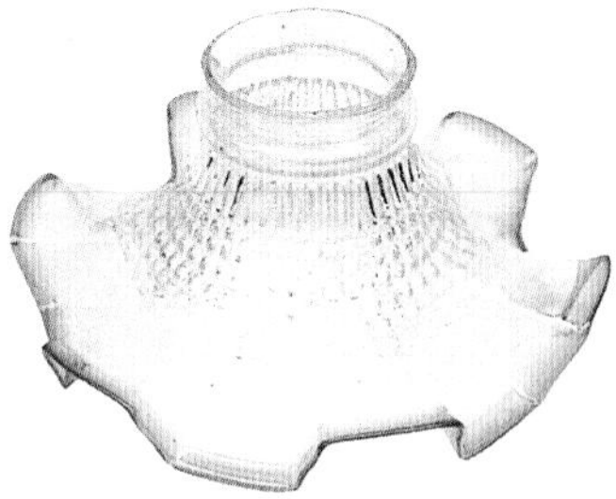

乳白玻璃燈罩

[尺寸] 直徑17×高9公分 [生產國] 英國 [年代] 1930年代 [價格]46,000日圓 [稀有度] 四四方方皺摺造形的乳白玻璃燈罩，十分少見。田29

牛奶玻璃印花燈罩

[尺寸] 直徑11×高14公分 [生產國] 英國 [年代]1950年代 [價格]38,000日圓 [特徵] 燈罩上的燕子印花圖案十分俏皮可愛。田29

乳白玻璃燈罩

[尺寸] 直徑10.5×高11公分 [生產國] 英國 [年代]1930年代 [價格]58,000日圓 [特徵] 柔和線條帶有圓弧感的乳白玻璃燈罩。田29

乳白玻璃印花燈罩

[尺寸] 直徑15.5×高17公分 [生產國] 英國 [年代]1950年代 [價格]28,000日圓 [特徵] 採用內斂色調的印花圖案十分可愛。田29

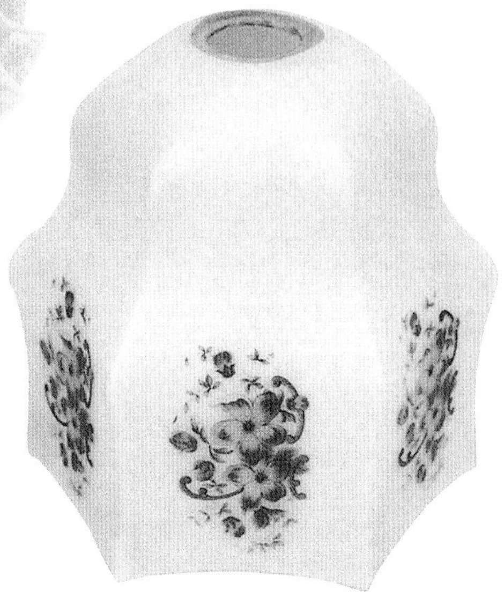

骨董燈罩應該這樣保養

玻璃燈罩只要小心不造成破損就好，無須太過神經質，用水清洗或用柔軟的布將灰塵擦拭乾淨就可以。不過，必須特別小心的是印有手繪圖樣的作品。太用力擦拭或使用清潔劑，可能會掉色。因此，視情況輕輕擦拭保養即可。如果這樣還是無法除去污垢，建議詢問專家的意見會比較保險。

粉末鑄造玻璃：將玻璃原料放入模具中並加以熔解的製作方法。新藝術時期與裝飾藝術時期經常使用此技法。

燭臺組

[材質] 陶器 [年代] 1920年代 [價格] 9,450日圓 [特徵] 擺放於梳妝臺前的成對花彩燭臺組。田46

除了放在桌上的小型燭臺以外，還有可放置數根蠟燭的大型燭臺或立式燭臺。骨董燭臺能讓人深刻感受到它曾是燈具的前身。

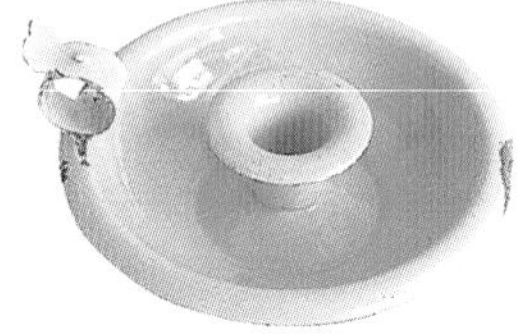

移動式琺瑯燭臺

[材質] 琺瑯 [生產國] 英國 [年代] 1930～1940年代 [價格] 5,000日圓 [特徵] 造形雖簡單，卻帶有厚度，同時有色澤鮮豔的琺瑯加工。田11

燭臺

Candle Base

距今四十年前為止的生活必需品

雖然電燈的普及是早在進入十九世紀後就開始了，但英國的一般家庭，尤其是二樓以上的房間，開始有完整的電線配置竟遲至一九六〇年代。在此之前，燭臺幾乎都可以說是生活必需品。

有握把的燭臺是琺瑯製品

不只有置於桌上的燭臺，為方便拿著移動而附有把手的移動式燭臺至今也還被大量保存著，這也是燭臺的特徵之一。這類燭臺的需求，是因為西方住宅的臥房在二樓、一般洗手間在屋外，可以手持著移動的燭臺就成為不可或缺的生活用品。這種有握把的移動式燭臺的另一個特徵，就是符合一般市民對生活用具的要求，大多是輕巧且廉價的琺瑯製品。

順帶一提，被視為由移動式燭臺進化而成、有握把的油燈，當時被稱為「手燈」(hand lamp)，是非常重要的可動式光源。

放在桌上的燭臺大多是陶器或玻璃製品，堅固且具有安定感，豐富的造形使它亦可作為裝飾用。

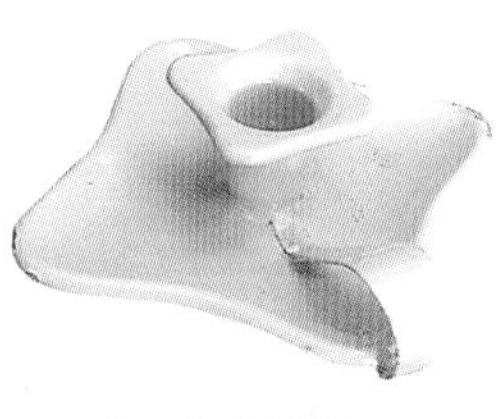

移動式琺瑯燭臺

[材質] 琺瑯 [生產國] 法國 [價格] 6,000日圓 [稀有度] 在大多為圓形的燭臺之中，這種似星形的燭臺十分罕見。田43

斜針繡：petit point，法文原意為「細小針孔」，此指針腳在布面上以固定斜角左右交互前進織出圖案的刺繡方法。

移動式珐瑯燭臺

[材質] 珐瑯 [生產國] 法國 [年代] 1900～1920年代 [價格] 9,000日圓 [稀有度] 高雅的用色，使手繪的花朵圖案顯得精緻美麗。田 11

成對燭臺

[材質] 黃銅 [生產國] 英國 [年代] 1930年代 [價格] 16,000日圓 [鑑賞重點] 燭臺底座裝飾有當時流行的斜針繡式樣。田 3

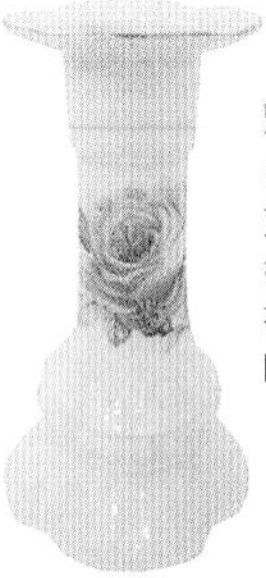

燭臺

[材質] 陶器 [生產國] 捷克 [年代] 1920年代 [價格] 5,770日圓 [稀有度] 在捷克生產、出口至英國的商品。田 46

移動式珐瑯燭臺

[材質] 珐瑯 [生產國] 法國 [年代] 1900～1930年代 [價格] 7,800日圓 [特徵] 有深淺變化的綠色調移動式燭臺，十分美麗。田 11

吊掛式燭臺

[材質] 玻璃 [生產國] 英國 [年代] 1900年代初期 [價格] 藍：8,190日圓，綠：7,980日圓 [稀有度] 於瓶口捲上鐵絲，便可以吊掛起來。不透明的有色玻璃非常少見。田 37

移動式珐瑯燭臺

[材質] 珐瑯 [生產國] 英國 [年代] 1950年左右 [價格] 8,000日圓 [特徵] 如花瓣般呈現波浪狀的燭臺底座與鮮豔的色彩是最大特徵。田 31

懷舊風的燈具可供賞玩：20世紀中期之前的油燈

由蠟燭過渡到電器照明設備的時期，油燈曾經受到重用。1850年左右，人們發現燈油提煉法之後，油燈開始普及。直到20世紀中期為止，歐洲還是普遍使用油燈。右圖為由乳白色玻璃製成、模樣很可愛的1920年代英國製油燈，現在仍可以點火使用。6,700日圓。田 14

移動式珐瑯燭臺

[材質] 珐瑯 [年代] 1930年左右 [價格] 7,140日圓 [特徵] 十分堅固的珐瑯移動式燭臺。擺上小花等也別有風味。田 37

捷克：1930年宣布獨立之後，期間分分合合，現分為捷克共和國與斯洛伐克共和國。本書皆以「捷克」表示。

居家小品 INTERIORGOODS

STUDY & CHECK POINT

[元氣商品]

運用巧思以骨董居家小品點綴生活，將可呈現最佳風貌

除了陶器、銀器等餐具，以及廚房各種用具之外，還有許多充滿魅力的骨董。這些魅力十足的骨董小品包括有昔日居家生活使用的桌鐘與花瓶，以及海報與錫罐等反映時代背景的印刷品或容器等。

這些難以稱之爲藝術品的生活用品，或並非貴重到需要特別花心思去保存的東西，於保存狀況上有極明顯的落差。因此，如果你希望選購的機械類商品能實際在生活中使用，務必確認其使用狀況。

不過，與其在意這些商品的價值，不如以更具彈性的心態去欣賞它們的古色古香與懷舊風情，這樣就能從中得到更大的樂趣。例如將各種籃子或農具展示在家中，或在牛奶瓶裡插入鮮花或植物等創意，都能帶出骨董居家小品更進一步的魅力。

這是從前作為廣告宣傳用的海報，其普普藝術風格讓人感受當年的時空背景。裱框後裝飾在屋內，就變成讓居家生活吹起一陣懷舊風的元氣商品。

元氣商品

Esprit Goods

柏格：Berger，法國藥劑師馬歇爾．柏格(Marcel Berger)，他發明了芳香精油，主要以醫院內的消毒殺菌為目的。

畫作
［年代］1850年左右［價格］18,000日圓［特徵］做出左右對稱姿勢的女性畫像。手工繪製，並有作者簽名。畫框也是年代久遠的商品。田 3

骨董電影海報與廣告看板
左圖與中圖同為海報［生產國］美國［年代］㊧1968年；㊨1969年［價格］各19,800日圓［特徵］電影宣傳用。田 39／右圖為鍍錫看板［生產國］英國［年代］1950～1960年代［價格］15,000日圓［特徵］鞋油的宣傳看板。田 39

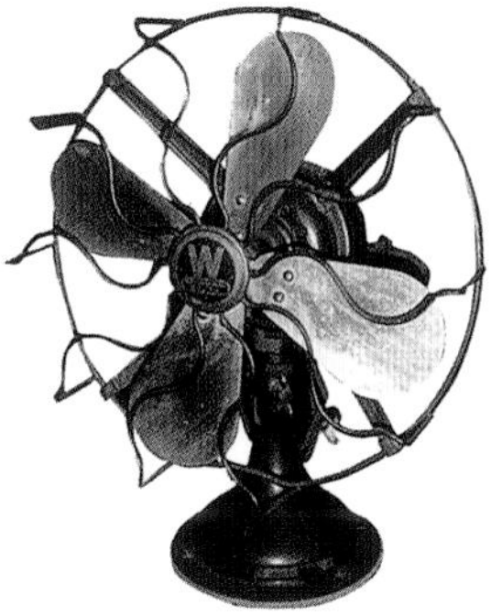

西屋電風扇
［生產國］美國［年代］1920年左右［價格］58,000日圓［特徵］美國歷史悠久的電器廠商西屋公司生產的鐵製電風扇。現在仍可使用。田 15

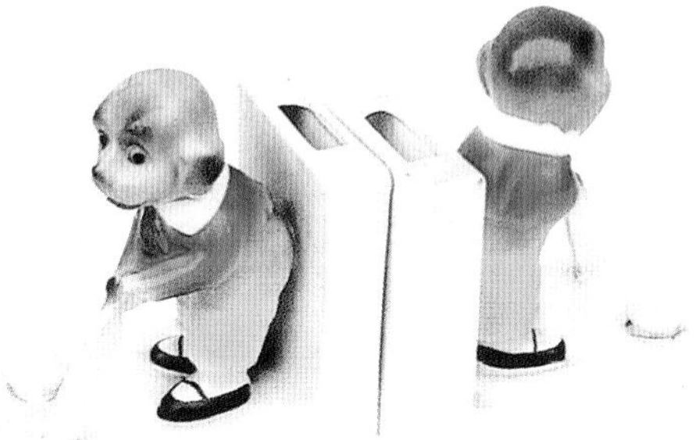

陶製書擋
［生產國］英國［年代］1950年代［價格］30,000日圓［特徵］正在打板球的小狗造形，一看就充滿英國風的書擋。作為擺飾也非常適合。田 29

將目光放在較冷僻的領域

一般人較少關心的冷門領域骨董小品，正是將懷舊風情帶入居家生活的絕佳元氣商品。尤其是電影宣傳海報、商店招牌或卡片等印刷品，都反映了當年的時空背景。與其將它們裝箱收藏，不如裱框裝飾在牆上；與其他畫作相比，其存在感也毫不遜色。

另一項值得注目的商品是芳香精油瓶。這種利用熱度散發精油香氣的容器在十九世紀後期問世，同時也被廣泛利用於醫療用途方面。

陶製柏格薰香燈
［生產國］法國［年代］㊧1986～1989年；㊨1970年代［價格］㊧94,500日圓；㊨52,500日圓［稀有度］1898年，藥劑師柏格首創精油薰香瓶。田 8

相框
［生產國］英國［年代］1900年代［價格］18,900日圓［特徵］洋溢纖細美的設計，黃銅製相框。寬10公分，高17公分。相片卡為非賣品。田 20

柏格薰香燈：Lampe Berger，馬歇爾．柏格在1898年開發的精油薰香瓶之名稱，透過小型陶瓶將精油加熱。今亦為世界知名的法國薰香品牌。

桌鐘

Clock

高級材質與裝飾為其特徵

現在已經不可能採用的高級材質、設計，以及精雕細琢的造形，可說是骨董桌鐘的魅力所在，例如紫檀或橡木等原木製成的時鐘。這些木材現在都已成為難以取得的高級材質。除此之外，這種經過長時間歲月洗禮而產生的光澤與觸感、外觀，都是在骨董鐘上才能找到的。

同時，由於桌鐘原本大多是擺放在客廳，許多骨董桌鐘除了因重視居家空間而採用精雕細琢的裝飾，更有不少具有十分獨特的造形。比起懷錶或腕錶，它更受到女性消費者的喜愛。

發條式裝置別有樂趣

要特別注意的是，幾乎所有的骨董桌鐘都是發條式，必須定期為他們上發條，其中有的鐘是八天上一次發條。如果不能享受這種稍微麻煩的樂趣，或許就無法讓骨董桌鐘實際融入於日常生活了。

經過長年的歲月洗禮、仍持續刻畫光陰痕跡的骨董桌鐘，散發出一種美麗又哀愁的魅力。這是一款玻璃表面上繪有琺瑯花紋的鐘擺時鐘。價格為58,000日圓。田 47

斜針繡裝飾桌鐘

[材質] 黃銅 [生產國] 英國 [年代] 1930年代 [價格] 33,000日圓 [尺寸] 寬13×高13公分 [特徵] 鐘面上精細的刺繡圖案十分美麗。田 3

美達美克公司製桌鐘

[材質] 木材與膠木 [生產國] 英國 [年代] 1940～1950年 [價格] 12,000日圓 [尺寸] 寬17×高14.5公分 [特徵] 深受收藏家喜愛的人氣廠商美達美克（Metamec）桌鐘。田 17

橡木：隨著伐木的角度不同，會顯現各種不同面貌，是相當細緻且色澤沉穩的木材。

紫檀桌鐘

[材質] 紫檀 [生產國] 英國 [年代] 1940年代 [價格] 74,000日圓 [尺寸] 寬27× 高21.5公分 [稀有度] 每十五分鐘就會響一次的設計深具巧思。田 26

斜針繡裝飾桌鐘

[材質] 黃銅 [生產國] 英國 [價格] 29,000日圓 [尺寸] 寬13× 高13公分 [特徵] 鐘面上的刺繡精緻而美麗。田 41

橡木桌鐘

[材質] 橡木 [生產國] 英國 [年代] 1920年代 [價格] 60,000日圓 [尺寸] 寬12× 高35.5公分 [特徵] 體積較高，相當有分量的桌鐘。田 26

出口到日本的罕見壁鐘

明治時代之後，西方文化積極地傳入日本社會，上流社會富裕人士開始追求世界一流的商品，各種製品也逐漸由海外進口到日本。這座壁鐘是由擁有一四〇年以上悠久歷史的德國一流時鐘廠商「勇漢士」（Junghans）所生產，據推測應是昭和初期由德國進口到日本。當時似乎大多數鐘面都以阿拉伯數字表示。田 22

橡木咕咕鐘

[材質] 橡木 [生產國] 德國 [年代] 1920年代 [價格] 110,000日圓 [尺寸] 寬16.5× 高32公分 [稀有度] 鴿子每三十分鐘就會自動報時一次。田 26

紫檀：一種飄散淡淡玫瑰花香的高級木材，整體而言呈紅紫色，尤其黑紫色的紋理更是令人驚艷。

骨董花瓶的涵蓋範圍廣泛，包括純觀賞用，乃至兼具實用性的可愛商品都是。玻璃表面施以雕刻技法完成的精緻玻璃成品，放在光線傾洩進來的窗邊，可以散發出更加美麗的光輝。田33

花瓶

Flower Vase

複製品眾多

花瓶的範圍，包括實用的生活日用品，乃至新藝術與裝飾藝術時期的玻璃花瓶這類美術品級的作品，可說應有盡有。儘管裝飾的精緻程度有差別，但每個花瓶都是即使不插花、純作擺飾也十分耐看的作品。

尤其，裝飾藝術與新藝術時期為主的著名玻璃創作者的花瓶有許多複製品，必須仔細分辨真偽。一個簡單的辨別方法就是觀察整體構圖的平衡感，判斷圖案是否是勉強塞到花瓶的瓶面上。其次，是拿起花瓶感受其重量。真品因大多使用含鉛量高的水晶玻璃，隨著其大小不同，應該可以感受到沉甸的份量。

單人用花瓶十分可愛

此外，歐洲的桌面擺設藝術在進入十九世紀後日趨成熟，開始出現許多適合只插一、兩支花的小花瓶。換個角度來看，由於用餐時每個人的面前都有一支小花瓶（和餐盤或杯子一樣屬個人專用），鮮花也因此被充分運用在餐桌藝術上。

重要的是不流於純裝飾，可於日常生活中巧妙活用。

諸如蓋雷或杜慕作品般裝飾性強烈的骨董花瓶，與其說是用來插花，倒不如說是為觀賞而創作出的作品。它們雖不能作為日常生活實用品，作為擺飾用的小花瓶則相當適合，其強烈的裝飾性格，可以使得空間更具個性，彰顯出主人的品味。

複製品：replica，包括竭盡可能近似原作品的複製品，以及只模仿創意部分的仿製品等形式。

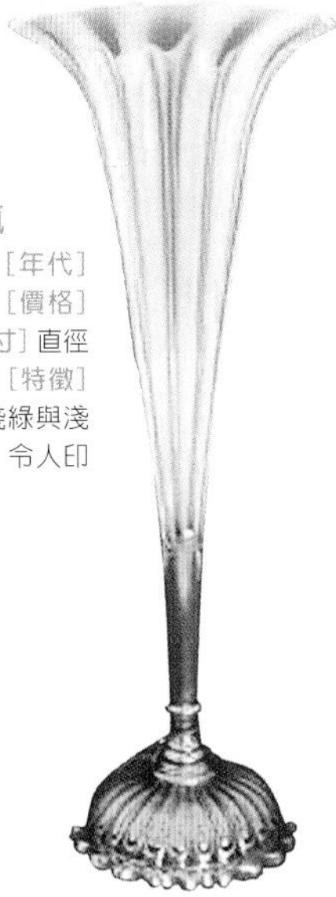

變色玻璃花瓶

［生產國］英國［年代］1890年代左右［價格］96,000日圓［尺寸］直徑11×高28公分［特徵］銀製底座搭配淺綠與淺藍的變色玻璃，令人印象深刻。田14

聖路易花瓶

［生產國］法國［年代］1900年代後半［價格］82,000日圓［尺寸］直徑11×高25公分［特徵］以金彩描繪、近似日本菖蒲的花朵圖案十分美麗。田15

乳白玻璃花瓶

［生產國］法國［年代］1920年代左右［價格］199,500日圓［尺寸］直徑14.5×高24公分［特徵］乳白玻璃由下而上呈現漸層風格，是相當精緻的作品。田8

水晶花瓶

［生產國］英國［年代］1880年代［價格］250,000日圓［尺寸］直徑11×高24公分［鑑賞重點］水晶玻璃搭配精巧細緻的雕刻加工。英國韋柏（Webb）公司製造。田10

找得到的話就太幸運了！造形獨特的花瓶

有些花瓶現在看來並不稀奇，但在當時卻是非常有個性的作品，加蓋的花瓶就是其中之一，其網狀的蓋子讓花朵更容易塑形。另外還有乍看之下像是啤酒馬克杯的附把手陶器花瓶（法國的利摩日窯出品）。其他還有壁掛式、劍山型等乍看之下不禁讓人懷疑「這是插花用的嗎？」的花瓶。如果發現這樣的作品，一定要仔細玩賞鑑定。

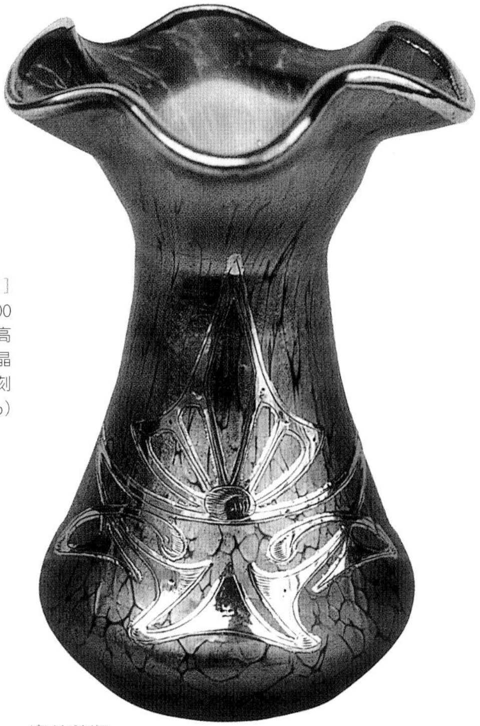

洛茲花瓶

［生產國］奧地利［年代］1900年代初期［價格］100,000日圓［尺寸］直徑10×高14公分［特徵］奧地利的洛茲（Loetz）公司製造，閃耀銀色光澤的珍珠光裝飾。田48

五彩裝飾：luster，將金屬光澤的紅色顏料噴吹到玻璃表面的人工上色技巧，又稱為銀化。

皇家道爾頓成對花瓶

[生產國] 英國 [年代] 1880年代 [價格] 一對，350,000日圓 [尺寸] 直徑9× 高13公分 [特徵] 皇家道爾頓（Royal Doulton）出品的陶器作品，上有作者簽名。田10

利摩日成對花瓶

[生產國] 法國 [年代] 1900年左右 [價格] 一對，94,500日圓 [尺寸] 直徑12× 高16公分 [稀有度] 有質感的深藍色搭配金彩圖案之利摩日窯作品。田40

壓製玻璃花瓶

[生產國] 美國 [年代] 1930年代 [價格] 45,000日圓 [尺寸] 直徑14× 高24公分 [特徵] 花籃形狀的壓製玻璃（pressed glass）花瓶。田43

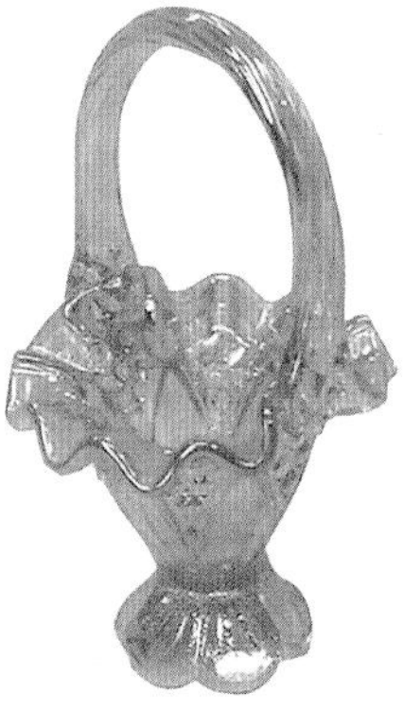

壓製玻璃花瓶

[生產國] 美國 [年代] 1930年代 [價格] 15,000日圓 [尺寸] 直徑6.5× 高13公分 [特徵] 粉紅色調與小巧的外型十分可愛，由壓製玻璃製成。田43

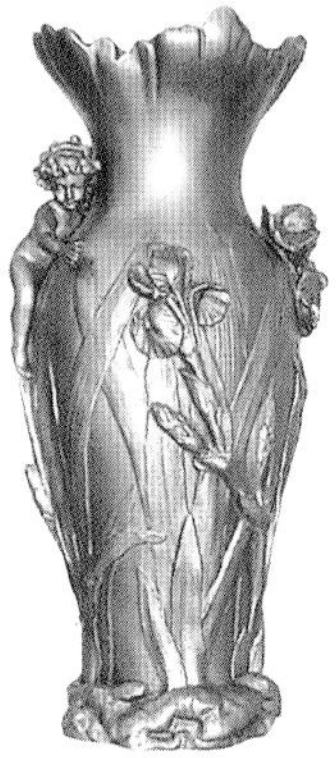

鍍金花瓶

[生產國] 英國 [年代] 1900～1910年代 [價格] 120,000日圓 [尺寸] 直徑13 × 高35公分 [特徵] 散發華麗貴氣的合金花瓶。田40

皇家伍斯特裝飾花瓶

[生產國] 英國 [年代] 1901年 [價格] 600,000日圓左右 [尺寸] 直徑13× 高35公分 [稀有度] 帶有罕見漸層色澤的皇家伍斯特（Royal Worcester）公司商品。田10

愛德華式：Edwardian，指20世紀初愛德華王朝時代在英國流行的樣式，特徵為整齊而成熟洗練的造形。

蓋雷花瓶

[生產國] 法國 [年代] 1900年代初期 [價格] 600,000日圓 [尺寸] 直徑5×高13公分 [特徵] 新藝術時期巨匠蓋雷的作品，大型葉片呈現的立體感是最大的特徵。田 8

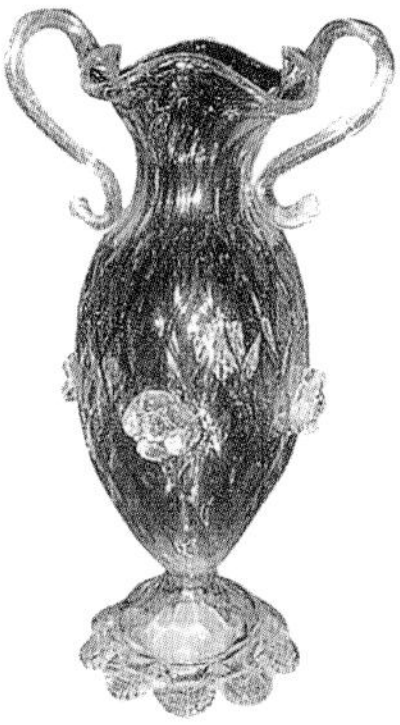

愛德華式花瓶

[生產國] 英國 [年代] 1900年左右 [價格] 25,200日圓 [尺寸] 直徑9×高22公分 [特徵] 花朵圖案立體鮮明，看得出是一款在造形上費盡心思的花瓶。田 23

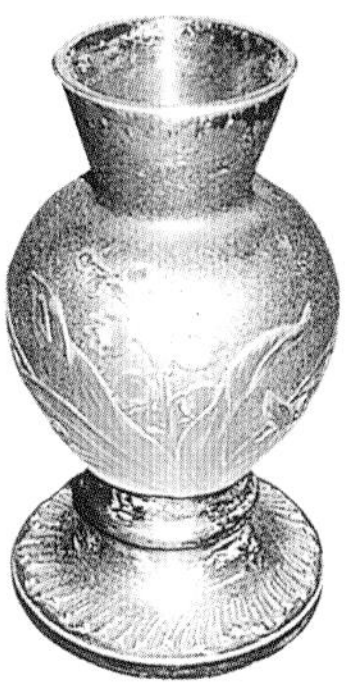

杜慕花瓶

[生產國] 法國 [年代] 1800年後半～1900年初期 [價格] 168,000日圓 [尺寸] 直徑6.5×高11.5公分 [稀有度] 杜慕的作品。底座為銀製，玻璃部分只有圖案繪上金彩。田 8

單朵玻璃花瓶

[生產國] 法國 [年代] 1900年代初期 [價格] 30,000日圓左右 [特徵] 金彩令人嘆為觀止的單朵花瓶。高約10公分，擺設於一人用的桌子再適合不過。田 13

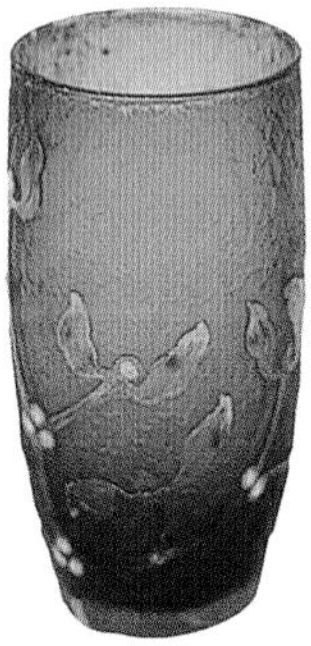

杜慕槲寄生花紋玻璃

[生產國] 法國 [年代] 1900年代初期 [價格] 250,000日圓 [尺寸] 直徑5.3×高12.5公分 [鑑賞重點] 南錫派作品中常見的槲寄生花紋以立體的金彩方式呈現。田 8

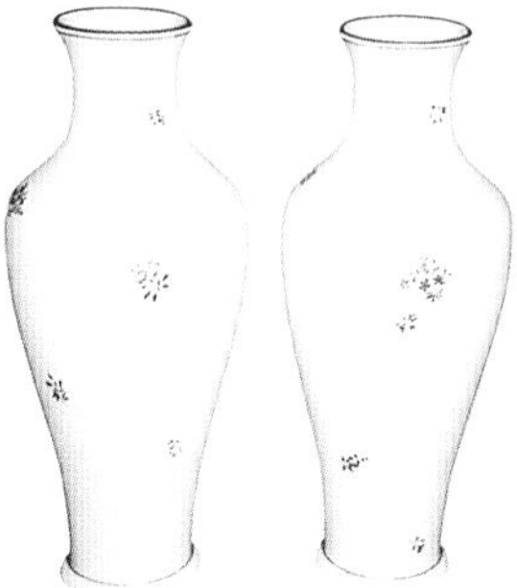

塞弗禾成對花瓶

[生產國] 法國 [年代] 1926年左右 [價格] 一對，945,000日圓 [尺寸] 直徑9×高23公分 [稀有度] 塞弗禾窯出品的白瓷搭配金彩作品，現在幾乎已很難見到。田 8

找得到的話就太幸運了！熱工雕塑法

除了玻璃作品以外，也跨足家具與陶器製作領域的蓋雷，有他個人獨創的製作方法。其中之一就是被稱為「熱工雕塑法」(marqueterie) 的技法，即是在熱玻璃胎上鑲嵌小片的有色玻璃形成圖案，之後再次加熱的手法。這是蓋雷從家具鑲工概念上得到靈感而創作出來的新技法。由於難度極高，是非常難得一見的夢幻作品。

蓋雷鐵線蓮圖案花瓶

[生產國] 法國 [年代] 1900年代初期 [價格] 550,000日圓 [尺寸] 直徑13×高28.5公分 [特徵] 鐵線蓮的花、莖、葉圖案逼真細緻。田 48

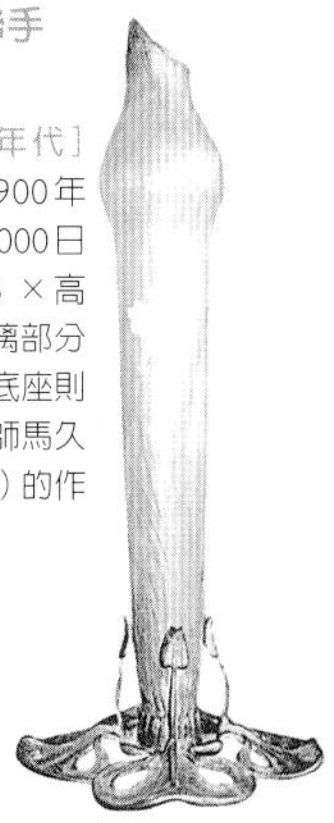

杜慕與馬久海聯手打造的花瓶

[生產國] 法國 [年代] 1800年代後半～1900年代前半 [價格] 945,000日圓 [尺寸] 直徑20.5 ×高46公分 [特徵] 玻璃部分為杜慕之作，銅製底座則為另一位新藝術大師馬久海 (Louis Majorelle) 的作品。田 8

槲寄生：寄生在樹木上成長的植物。在法國的南錫地區可見，經常被用來當作玻璃作品造形的創意來源。

戰後由美國士兵帶進日本的煙盒。鮮豔的色彩與盒身上的各式圖案，在在讓人感受到西洋風味與樂趣。1950年代美國製。田 29

錫罐

Tin Can

值得收藏的空罐

十七世紀末起，為了盛裝點心等而開始製作的鍍錫鐵罐，是擁有眾多熱情支持者的骨董項目。雖說只是空罐，作為骨董眾多分類之一，在英國也出版了專門雜誌。有些罕見的商品甚至一個價值五至六萬日圓。

以種類而言，英國較常見的是裝餅乾、蛋糕或太妃糖（英國主流糖點）的罐子，美國則以洋芋片或豬油罐為主。另外比較特別的是煙罐或收藏唱針用的唱針罐（needle can）。

美麗的點心罐圖案

鍍錫鐵罐的魅力在於，除了有各式各樣造形之外，還有豐富多樣的圖案。有些只有圖案，有些還加入文字，甚至也曾經出現過繪有英國皇室家族或聖誕節限定圖案的作品。由開始生產的一八九〇年左右，到轉為平版印刷方式的一九五〇年左右為止，幾乎所有的商品都是經由手工描繪，不只細膩，色澤也很鮮豔。尤其是一九一〇年到四〇年之間生產的罐子，更有許多是配色美麗的作品。

此外，點心罐的特徵之一，即當中許多是美麗的鍍錫鐵罐。這是因為過去幾乎家家都會自製糕點，到店家購買是一種奢侈的行為，因此多半只用於送禮的場合。除了這些店家銷售商品的罐子之外，還有一些一般家庭廣泛使用的鍍錫鐵罐，專門用來收納論重販賣的餅乾或自製蛋糕。

太妃糖：Toffee，在奶油與砂糖內加入小蘇打，於鍋內加熱至粘稠後加以冷卻使之定型的糖果。

太妃糖罐

[生產國] 英國 [年代] 1940年代 [價格] 7,500日圓 [尺寸] 直徑10×高4.5公分 [鑑賞重點] 蓋上的圖案是透過石版印刷而成，非常美麗。田 29

附鎖的罐子

[生產國] 英國 [年代] 1920年代 [價格] 9,000日圓 [尺寸] 寬22×深14.5×高9公分 [稀有度] 維多利亞時代的作品。加鎖的金庫型罐子十分少見。田 29

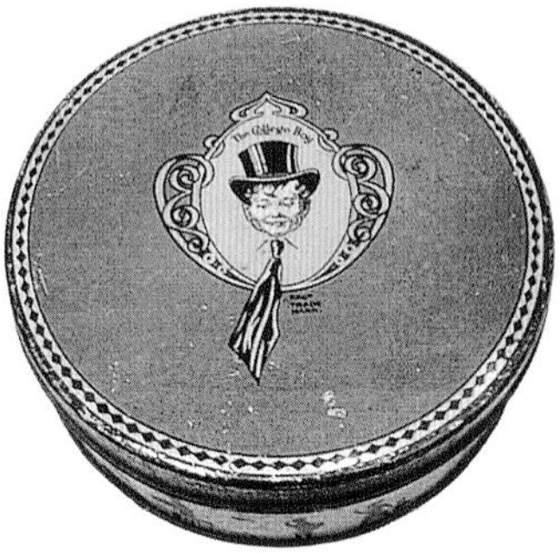

太妃糖罐

[生產國] 英國 [年代] 1940年代 [價格] 8,000日圓 [尺寸] 直徑13×高4.5公分 [鑑賞重點] 繪有「公學生」(college boy)的系列商品。田 29

餅乾罐

[生產國] 英國 [年代] 1950年代 [價格] 22,000日圓 [尺寸] 寬23.5×深23.5×高10.3公分 [稀有度] 聖誕節光景的圖案大受收藏者歡迎。田 29

鍍錫鐵罐

[生產國] 英國 [年代] 1950年代 [價格] 5,040日圓 [尺寸] 寬14×深10×高4.5公分 [特徵] 據推測應該是販賣用的餅乾糖果罐。田 46

找得到的話就太幸運了！迷你罐

高約三至五公分左右的小錫罐非常少見，其中有些是橄欖球或魚、蝴蝶等可愛造形，是一款高價買賣的項目。此外，尤其受歡迎的收藏品是繪有皇太子與太子妃，或與英國皇室相關圖案的罐子。繪有伊麗莎白女王年輕時期畫像的古老罐子，相當少見而昂貴。

吉百利巧克力罐

[生產國] 英國 [年代] 1950年代 [價格] 8,920日圓 [尺寸] 直徑21×高6公分 [特徵] 英國著名的巧克力製造廠商吉百利(Cadbury's)的巧克力罐。田 46

平版印刷：offset printing，開發於20世紀初期，將水與墨水塗到平版上，再進行轉印的一種印刷方法。

豬油罐

[生產國] 美國 [價格] ㊧25,200日圓；㊨13,125日圓 [尺寸] ㊧直徑40.5×高46.5公分；㊨直徑31.7×高40.7公分 [稀有度] 大型的罐子十分少見，尤其左邊罐子的尺寸更是幾乎創下紀錄。田 21

太妃糖罐

[生產國] 英國 [年代] 1940年左右 [價格] 7,500日圓 [尺寸] 直徑10×高4.5公分 [鑑賞重點] 位於利物浦的華拉斯(Waller's)公司所使用的罐子。田 29

太妃糖罐

[生產國] 英國 [年代] 1930年代 [價格] 15,000日圓 [尺寸] 寬22×深14.5×高6.5公分 [特徵] 凝望著旅人的狸貓十分可愛，用來裝太妃糖。田 29

皮爾葛林錫罐

[生產國] 美國 [價格] 3,990日圓 [尺寸] 直徑18.1公分 [特徵] 是皮爾葛林(Pilgrim)這家廠商的餅乾罐，白底搭配紅色插圖，簡潔美麗。田 21

鍍錫鐵罐

[生產國] 英國 [年代] 1950年代 [價格] 7,500日圓 [尺寸] 直徑16.5×高21公分 [特徵] 20世紀50年代大量生產、繪有克蘭本圖案的錫罐。田 41

鍍錫鐵罐

[生產國] 英國 [年代] 1950～1960年代 [價格] 34,000日圓 [尺寸] 寬12×深10×高11公分 [特徵] 據推測原為製造卡片的愛德華洗髮精與潤髮乳公司所生產。田 17

餅乾罐

[生產國] 英國 [年代] 1950年左右 [價格] 18,900日圓 [尺寸] 直徑15.5×高17公分 [特徵] 論重販賣的餅乾用儲存罐。田 46

唱針罐：收納留聲機唱針的鍍錫鐵罐，體積小得幾乎可以放到手掌中。有些商品甚至現在還裝有唱針。

藍司堡公司錫罐

[生產國] 美國 [年代] 1930～1950年左右 [價格] 4,800日圓 [尺寸] 直徑17×高20公分 [特徵] 手繪可愛的花朵圖案，是藍司堡公司的製品。田28

洋芋片鍍錫鐵罐

[生產國] 美國 [價格] ㊧10,185日圓，㊨11,550日圓 [尺寸] ㊧直徑23.5×高23.6公分；㊨直徑1×高28.8公分 [稀有度] 非常受到收藏家喜愛的洋芋片錫罐。田21

塔拉公司蛋糕罐

[生產國] 英國 [年代] 1930年代 [價格] 14,700日圓 [尺寸] 直徑23×高11公分 [鑑賞重點] 保存蛋糕用的收納盒，是塔拉公司商品中相當受歡迎的品項。田37

椒鹽脆餅罐與花生醬罐

[生產國] 美國 [價格] ㊧椒鹽脆餅(Pretzels)罐，10,080日圓；㊨花生醬罐，6,510日圓 [尺寸] ㊧直徑18×高20.2公分；㊨直徑15.5×高15.8公分 [特徵] 圖案優美且狀態良好。田21

鑲玻璃的鍍錫罐
非買不可！

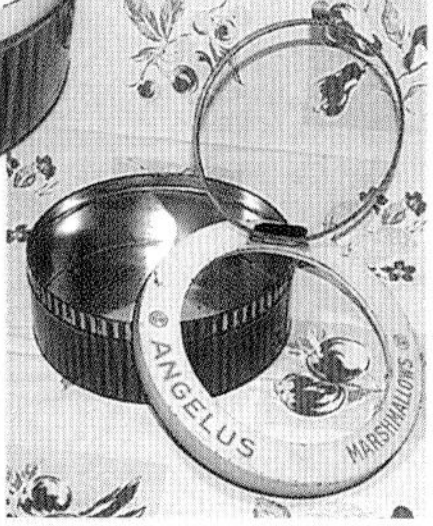

裝在錫罐中出售的糕點，在早年多為送禮用的奢侈品，因此蓋子與罐身都繪有精美圖樣。當中非常罕見的，是類似這種蓋子有一部分鑲入玻璃的錫罐。當時主要目的為展示罐子裡裝的棉花糖，同時也是擺放在店面的促銷商品。美國製。價格為20,475日圓。田21

塔拉公司餅乾罐

[生產國] 英國 [年代] 1930年左右 [價格] 37,800日圓 [尺寸] 寬27×深17×高15公分 [稀有度] 寫有「餅乾」字樣的商品非常少見。田37

蛋糕收納盒：cake container，20世紀初期開始出現的蛋糕專用保存容器，主要用來盛裝重疊擺放也不會壓壞的磅蛋糕。

收集各式各樣的骨董籃並將它們掛起來，可以成為獨具特色的擺飾。當然，因為通風性佳，做為實用品擺入蔬菜或各種小東西也十分方便且充滿流行感。

籃子

Basket

材質因國家不同而有差異

將植物的藤蔓與樹皮削薄之後編成的籃子，材料可以由大自然取得，更能自己動手輕鬆編織，可說是最原始且隨手可得的收納用具。

骨董籃分為增亮型與自然型，前者的表面塗有如亮光漆（varnish）這種可增加亮度的液體，後者則保持了材料的原貌，各有各的魅力。

籃子的材質雖然以籐為主流，由於各國有多種不同可使用的植物，也有利用柳枝或麥桿、樹皮等編成許多種類的籃子。此外，隨著時代的變遷，繪上圖案或與塑膠一起編成的色彩鮮豔籃子也陸續登場。

必須確認把手與底部的強度

最近由於籃子的產地以亞洲各國為主，歐美幾乎不再生產，這也成為西洋骨董籃大受歡迎的原因之一。

選購的時候，必須確實檢查把手有無脫落的跡象，以及底部是否夠堅固。不過，沒有損壞的優質籃子當然也比較昂貴。如果能夠將目標定位為純擺飾，將重點擺在色澤或造形上，挑選能製造生活樂趣的籃子也是不錯的方式。

骨董籃除了可用於收納，更因為大量使用自然材質而帶有一種溫暖的氣息。房間內擺放一個籃子固然可以散發特殊風味，更可以將數個籃子掛起來或重疊擺放，成為圖畫般的風景。這是因為與其整齊地擺放這些籃子，倒不如隨意擺設，將更能讓人感受到自然質感所帶來的魅力。

籐：椰科的蔓性植物，共有三百種以上。包括籐皮或籐芯都經常作為編製籃子的材料。

籃子

[生產國] 英國 [年代] 1930～1950年代 [價格] 13,125日圓 [特徵] 編織緊密的籐籃，底部為寬敞的平面，把手處由塑膠材質包捲。田 27

兒童用籃子

[生產國] 英國 [年代] 1930～1950年代 [價格] 8,400日圓 [特徵] 寬19公分的小籃子。整體由籐編製而成，橘色與白色的塑膠材質編織部分則加強了流行感的印象。田 27

購物籃

[生產國] 英國 [年代] 1930～1950年左右 [價格] 14,700日圓 [特徵] 購物籃籃身上的三條線造形十分可愛，整體為籐編。田 27

兒童用籃子

[生產國] 法國 [年代] 1930年代 [價格] 6,090日圓 [特徵] 籐編的堅固籃子，寬約19公分，體積較小，屬於兒童使用的類型。田 27

購物籃

[生產國] 英國 [年代] 1930年代 [價格] 12,000日圓 [特徵] 水藍色線條十分搶眼的購物籃。是十分牢固的籐編製品。田 34

購物籃

[生產國] 英國 [年代] 1940年左右 [價格] 13,000日圓 [特徵] 用非常講究的編織方法做出堅固的造形，表面彷彿塗上亮光漆般帶有光澤。田 11

找得到的話就太幸運了！托盤狀的籃子

提到籃子，人們容易聯想到具有某種程度的深度、但事實上也有如托盤一般平面的籃子。這樣的籃子主要為法國人所使用，用來盛裝麵包、前菜或起司等。它的外觀為幾乎沒有深度的平坦圓形或橢圓形，兩邊裝有兩個把手，頗為可愛。是一款令人想鋪上紙巾後端上餐桌的骨董品項。

麥桿：straw，在歐美地區經常為製作籃子或帽子的材料。straw hat即是指麥桿帽。

籃子

[生產國] 英國 [年代]1950年代 [價格]16,590日圓 [特徵] 大容量的圓弧造形，花籃般展開的外型十分優雅。以柳條編成，把手與藍色線條部分為塑膠材質。田 46

籃子

[生產國] 英國 [年代]1950年代 [價格]12,600日圓 [特徵] 麥桿編成的籃子，綠色部分為塑膠編成。田 23

木製珠籃

[生產國] 英國 [年代]1950年代 [價格]15,220日圓 [特徵] 柳條編成的籃身上，淺藍色塑膠材質與黃色木製珠子形成目光焦點。田 46

籃子

[生產國] 英國 [年代]1920～1950年代 [價格]8,400日圓 [特徵] 堅固緊密的藤編構造為其特徵，寬廣的底部可放入許多東西。田 24

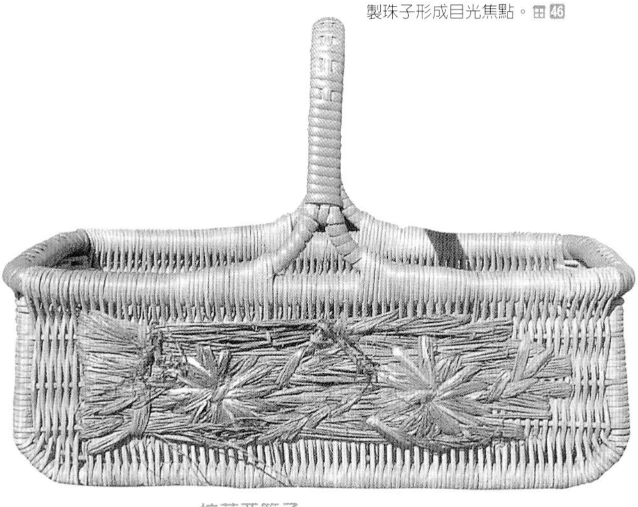

拉菲亞籃子

[生產國] 英國 [年代]1930～1950年代 [價格]14,700日圓 [特徵] 籐籃的側面裝飾有用拉菲亞樹葉編成的花朵。田 37

巴波拉籃

[生產國] 英國 [年代]1950年左代 [價格]25,200日圓 [稀有度] 邊緣點綴上以巴波拉（黏土的一種）工藝加工的花朵。這些花朵圖樣能完整保留至今實屬珍貴。田 46

籃子

[生產國] 英國 [年代]1950年代 [價格]15,220日圓 [特徵] 柳條編製的籃身搭配彩色塑膠材質相當搶眼。同樣是柳條，跟日本的有所不同，屬於近似葦條的植物。田 46

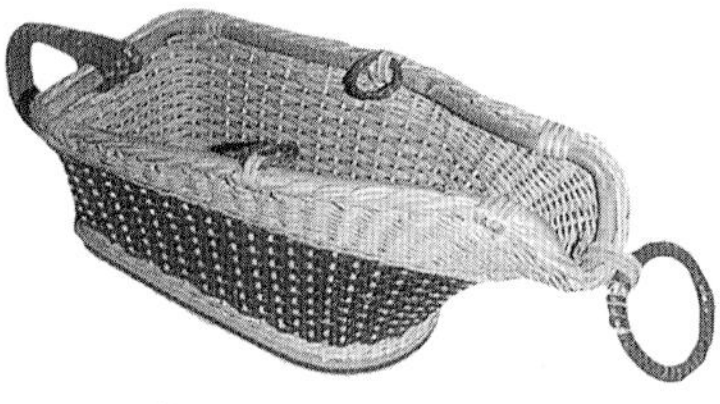

酒籃

[生產國] 英國 [年代]1950年左右 [價格]9,450日圓 [特徵] 將瓶口放在前端的圓環中，可使瓶身保持水平狀態。放置紅酒專用。田 23

拉菲亞：Raffia，椰子樹的一種，葉子表皮取下的纖維雖強韌卻非常柔軟，經常被用於手工藝品或編織品。

過去用來裝藥品等的玻璃瓶，經過歲月洗禮後昇華為精美的骨董。作為窗邊擺飾，充滿了懷舊風情。1950年代美國製。田38

［玻璃瓶］

玻璃瓶
Glass Bottle

牛奶瓶原本是小型廣告塔

牛奶或西打的空瓶、藥瓶、墨水瓶等陳舊玻璃瓶，具有獨特風味與流行的圖案，是趣味橫生的品項。尤其是五〇到七〇年代，牛奶瓶流行畫上各種廠牌的廣告，雖然形狀都相同，卻有各式各樣設計多變的瓶子留存到現在。

這些瓶子稱為「AD瓶」（廣告瓶），據說正反兩面分別畫上兩家不同公司的廣告，由兩方平分廣告費用。此外，深鈷藍色的瓶子是用來裝有強烈毒性的藥物。

藥用瓶
［生產國］英國［年代］1920年左右［價格］㊧2,500日圓；㊨5,000日圓［鑑賞重點］鈷藍色瓶子通常用來裝劇毒性藥物，因此瓶身有「NOT TO BE TAKEN」（請勿觸摸）的字樣。田31

廣告瓶與牛奶瓶
［生產國］英國［價格］各3,675日圓［特徵］左邊瓶身上繪有巧克力飲料的廣告，右邊則有低溫殺菌牛奶的圖樣。田37

玻璃瓶
［生產國］法國［年代］1920年左右［價格］4,500日圓［特徵］有小巧的薔薇與緞帶雕刻的玻璃瓶，精巧而美麗。推測原本應該有的蓋子已經失佚，這是較令人遺憾的。田11

牛奶瓶與廣告瓶
［生產國］英國［價格］各3,675日圓［特徵］左邊瓶身有「農場直營低溫殺菌牛奶」的字樣，右邊瓶身則印有紅茶或咖啡用的糖公司廣告。田37

牛奶瓶
［生產國］法國［年代］1910～1920年左右［價格］20,000日圓［特徵］半透明商標與厚玻璃組成非常美麗的牛奶瓶。這是一款有內斂美的精品。田11

巴波拉：Borbola，黏土的一種。20世紀初，英國開始流行以巴波拉工藝製成的花朵裝飾鏡子等器具。

牛奶罐
[生產國] 法國 [年代] 1930～1940年左右 [價格] 7,800日圓 [鑑賞重點] 實際上被使用過的鋁製牛奶罐，放在院子裡應該可以扮演好擺飾的角色。田11

大型的古老農具若換個角度來看，就成為風味十足的大型擺飾品。不需要擺設一大堆小東西，只要將之簡單擺放在房間角落，就能帶來歐洲田園風情，並能成為目光的焦點。

蘋果籃
[生產國] 英國 [年代] 1940～1950年左右 [價格] 6,800日圓 [特徵] 採收蘋果時使用的籃子，用來收納雜誌也很適合。田11

購物車
[生產國] 英國 [價格] 28,000日圓 [特徵] 木製外框搭配籐製籃子的推車，可攜帶外出。另有一稱為「花籃」。田33

戶外用具
Outdoor Goods

簡單又自然的風味是魅力所在

昔日簡單又自然的農具或戶外使用的用具，在大量生產為主流的今日社會已不復見。若一面想像當時的生活，一面凝視這些用具，我們可以感受到一種戲劇般的氣氛。將它們不加修飾地擺放在屋內，則更有種彷彿自古以來就一直存在於那個角落、完全融入空間的感覺。在歐美的骨董市場中，不僅常見近似美術品的餐具或工藝品，像這般洋溢著鄉村風味的一般百姓生活用具也很常見。這些用具或被視為居家擺設的重點之一，或為了供人實際使用而被貼上標價，在市面上流通。

無心插柳柳成蔭

這些園藝用具或農具，實際拿來使用當然也很好，但如果能充分活用其古老風情或有趣的造形，以乾淨的牆壁為背景來擺放裝飾，將能營造出一種特殊的氣氛。

此外，收集起司箱等木箱或用具作為具藝術風格的箱櫃，也充滿了十足的流行感。牛奶罐或採收果實用的籃子，也可以放入乾燥花加以修飾點綴。這些器具的價格平易近人，建議有興趣者可以試著找找，看是否也能無心插柳柳成蔭。

起司箱：cheese box，1900年代在教會或餐廳等處，用來裝大型起司塊的起司用木箱。

庭院用具

[生產國] 英國 [年代] 1930年代 [價格] ㊧除草鐮刀，15,000日圓；㊨耙子，11,000日圓；㊦耙子（大）8,000日圓，（中）7,900日圓，（小）3,200日圓 [特徵] 所有木頭部分都是橡木製，金屬部分為鐵製。可以實際使用，作為擺飾又別有一番風趣。田29

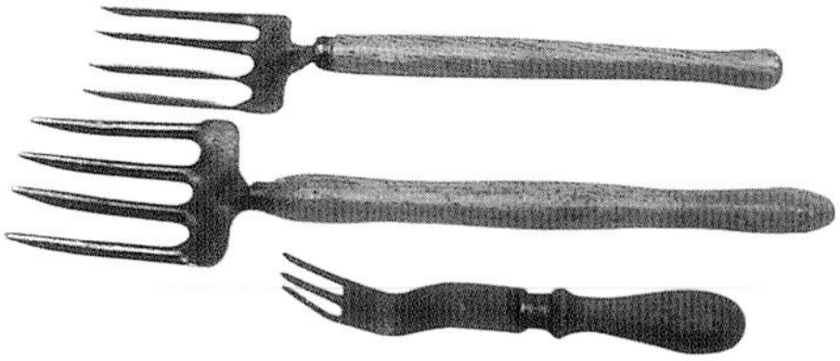

庭院用具展示箱

[生產國] 英國 [年代] 1940年代 [價格] 各18,000日圓 [尺寸] 寬24×深7×高38公分 [特徵] 將古老的農具裝進松木箱內，設計成附有邊框一般的展示用用具箱。田29

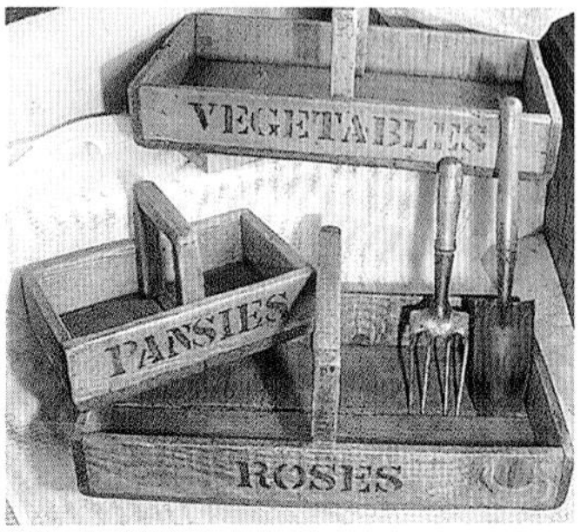

魚籃

[生產國] 法國 [年代] 1920～1940年代 [價格] 13,000日圓 [特徵] 鍍錫魚籃，周圍與蓋子鑽有許多細小的孔，裡面可以裝魚。田11

木箱與庭院用具

[生產國] 英國 [年代] 1960～1970年代 [價格] 木箱（大）15,000日圓，（中）14,000日圓、（小）13,000日圓；叉子與鏟子各4,000日圓 [特徵] 木箱由大至小依序烙印有「ROSES」（玫瑰）、「VEGETABLES」（蔬菜）、「PANSIES」（三色堇）字樣。田49

找得到的話就太幸運了！造形獨特的瓶器

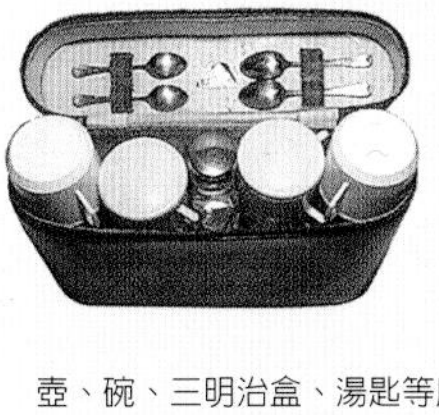

19世紀後半開始，隨著容器的保溫技術日益進步，野餐用品種類也日漸豐富。這是1907年設立於英國的保溫瓶廠商膳魔師的野餐組合。除了皮製外盒十分少見之外，水壺、碗、三明治盒、湯匙等應有盡有。1940～1950年代的商品，價格為18,690日圓。田1

草莓籃

[生產國] 英國 [價格] ㊧8,400日圓；㊨3,750日圓 [特徵] 摘草莓時使用的籃子，材質為很厚的樹皮。把手與邊緣著色部分十分鮮明可愛。田23

膳魔師：Thermos，因為販賣1904年由德國玻璃師傅開發的保溫瓶，於1907年設立於英國的廠商。

現代已不復見的造形與質感

骨董門把、鑲嵌玻璃、磁磚等室內設計配件，其現在已不復見的復古造形與質感正是魅力所在。門把通常是成對的，中間夾以門條。此外，還有裝飾用的門把板可搭配使用。門把與門把板整組大約三萬日圓起就可以買得到。鑲嵌玻璃的原型要追溯到古羅馬時代。在歐洲社會，教會等地方也常使用鑲嵌玻璃，可謂隨處可見這種裝飾玻璃。由它的圖案，我們可以看出裝飾藝術或新藝術時代產生的影響。磁磚也一樣，只是當成圖畫一般擺飾就十分高雅。

造形簡單大方、卻令人感到風味十足的門鈴。主要構造是由外面拉動木條，安裝在裡面的門鈴就會響起，表示有訪客到來。英國製。

室內設計配件

Interior Parts

Door parts 門把

玻璃製門把與門把板

［生產國］英國［年代］1930年代［價格］31,000日圓［特徵］略黃的玻璃門把與黃銅門把板十分相配，兩者搭配成相當高雅的組合。田 14

玻璃製門把

［生產國］英國［年代］1930年左右［價格］20,000日圓［特徵］輕巧的透明玻璃製成的門把。握起來似乎感覺很舒服的圓把部分非常討喜。田 14

橢圓形門把

［生產國］英國［年代］1930年左右［價格］15,000日圓［特徵］黃銅製門把，橢圓形的頭部有高雅的裝飾點綴，是一款高格調的門把。田 14

鑲嵌玻璃：又稱彩繪玻璃，將各種色彩的玻璃以鉛條連結組合而成的玻璃作品。

Stained glass 鑲嵌玻璃

鑲嵌玻璃窗

［生產國］英國［年代］1900年代［價格］99,000日圓［尺寸］寬48.3×厚4.4×高78.1公分［特徵］原本用於窗戶，圖案為近似鷲的鳥類。田4

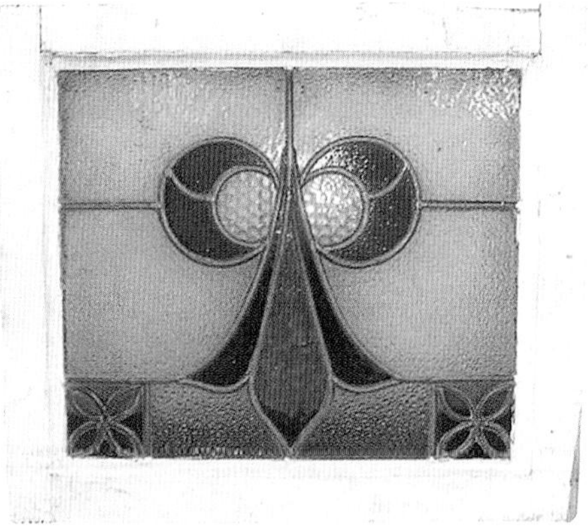

鑲嵌玻璃小窗

［生產國］英國［年代］1930年左右［價格］23,100日圓［尺寸］寬50×深5×高36公分［特徵］只要擺在窗邊等自然光源可照射進來的地方，就能充分欣賞玻璃之美。田23

鑲嵌玻璃窗

［生產國］英國［年代］1930年代［價格］54,000日圓［尺寸］寬92.1×厚4.4×高48.3公分［特徵］以鑲嵌方式描繪一位佇立在水邊的男性。田4

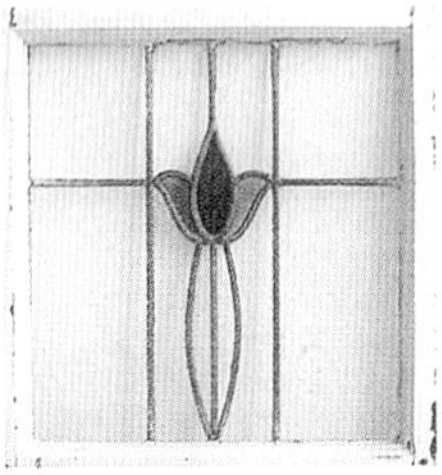

鑲嵌玻璃小窗

［生產國］英國［年代］1920～1930年代［價格］23,100日圓［尺寸］寬48.5×厚4.5×高50.5公分［特徵］簡單大方的花苞圖案，除了有色玻璃之外也使用了壓製玻璃。田37

鑲嵌可以到達此種境界？暖爐前裝飾用的鑲嵌玻璃

製作大型窗戶或裝飾牆壁所需的巨大鑲嵌玻璃時，善用餘下的玻璃碎片也可以做成燈罩等小東西。上圖即為擺在壁爐前裝飾用的火爐屏障（fire screen）。中央部分嵌有玻璃，乃以手工描繪的風景，是相當少見的極品。1920年代英國製，價格為255,000日圓。田4

Tile 磁磚

荷蘭磁磚：爬樹的天使

［生產國］荷蘭［年代］1700年左右［價格］20,000日圓［尺寸］寬12.8×高12.9公分［特徵］當時荷蘭家庭中裝潢使用的陶磚。田2

荷蘭磁磚：小狗與旅行的天使

［生產國］荷蘭［年代］左（小狗）1640年左右；右（天使）1625年左右［價格］左15,000日圓，右18,000日圓［尺寸］左寬12.6×高12.7公分，右寬12.6×高12.6公分［稀有度］年代久遠的貴重陶磚。田2

火爐屏障：擺放在壁爐前，用來阻擋四處飛散的火星。不使用壁爐時，也可發揮遮蓋壁爐內部的功能。

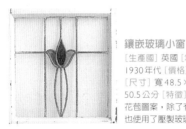

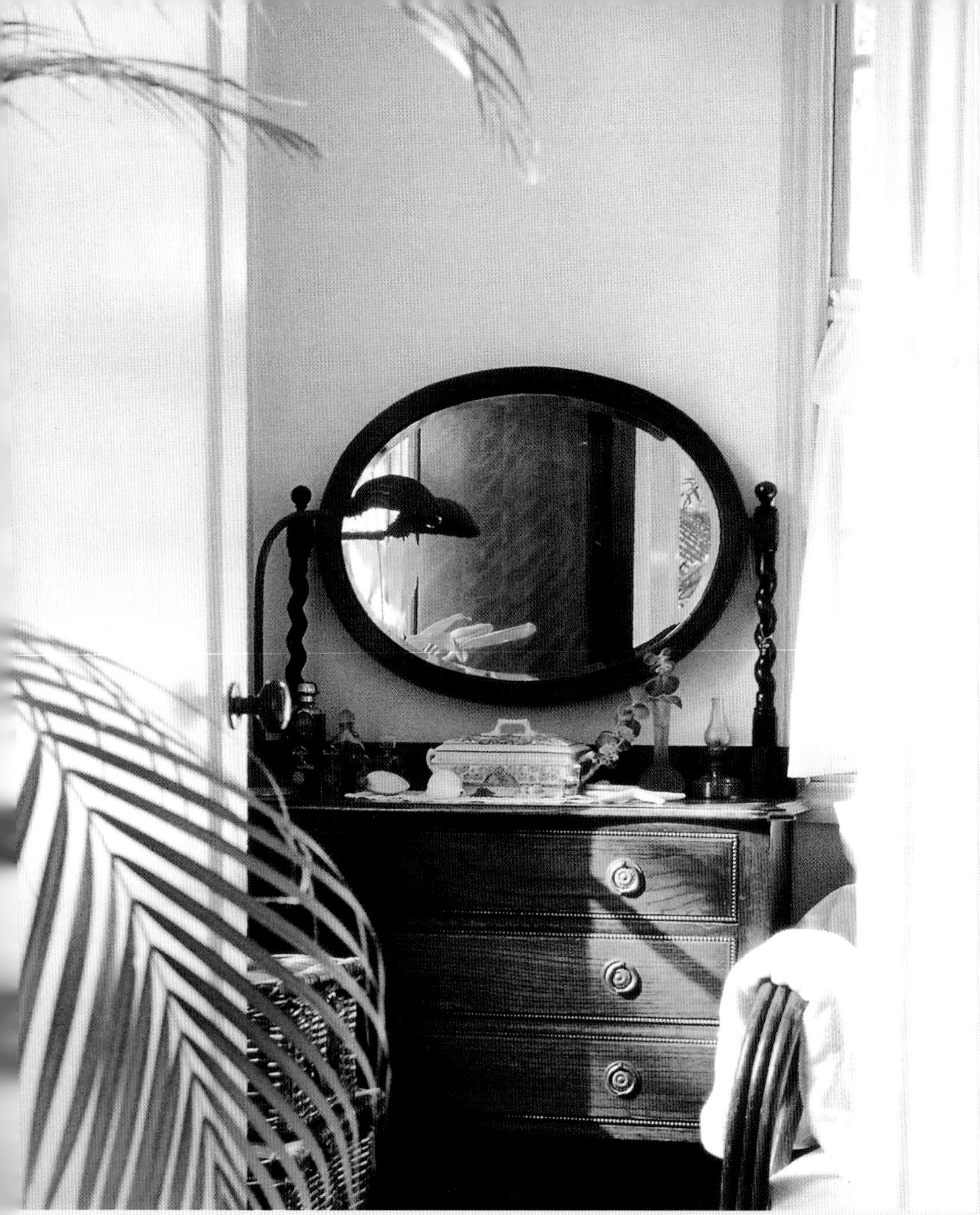

裁縫用具

刺繡與百納被

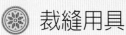

不論是現在或過去，女性的心理都是相同的。與她們投入裝飾居家環境的心力相比毫不遜色的，是將自己裝扮得更嬌美華麗的心態。令人睜大雙眼的寶石、手錶等寶石類飾品當然非常美麗，但本章將集中介紹可活用於室內擺飾、更貼近生活的穿著打扮相關藏品，或是那些讓人感覺溫暖的手工藝用品。透過這些收藏品，或許您也能感受到過去的女士精心裝扮自己的心情吧？

Part 4

衣著打扮相關骨董

- 鏡子
- 提包
- 化妝與妝扮用品
- 蕾絲

鏡子可謂女性妝扮用具的代表，當中許多品項有精雕細琢的裝飾，但像上圖一般精巧的玻璃加工邊框鏡子，還保持非常良好狀態的則非常少見而貴重。周圍若再擺上古董小品，更顯優雅。

鏡子

Mirror

室內裝飾與用具

十七世紀左右起，鏡子開始被拿來當作室內裝飾品。同一時期在威尼斯，加工精巧的鏡子也開始生產成為工藝品。歐洲各國引進了這些作品，並陸續生產了種種優美的桌上用鏡子與手鏡。

選購時必須檢查鏡子是否為原始的作品，因為當中有許多因為破損或保存狀況惡劣而重新安裝過。若鏡子外緣未有邊框包覆，則必須仔細檢查外緣；如果是斜面切割而成的，就是原始作品。此外，古老的鏡子大多使用很厚的玻璃，這也可作為判斷標準之一。

另外，表面出現黑點的鏡子，建議你即使很喜歡也最好不要購買。那是由於鏡子的水銀出現腐蝕狀態所造成的，無法修復。

斜針繡飾手鏡、衣刷與棉球盒三件組

[生產國] 法國 [年代] 1920年左右 [價格] 28,000日圓 [特徵] 裝飾有精細斜針繡的手鏡，以及相同圖樣的衣刷、棉球玻璃盒，都讓人忍不住想擺在梳妝臺上。田 45

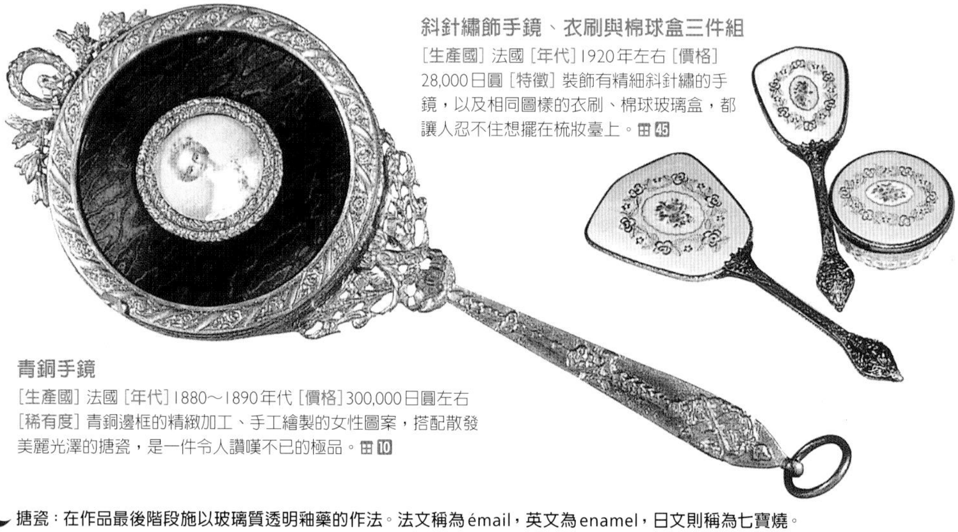

青銅手鏡

[生產國] 法國 [年代] 1880～1890年代 [價格] 300,000日圓左右 [稀有度] 青銅邊框的精緻加工、手工繪製的女性圖案，搭配散發美麗光澤的搪瓷，是一件令人讚嘆不已的極品。田 10

搪瓷：在作品最後階段施以玻璃質透明釉藥的作法。法文稱為émail，英文為enamel，日文則稱為七寶燒。

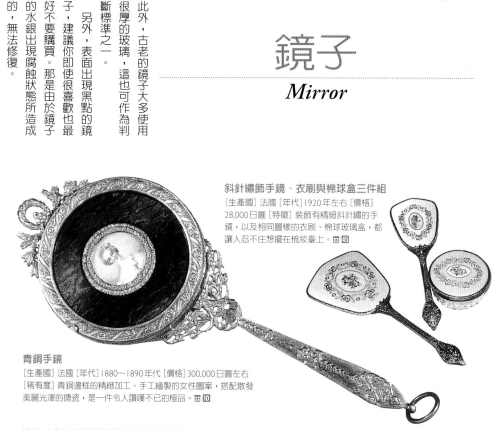

巴波拉工藝鏡

［生產國］英國［年代］1940年左右［價格］33,600日圓［稀有度］直徑27公分的桌上型鏡子，鏡子邊緣環繞的花朵裝飾尤其讓女性動心。田23

巴波拉工藝鏡

［生產國］英國［年代］1930年左右［價格］52,000日圓［特徵］巴波拉工藝（黏土加工裝飾）的鏡子，屬於金屬片固定式鏡面，鏡緣為斜面切割的原始作品。寬23×高36公分。田11

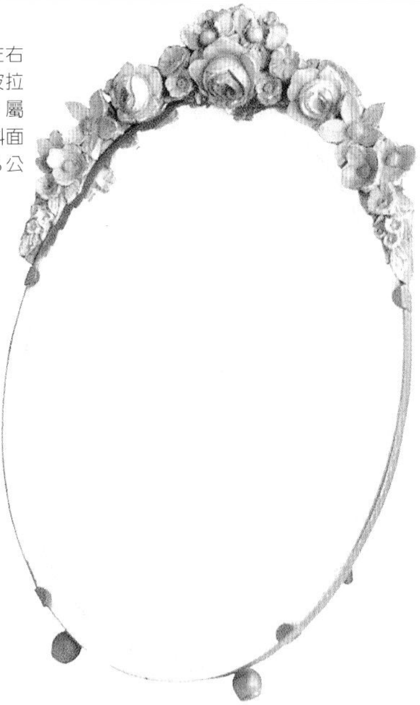

橡木邊框鏡

［生產國］英國［年代］1920年代［價格］80,000日圓［稀有度］覆在鏡子上的玻璃繪有蝴蝶與花，花瓶部分還運用了水晶雕刻技巧。田7

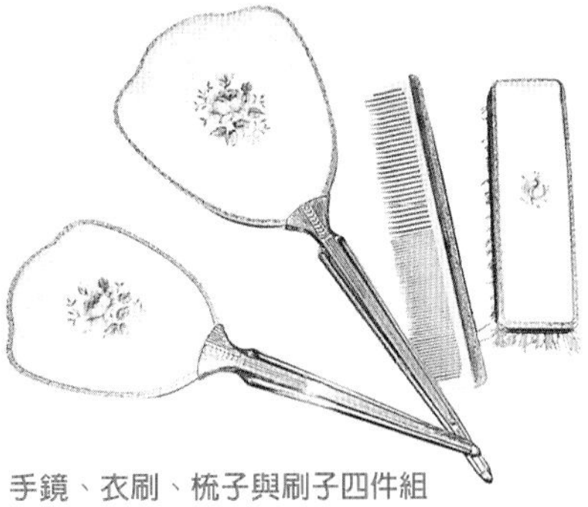

手鏡、衣刷、梳子與刷子四件組

［年代］1920年左右［價格］18,000日圓［特徵］鑲有薔薇彩繪陶器的高雅梳妝組合，除了刷子以外，連梳子也完整收藏，極為少見。田45

保養骨董鏡的方法

平常保養骨董鏡時，只要用柔軟的布輕輕擦拭鏡面即可。鏡面起霧較嚴重時，用脫脂綿沾酒精擦拭，就可恢復清潔明亮。如果邊框有像巴波拉工藝鏡一般的精細加工，建議以棉花棒或軟刷小心除去灰塵。彩色的部分可能會掉色，因此嚴禁用濕布擦拭。

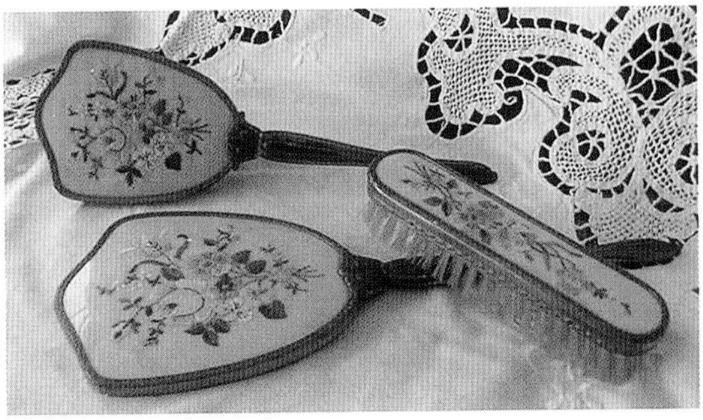

斜針繡裝飾手鏡、衣刷與刷子三件組

［生產國］英國［年代］1930年左右［價格］22,000日圓［特徵］繡淺色系圖樣的斜針繡組合。田3

鏡面固定夾：是指鏡子不以邊框、而以金屬固定夾固定。只要固定夾沒有損壞，就可以更換新鏡面。

爲了滿足女性想將自己妝扮得更美麗的願望，許多化妝用品與裝飾品的外觀也十分精美。上圖收集了19世紀到20世紀間的幾種梳妝盒、蕾絲與扇子。田 5

化妝與妝扮用品

Makeup Article

梳妝盒

進入二十世紀後，隨著生活日漸富裕，除了實用的生活用具之外，時尚與化妝品等打扮所需用具也迅速而大量出現。

除了擺在梳妝臺上的香水瓶或粉盒之外，可攜帶式的梳妝盒或唇膏盒等也出現許多高質感的商品。

當時大受好評的流行項目是裝飾藝術時期流行的膠木製梳妝盒。由於它具備與從前的天然材質截然不同的鮮豔色澤，以及可自由製作成各種形狀的材質特性，多采多姿的梳妝盒也陸續登場。

有些梳妝盒是手掌大小的掌上型，有的款式還附有可穿過手指的圓環。此外，法國曾有一段時間流行日本文化，當時也出現外觀近似日本印章盒的商品。

美麗的玻璃香水瓶

香水瓶(perfume bottle)的收藏者非常多。或許因為這是可以充分表現玻璃藝術精妙技巧的作品，許多知名玻璃藝術家製作出各式各樣十分精緻的作品，例如蓋雷設計的新藝術浮雕香水瓶、巴卡哈為嬌蘭等香水業者打造的切割玻璃香水瓶，以及萊麗強調栓塞設計的壓製玻璃香水瓶等。

在日本出現的商品中，據說也混雜著「香醋盒」(vinaigrette)。這是歐洲貴婦在快要昏倒時由袋中取出嗅聞的東西，因此大小與形狀都跟香水瓶非常相似。

香醋盒與香水瓶不同。前者不需要直立放置，因此多為淚滴狀或洋梨狀等可橫放的形狀。這是辨別兩者不同的關鍵之一。

梳妝盒：vanity case。指內部有隔層、可以輕鬆收納小東西的容器。vanity原為浮華、虛華之意。

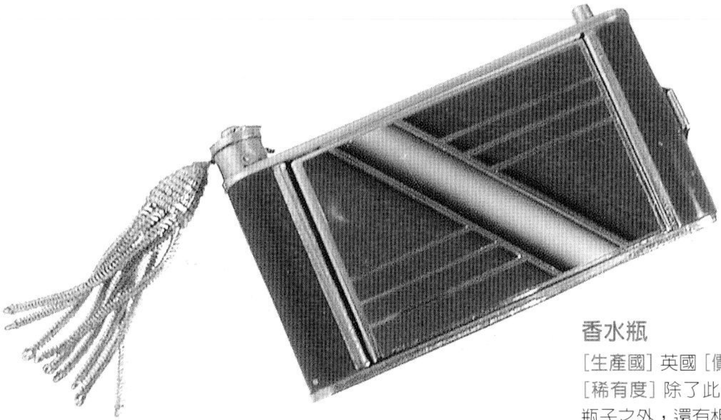

多功能梳妝盒

[生產國] 法國 [年代] 1920～1930年左右 [價格] 70,000日圓 [特徵] 可裝口紅、粉餅與香菸的盒子，造形充滿裝飾藝術風格。田5

香水瓶

[生產國] 英國 [價格] 26,250日圓 [稀有度] 除了此一直徑6公分的瓶子之外，還有相同造形、直徑4公分的較小瓶子（24,150 日圓）。田18

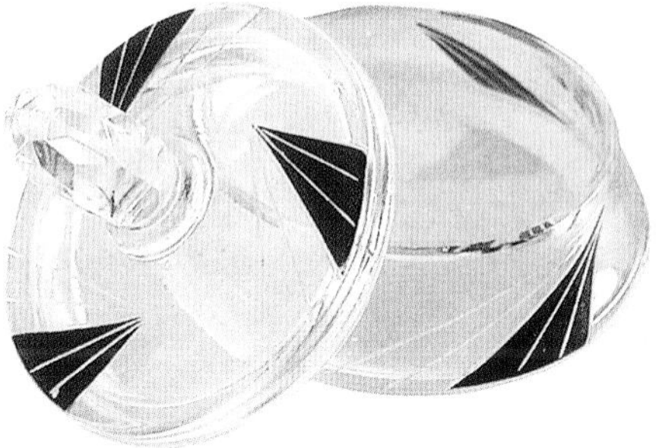

粉盒

[生產國] 法國 [年代] 1930年代 [價格] 40,000日圓 [特徵] 造形簡單俐落的玻璃製粉盒，用來裝首飾也非常適合。田5

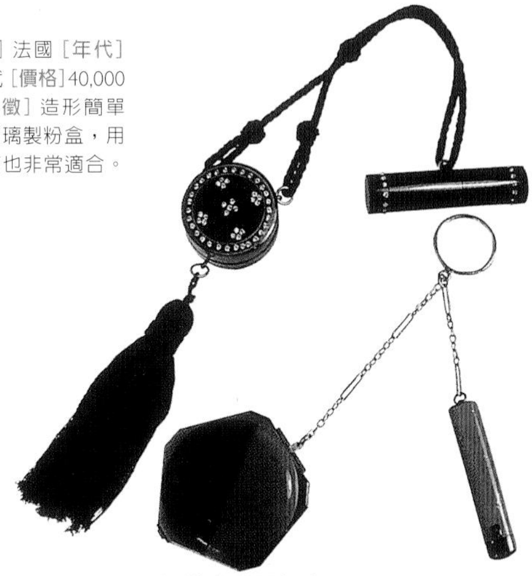

粉撲盒與口紅盒

[生產國] 法國 [年代] 1920～1930年左右 [價格] ㊧ 80,000日圓；㊨ 65,000日圓 [特徵] 扁平的可裝粉撲，筒狀的裝口紅。材質為膠木。田5

迷你首飾盒

[生產國] 英國 [年代] 1920年左右 [價格] 4,725日圓 [特徵] 壓製玻璃製成的乳霜盒，應該也很適合用來收納梳妝臺上的化妝小用具。田46

香水瓶四件組與迷你首飾盒

[價格] 香水瓶，左起：4,830日圓、6,930日圓、4,830日圓、6,930日圓 [特徵] 讓人忍不住想擁有的玻璃香水瓶，以及英國製迷你首飾盒（4,830 日圓）。田46

找得到的話就太幸運了！保存良好的繩子與流蘇

可攜式的口紅盒或粉撲盒通常都連結著一條繩子，附漂亮流蘇的品項也是主流。盒身的美感固然重要，真正決定該商品等級的關鍵在於繩子與流蘇的保存狀態。除了因為與盒身相較之下，這些部分更容易受損，也因為要找到能達到同等平衡感的替代品更是難上加難。如果能遇到保留良好狀態的原作，真是萬分幸運。

迷你首飾盒：trinket，原意為裝飾品，在此是指可以收納珠寶、粉撲或乳霜的容器。

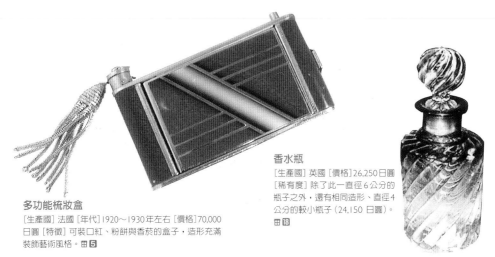

讓人忍不住想擺在梳妝臺上！

小收納盒

Accessory case

附有高雅裝飾的骨董小收納盒，用來收納梳妝臺上的小東西或重要首飾，有很高的利用價值！可以依照自己的喜好來挑選經過精心設計的款式。

Wedgwood小收納盒

[生產國] 英國 [年代] 1950年左右 [價格] 21,000日圓 [特徵] 水藍色陶器搭配白色葉片裝飾，作為小收納盒再適合不過了。直徑16公分。田23

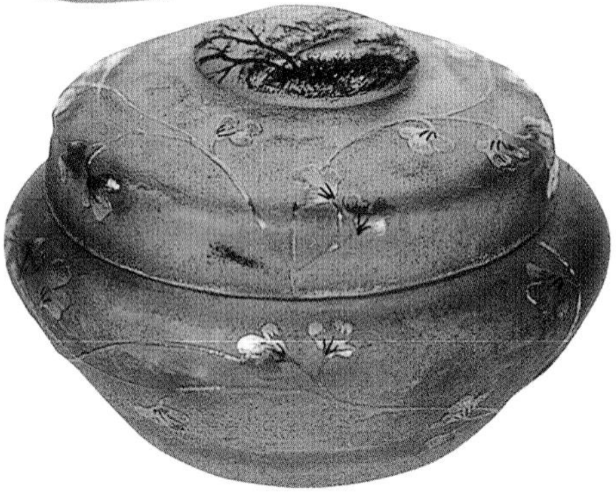

圓頂型小收納盒

[生產國] 法國 [年代] 1900年代初期 [價格] 550,000日圓 [特徵] 有風景圖案的圓頂型作品，附有蓋子。作為觀賞用也很適合，不過更令人想優雅地使用。直徑8.5公分。田48

彩陶小收納盒

[生產國] 法國 [年代] 1920～1930年左右 [價格] 84,000日圓 [稀有度] 以法國古陶聞名的「法安斯窯」所製加蓋小收納盒，表面加上手繪石竹花的琺瑯。是一件有傳統圖樣造形的貴重作品。長為10公分。田8

玻璃製小收納盒

[生產國] 英國 [價格] 14,500日圓 [特徵] 用來收納寶石或戒指等小首飾的玻璃容器，蓋子為黃銅製，直徑17.5公分。田3

戒指盤

[生產國] 英國 [年代] 1930年代 [價格] 6,500日圓 [特徵] 可將戒指套入中央的圓柱，是很有質感的玻璃盤。長邊為11公分。田3

青銅製珠寶盒

[生產國] 法國 [年代] 1900年代 [價格] 400,000日圓左右 [鑑賞重點] 雕刻豪華的新藝術時期珠寶盒，模樣讓人很自然想將重要的寶石收藏在其中。田10

法安斯陶：Faience，16世紀左右由義大利傳出、在法國南部生根的彩陶工藝。由於可作為財富的象徵，法國貴族們爭相購買收集。

骨董提袋洋溢著成熟風情。圖為搭配絲質襯布、以亮珠刺繡的法國織珠包。60,000日圓。田5

提包

Bag

金屬扣夾的部分也是欣賞重點

令人驚歎不已的手工骨董袋類主要可分為三大類。一是由斜針繡等刺繡製成的袋類，另外是玻璃或金屬材質製成的串珠包，最後還有使用紡織布料製成的布包。此外也有同時巧妙使用串珠與刺繡技巧的包包，這些現在已經很難得一見的耗費手工裝飾，可說正是它們最大的魅力。此外，珠扣包開口處的扣夾加工也很值得一看。除了精巧的設計之外，有些高級品也會鑲上寶石，非常優雅。

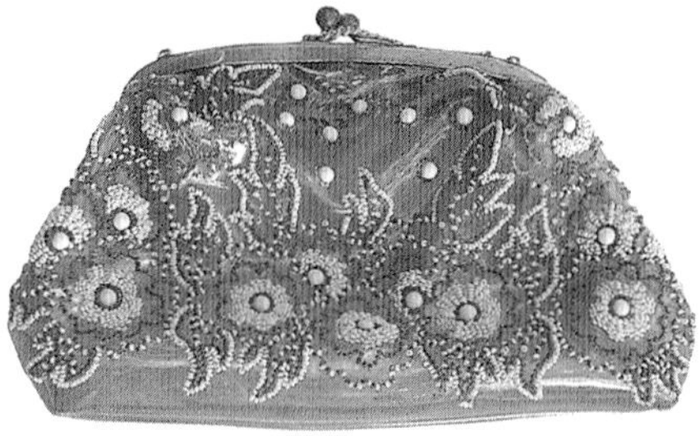

織珠包

[價格]5,000日圓 [特徵] 以帶有光澤感的底布，搭配數個顏色的透明亮珠勾勒出圖案。田43

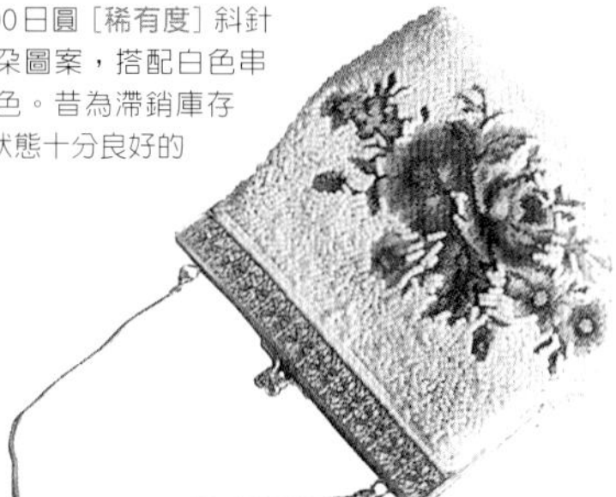

斜針繡與亮珠裝飾晚宴包

[生產國] 美國 [年代]1950年左右 [價格]25,000日圓 [稀有度] 斜針繡的薔薇花朵圖案，搭配白色串珠構成的底色。昔為滯銷庫存品，是保存狀態十分良好的珍品。田12

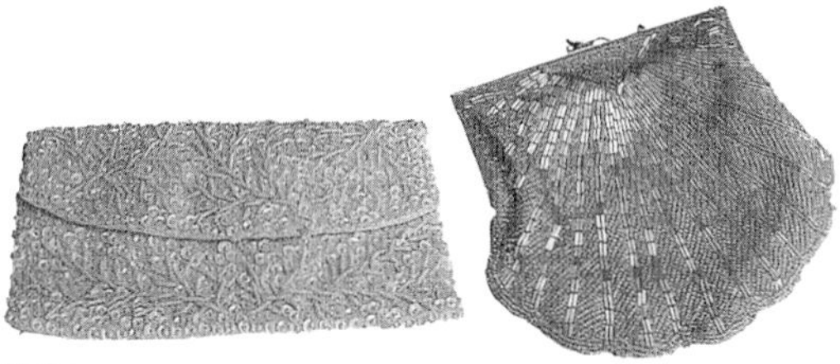

織珠包

[生產國] 美國 [價格] 各8,000日圓 [特徵] 左邊的商品布滿發光亮片，十分豪華。右邊的商品形狀令人聯想到貝殼，非常特別。是令人回想起美國繁華時代的宴會包。田43

斜針繡提包

[年代]1900年代 [價格]78,000日圓 [特徵] 以斜針繡刺出圖畫般的圖樣。應該是法國或奧地利的商品。田13

七寶：以銅等材質為底，上以玻璃質釉藥高溫描繪出精緻圖樣的技法，近似琺瑯。

手繪提袋

[年代] 1910～1920年左右 [價格] 29,400日圓 [特徵] 絲質底布以手工繪上圖案的素雅提袋。田46

「提花織」手提袋

[生產國] 法國 [年代] 1900年左右 [價格] 99,750日圓 [特徵] 以法國里昂地區的古老提花織（Jacquard）絲質底布製成。田8

布料提袋

[生產國] 美國 [價格] 10,000日圓 [特徵] 利用藤蔓植物編成的邊框撐起中間的織布。這是一款休閒的提袋，輕巧且方便攜帶。田43

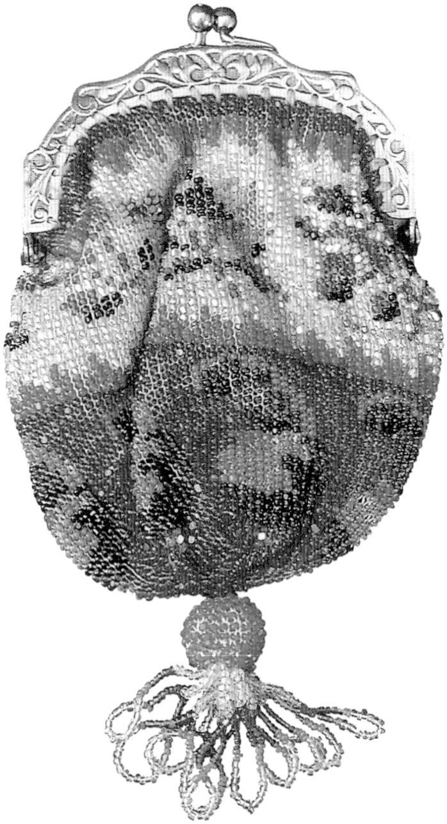

織珠包

[生產國] 荷蘭 [年代] 1900年初期 [價格] 30,000日圓 [特徵] 利用直徑1.5公釐的小玻璃珠勾勒出整體的圖案，甚至包括流蘇。田2

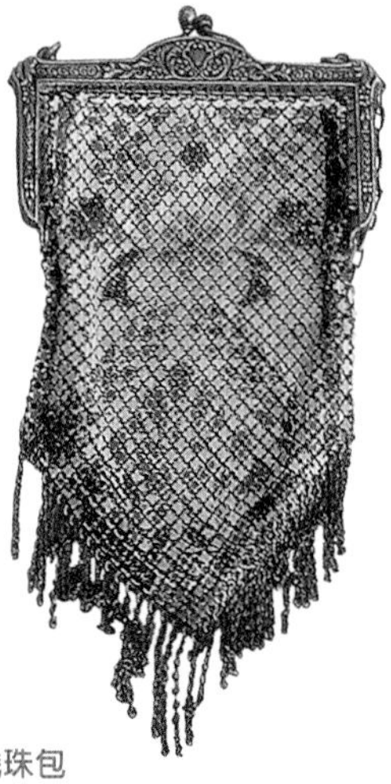

金屬織珠包

[生產國] 美國 [價格] 12,000日圓 [鑑賞重點] 以四角形的金屬片與串珠構成的包包，圖案部分則為以琺瑯著色完成的串珠所組成。田43

劇院提包：opera bag，可提式的小型提包。在日本，從明治時代後期開始出現在店面銷售。

和服材質的提包非買不可

一八六七年的巴黎萬國博覽會之後，日本商品在歐洲大獲好評，捲起一陣日本旋風。這樣的影響力在流行服飾業界也可看得出。二十世紀，歐洲出現了和服材質製成的禮服，日本和服腰帶的材質製成的提包也開始登場。此外，模仿和服材質的織布也誕生了，運用在提袋上。這些就是「和風提包」（Japanese

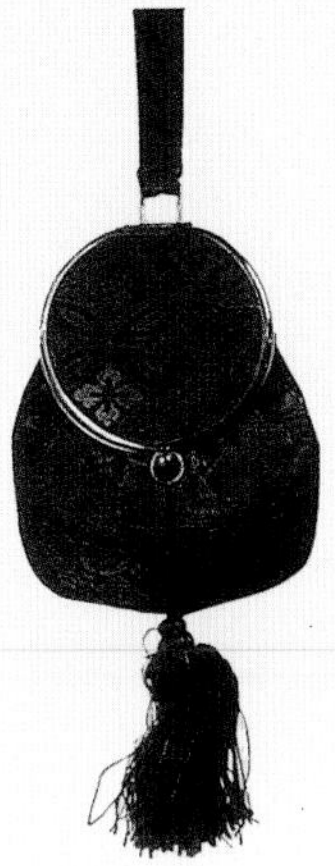

使用日本和服腰帶材質在法國製成的和風提包，流蘇部分也是和風造形。材質為絲質，1930年左右的商品。各90,000日圓。田5

絲質和風提包，以模仿日本和服腰帶織成的底布製成。金屬扣夾部位以綠色縞瑪瑙點綴，1930年左右，價格為100,000日圓。田5

劇院提包

[生產國] 英國 [年代] 1900年代 [價格] 26,000日圓 [稀有度]「美好年代」留下來的的商品，保存狀態良好。整體為銀色金屬編成，非常華麗。田27

「提花織」手提袋

[生產國] 義大利 [年代] 1900年左右 [價格] 84,000日圓 [特徵] 利用絲質提花織布精心製成的手提袋，帶有高雅氣息。田8

斜針繡提包

[生產國] 英國 [年代] 1920年代 [價格] 30,000日圓 [特徵] 黑色底布搭配精緻斜針繡圖樣，非常高貴典雅。外側為棉質，內側為絲質。田45

「提花織」提袋

[生產國] 法國 [年代] 1900年左右 [價格] 26,250～40,000日圓左右 [特徵] 提花織刺繡圖案，也有其他圖樣。田8

刺繡手提袋

[生產國] 英國 [價格] 24,150日圓 [特徵] 除了正面之外，側面或底部等不明顯的地方也都繡有精緻的圖樣。田18

美好年代：Belle Époque（法文），嚴格來說是指1910～1914年這五年間。這段期間有許多裝飾品問世。

纖細而溫柔的品項，似乎可以讓寢室顯得更加優雅的諾曼第(Normandie)蕾絲製床單。手工棉製，保存狀態也非常良好。1800年代法國製單人床。田 38

蕾絲

Lace

十六世紀起開始出現

內藏纖細溫柔特質的骨董蕾絲，在骨董中也屬於歷史特別悠久的項目，其起源可追溯到十六世紀中旬義大利的文藝復興時代。那時的蕾絲，還只是單純的幾何圖樣。之後這種技術慢慢在歐洲各國發展，隨著技術進步的同時也更加多樣化，轉變為更洗練的作品。

蕾絲包括手工編製作品，以及進入十九世紀後在英國開發出的機器編製兩種。此外，製作方法可分為以一針一線編織成的針織蕾絲(needle lace)、利用繞於前端線軸上的線編織而成的線軸編織蕾絲(bobbin lace)，以及用鉤針編成的鉤針編織蕾絲(crochet lace)三大類。除此之外，各國或各地區也都有不同的編法與織法。如果想追根究底，這其實是一個相當深奧的領域。

首先應判斷是手工抑或機器編製

檢視骨董蕾絲作品時，首先應判斷它是手工作品或是機器製品。若是機器製品，即可判斷最早也是十九世紀之後的作品。至於手工作品，使用的線比現代的鉤針編織蕾絲作品要更細，針目的大小也不同，可一眼看出手工作品的風味。

另一方面，機器編製的作品大多為在網狀蕾絲上編織入部分圖樣，編織針目大小一致，觸感也非常柔軟。骨董蕾絲幾乎都因為太纖細而很難洗滌。

薄紗蕾絲：point de gaze，19世紀中期到20世紀初期，比利時生產的一種針織蕾絲作品 。

宛如藝術品般的裝飾品
Lace wear
蕾絲服飾

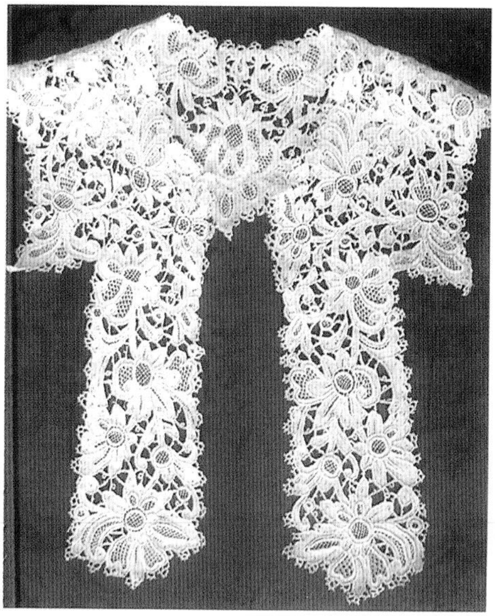

威尼斯蕾絲領
[作法] 手編 [生產國] 比利時 [年代] 1860～1880年左右 [價格]85,000日圓 [特徵] 威尼斯蕾絲 (point de Vinese)，乃利用原創於威尼斯的技法、在比利時編成的針織蕾絲。田44

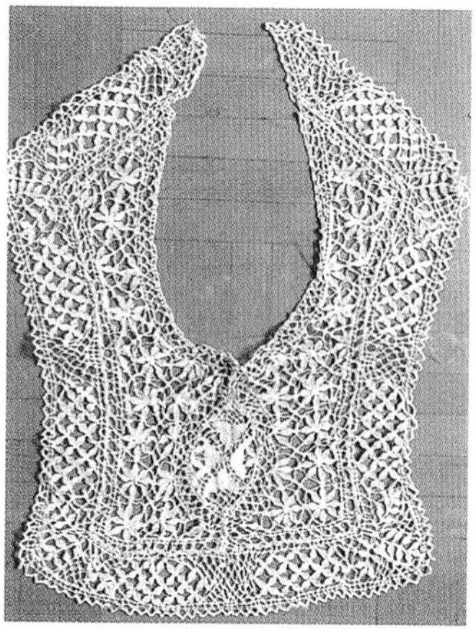

馬爾濟斯蕾絲水手領
[作法] 手編 [生產國] 馬爾他共和國 [年代] 1900年左右 [價格]18,900日圓 [鑑賞重點] 19世紀到20世紀初期之間，使用馬爾他島生產之絹絲製成的蕾絲。十字架圖樣是它的特徵。田46

薄紗蕾絲領結
[作法] 手編 [生產國] 比利時 [年代] 1860～1880年左右 [價格]110,000日圓 [特徵] 以細線編織成，是一款細薄又充滿質感的針織蕾絲領結。田44

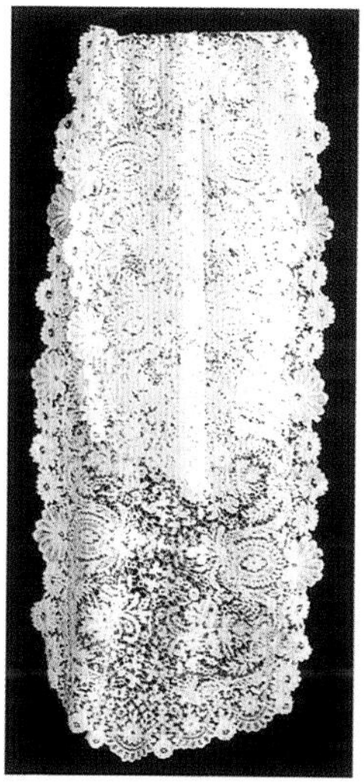

緞子梭結蕾絲披肩
[作法] 手編 [生產國] 比利時 [年代]1800年代 [價格]250,000日圓 [稀有度] 以非常細的麻線加上複雜的重疊編織方法編成，是相當耗費時間與手工的作品。田2

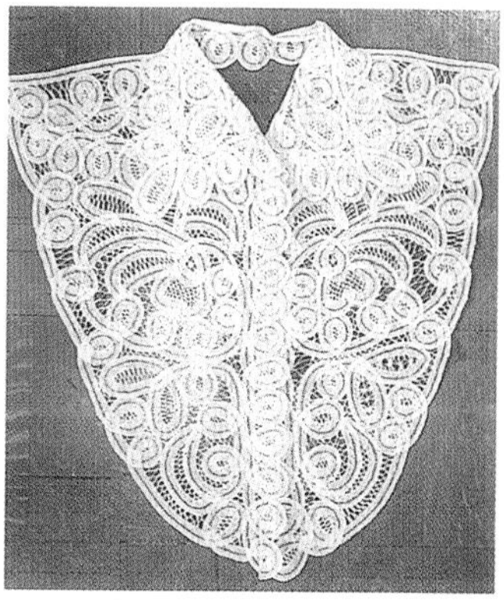

巴騰蕾絲背心
[作法] 機器 [生產國] 英國 [年代]1940年代 [價格]18,900日圓 [鑑賞重點] 法文的「背心」(gilet)，英文稱為「vest coat」。田46

找得到的話就太幸運了！圖樣複雜的蕾絲
由於蕾絲基本上都是重複同樣的圖案，複雜的圖案或不規則設計的作品就顯得非常罕見而有價值。偶爾可見到的是將各種圖案像製作拼布一般連接起來的作品。此外，由於古老的作品都是手工編製，大型蕾絲作品需要非常大量的時間與手工，故成為非常貴重的作品。因為絲線很細，容易損壞，保存狀態良好的作品就更難得了。

巴騰蕾絲：Battenburg lace，據說誕生於西德的巴騰堡地區；先以膠帶描繪出圖案輪廓，再以刺繡填滿圖案。

美麗細膩的蕾絲墊

Table Lace

蕾絲桌墊

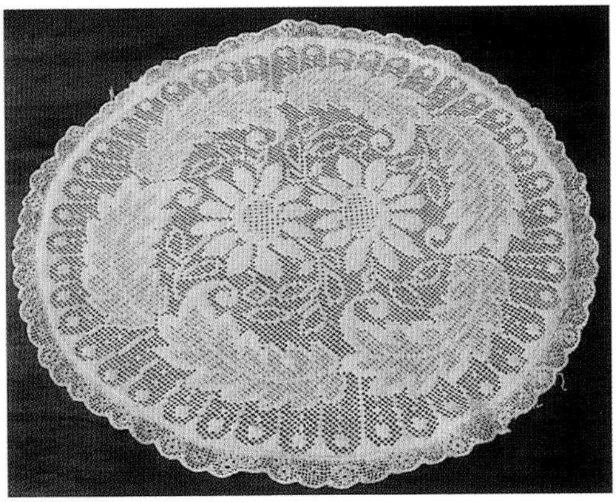

蕾絲桌墊

[作法] 手編 [生產國] 英國 [年代] 1920～1940年左右 [價格] 3,570日圓 [尺寸] 直徑23公分 [特徵] 圖案十分細緻，保存狀態也很好的圓形蕾絲。田 24

蕾絲桌墊

[作法] 機器編製 [生產國] 美國 [價格] 3,000日圓 [尺寸] 29 × 22公分 [鑑賞重點] 這是18世紀前半開始登場的機器編織蕾絲，特徵之一即是與手編作品相較之下顯得大小一致的針目。田 43

蕾絲桌墊

[作法] 手編 [生產國] 美國 [價格] 5,000日圓 [尺寸] 32 × 19公分 [特徵] 與歐洲作品相比之下，針目較粗大，呈現粗獷的編織法。田 43

諾曼第蕾絲

[作法] 手編 [生產國] 法國 [價格] 48,000日圓 [尺寸] 直徑47公分 [特徵] 細密的諾曼第蕾絲，以棉與麻製成，是令人感覺清爽的作品。田 38

方眼網蕾絲

[作法] 手編 [年代] 1930年代 [價格] 2,200日圓 [尺寸] 13 × 13公分 [特徵] 中心部分搭配可愛花朵圖樣的方眼網蕾絲作品。田 3

緞子梭結蕾絲：Duchesse lace，又稱「公爵夫人蕾絲」。因為深受比利時女王瑪麗．安烈特喜愛，而被賜名為公爵夫人(duchesse)蕾絲。

髮夾蕾絲

［作法］手編［生產國］英國［年代］1920～1940年左右［價格］3,150日圓［尺寸］直徑30公分［特徵］所謂髮夾蕾絲（hairpin lace），是指用髮夾編成的。此為形狀很特別的蕾絲作品。田23

髮夾蕾絲

［作法］手編［年代］1920～1940年左右［價格］1,575日圓［尺寸］28 × 20公分［稀有度］這是以髮夾編成的蕾絲作品，四方形的輪廓非常少見而珍貴。田23

小墊布

［作法］手編［生產國］美國［價格］2,500日圓［尺寸］直徑13公分［鑑賞重點］由大小判斷應該為覆蓋在罐子上的小墊布蕾絲（防塵用）。田43

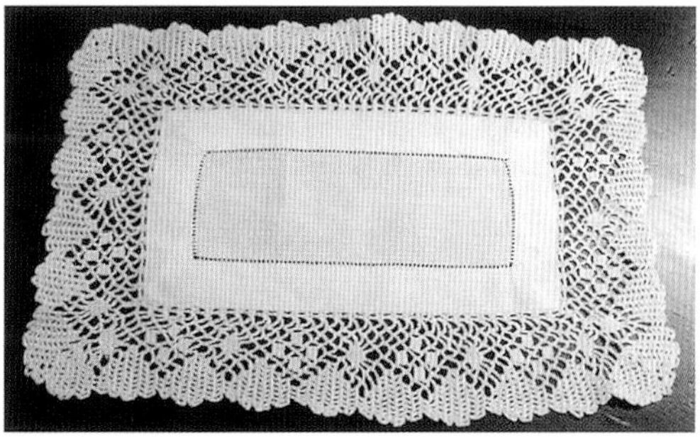

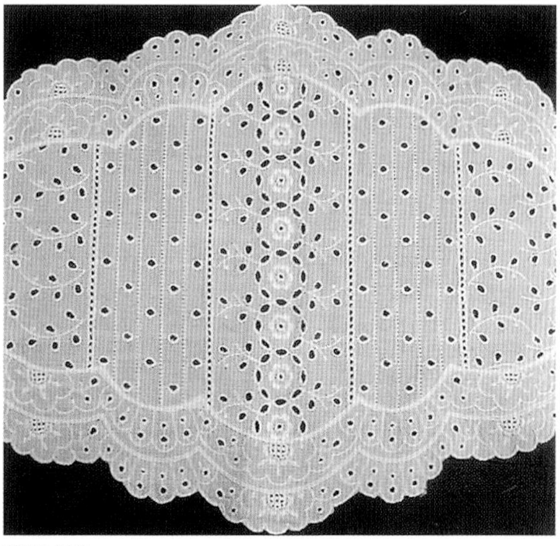

蕾絲桌墊

［作法］手編［生產國］英國［年代］1950年左右［價格］5,000日圓［尺寸］36 × 29公分［特徵］棉質部分比編織部分多，是運用雕空繡（cutwork）手法的蕾絲作品。田43

找得到的話就太幸運了！刺繡圖冊

蕾絲的設計圖案，因畫家或設計家不同，而有無數種的種類。16世紀中期起到17世紀後期之間，記載了德、義、法等歐洲各地誕生的蕾絲編織技巧或刺繡方式、圖案等的圖冊（pattern book）陸續問世。現在幾乎已無法見到這些稀有的圖冊，因此在拍賣會上往往能以高價售出。

方眼網蕾絲：filet lace，一種由古人捕魚或鳥的網子為概念衍生出來的蕾絲，造形簡單大方。「filet」在法文中意為「網」。

引你走進甘甜的美夢中

Babydress

新生兒服

兩件組新生兒服

［生產國］美國［價格］15,000日圓［尺寸］腰圍30×長37公分［特徵］兩件重疊起來，可愛度也倍增。田43

粉紅新生兒服

［生產國］美國［價格］7,000日圓［尺寸］腰圍35×長40公分［特徵］粉紅色十分討人喜歡，即使只是擺在牆壁上當裝飾品也非常漂亮。田43

鋸齒狀蕾絲新生兒服

［生產國］美國［價格］10,000日圓［尺寸］腰圍55×長37公分［特徵］下擺處的鋸齒狀蕾絲是最大的特徵。田43

受洗儀式用新生兒服

［生產國］英國［年代］1900年代初期［價格］25,000日圓［尺寸］腰圍50×長93公分［稀有度］絲質布料搭配棉質機器編製蕾絲。絲質服裝很容易損壞，但這件衣服受到非常妥善的保存，因此其美感完整保留至今，是一件難得的珍品。田2

能提升服裝觸感的蕾絲花邊

作為花邊用的蕾絲，在骨董品當中，也有許多從未使用過的滯銷庫存，因此價格較平易近人，當作手工藝品材料也有各式各樣的用途。如果是面積較大蕾絲，可以依適當尺寸剪裁，做成男用口袋方巾或領巾。另外，經常拿來打成蝴蝶結的蝴蝶領結（bow tie），也是可用來做上述用途的蕾絲。

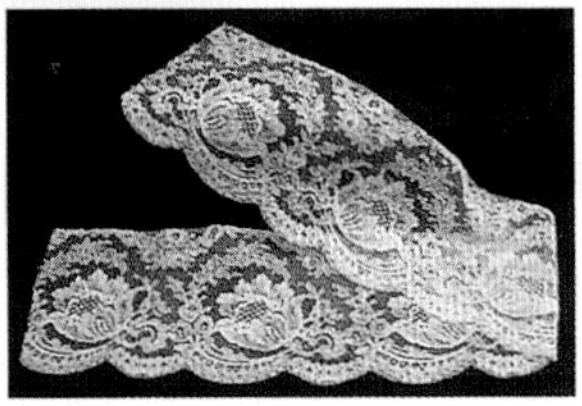

㊤繡有薔薇圖案的線軸編織蕾絲製成之蝴蝶領結。英國製，長104公分，價格25,200日圓。田46／㊦長75公分的蕾絲，美國製，價格7,000日圓。田43

受洗儀式用新生兒服

［生產國］英國［年代］1900年代初期［價格］15,000日圓［尺寸］腰圍50×長90公分［稀有度］棉布上搭配豪華的機器編製蕾絲，是保存狀態良好的少見珍品。田2

新生兒服：最早為新生兒受洗時所穿的服裝。受洗儀式專用服裝的特徵為上半身較短、下擺很長。

裁縫用具
Sewing Tool

女王也親自拿針線

骨董裁縫用具當中有許多材質精美又美麗的商品，這是因為手工藝過去是中上階級女性的必修科目，連公主或女王都會自己拿起針線縫製身邊的東西。因此，除了手工藝作品之外，與裁縫相關的各種小用具有些也如同工藝品一般正式而漂亮，世界各地都有它的收藏家。

針插很值得注目

裁縫用具包括線、線軸、裁縫組、縫紉機等各式各樣的項目。其中特別值得注目的是英國製針插。有些針插在華麗的中央位置，會出現軍隊的標章或簡短的文字。

這些針插並非為了實用目的而製作，而是即將遠赴戰場的男性為戀人親手做的。它們的造形往往十分可愛，讓人很難想像是出自男性士兵之手，其中還有許多是心型的作品。除此之外，一般都會加上自己所屬的軍隊標章。這些都是裝飾性極高、讓人想收藏的項目。

正中央縱長的棒子是用來量裙長的用具，12,500日圓。其左為木製線軸，6,000日圓 。田 11

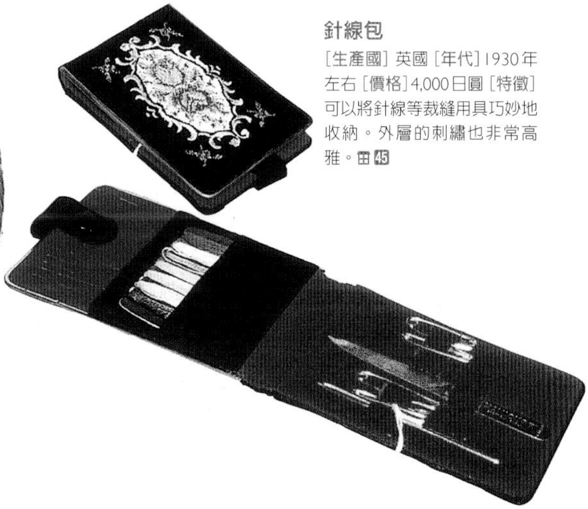

針線包

[生產國] 英國 [年代] 1930年左右 [價格] 4,000日圓 [特徵] 可以將針線等裁縫用具巧妙地收納。外層的刺繡也非常高雅。田 45

串珠針插

[生產國] 英國 [年代] 1910年左右 [價格] 47,250日圓 [鑑賞重點] 原為針插，是士兵上戰場前親手製作、送給戀人作擺飾的作品。田 46

針織蕾絲：沿著描繪在紙上的圖樣，一針一線縫製而成的蕾絲作品，有各式各樣的種類。

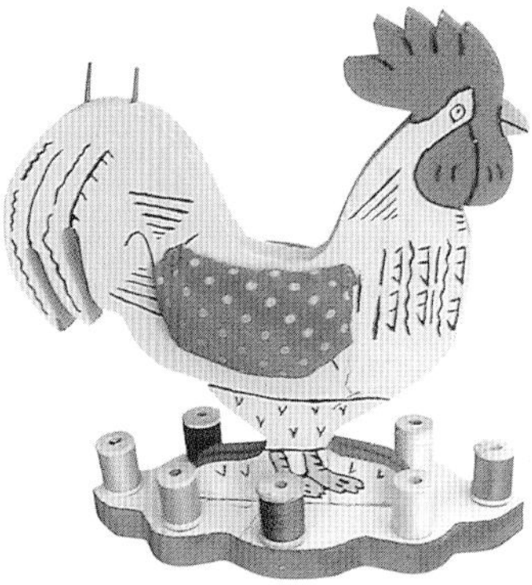

裁縫機專用線軸收納台

[生產國] 美國 [價格] 8,000日圓 [特徵] 獨特的公雞造形，翅膀部位為針插。不只底座能掛上線軸，連尾巴也可以。⊞ 43

針線籃組合

[生產國] 英國 [年代] 1950年左右 [價格] 18,900日圓 [特徵] 收納針線等裁縫用具的組合，籃身由柳條與塑膠編製而成。⊞ 46

古老線軸

[生產國] 美國 [價格] 大：4,800日圓；小：2,000日圓 [特徵] 分別為長35公分與長21公分的木製線軸。較大的線軸可用來掛蕾絲或首飾，後方安裝有木條。⊞ 33

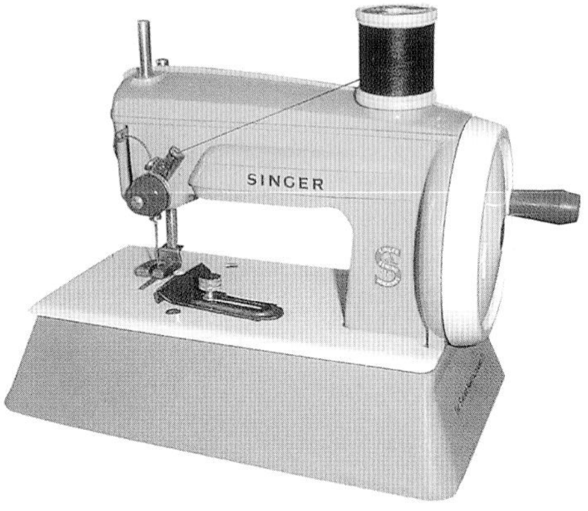

勝家縫紉機

[生產國] 英國 [年代] 1960年左右 [價格] 42,000日圓 [稀有度] 零件完整，仍可使用，甚至附有原廠外箱。⊞ 15

車縫直線的縫紉機

[生產國] 英國 [年代] 1920年代 [價格] 39,900日圓 [稀有度] 附有可由上方罩下的加鎖外盒，現在仍可正常使用。⊞ 23

勝家縫紉機：Singer，由美國人艾薩克・勝家(Isaac Merritt Singer) 創立並推廣至世界各地的縫紉機品牌。

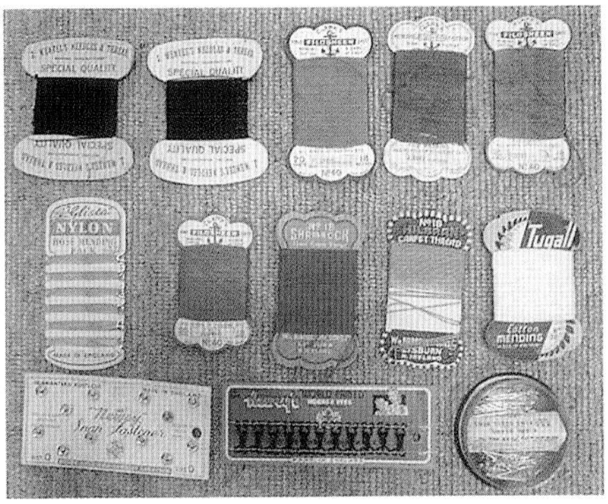

各式裁縫用具

[生產國] 英國 [年代] 1940年左右 [價格] 各500日圓 [特徵] 包括裁縫線、裙鉤、昆蟲針（insect pin）等，直接放入框內彷彿就能成為一幅畫。田 46

席爾扣公司線盒與線（七捲）

[生產國] 英國 [年代] 1950年代 [價格] 29,400日圓 [特徵] 英國線商席爾扣（Sylko）公司為出售縫紉機用線使用的木盒。田 46

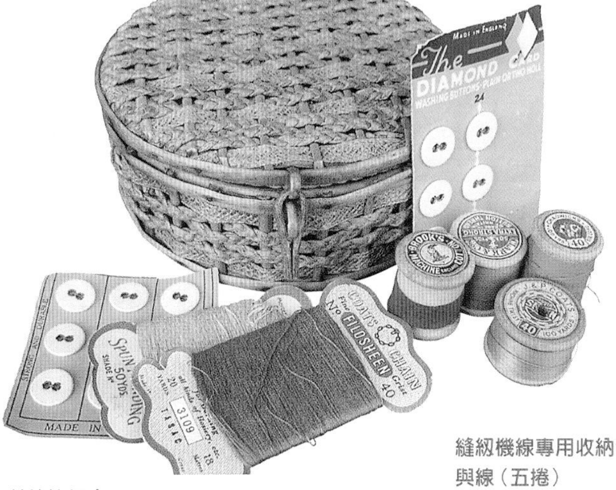

針線籃組合

[生產國] 英國 [年代] 1930年代 [價格] 12,600日圓 [特徵] 柳條編成的籃子，內裝有針、線、鈕釦等骨董裁縫用品。田 46

縫紉機線專用收納台與線（五捲）

[生產國] 英國 [年代] 1920年左右 [價格] 29,400日圓 [特徵] 上有五捲裁縫機專用線的橡木收納台。田 46

找得到的話就太幸運了！裝飾用鈕釦

骨董鈕釦上有今日的我們難以想像的精細加工，甚至有可媲美胸針般精美的作品。19世紀左右的鈕釦，包括在陶釦上手繪圖畫、用琺瑯加工的手工作品、銅或青銅鏤空雕刻，以及細珠加工等藝術性豐富的作品。它除了作為手工藝材料之外，更是讓人想當成裝飾品擺設的品項。

線軸編織蕾絲專用線

[生產國] 法國、英國 [價格] 未使用過的線五捲與部分使用過的線一捲：3,000日圓 [特徵] 包括蕾絲用絹線、麻線、棉線與粗花邊蕾絲線的組合。田 2

粗花邊蕾絲：gimp lace，主要由絹或木棉線製成的外緣用蕾絲。「gimp」指衣服或窗簾等緣擺使用的裝飾粗線。

刺繡與百納被

Embroidery & Quilt

美式拼布床單搭配有褶邊的精美抱枕。骨董亞麻布為居家空間帶來寧靜祥和的氣氛。

母女代代相傳

刺繡與百納被的製作是歐洲女性每天不可或缺的重要工作。她們往往花費數日甚至數月製成一個作品，並將這種技術與圖樣由母親傳授給女兒，代代相傳，可以說是「母親的藝術」。

拼布主要盛行於美國

所謂百納被，是在兩塊布之間放進綿花，表面以刺繡或拼布工藝（patchwork）裝飾；此手法經常使用在冬季衣物的製作，但據說還是用在床單上最多。

拼布藝術是將舊布上能用的部位剪裁、拼湊成一塊。由英國飄洋過海的拓荒者將這種技術傳入美國，使它在美國比歐洲更為流行。

在當時物資不十分充裕的美國，流行再利用老舊衣物碎布的技術，是非常合理的情況。

壁掛式亞麻布

［生產國］奧地利［年代］1920年代［價格］4,900日圓［尺寸］87 × 50公分［鑑賞重點］這似乎是件母女兩人合作完成的刺繡作品，針目的大小差異反而令人感到溫暖。田46

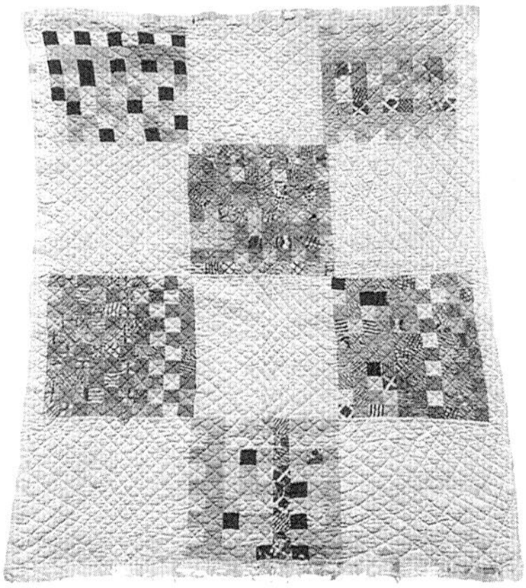

拼布床單

［生產國］美國［價格］29,400日圓［尺寸］153 × 193公分［特徵］造形簡單的拼布，具有令人玩味的質感。田21

百納被圖樣：主題大多為花、動物或帶有宗教意味，以長方形或菱形組合而成的「接縫式拼布」（pieced quilt）尤其知名。

裱框的刺繡與拼布加工作品非買不可

對於希望將百納被或刺繡亞麻布的自然風格與優美色澤圖樣當成藝術品玩賞的人來說，收藏其加工作品也是方法之一。除了可將這些作品放入古老畫框內或直接鑲入窗框之外，非常罕見的還有把刺繡圖案印到盒子上的作品。對希望收藏與玩賞當時百納被或刺繡的人來說非常值得推薦。

美國著名鄉村手工藝家製作的骨董拼布窗。木製的窗框內放入六枚拼布作品。80.2×48.2公分。39,900日圓。田21

刺繡午餐墊

將極細密的斜針繡作品裱框，可使房間的氣氛更加優雅。直徑21公分。美國製。12,000日圓。田43

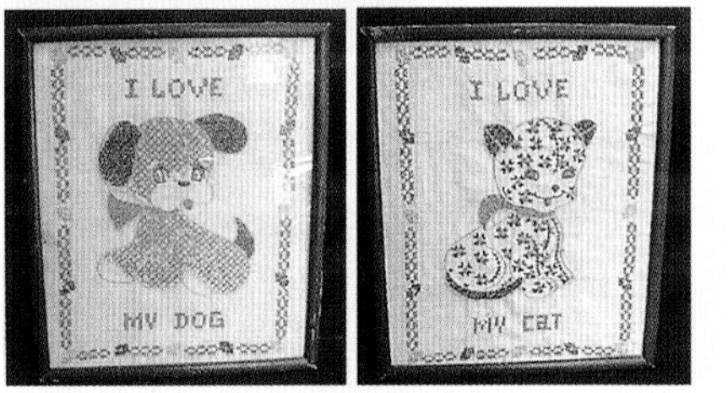

讓人想成對擺飾的狗與貓裱框刺繡。1950年代的美國作品。27×32公分。各5,000日圓。田43

刺繡圖案的錫罐

這款印有刺繡圖樣的錫罐，讓人感覺到刺繡是多麼隨處可見的東西。鍍錫的材質利用刺繡圖樣也能創造出手工製作的感覺。1940～1950年左右的英國製品。8,925日圓。田46

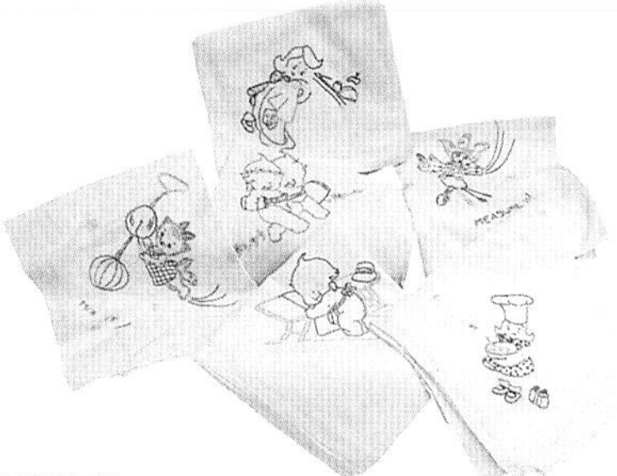

刺繡花布

[生產國] 美國 [年代] 1940年代 [價格] 各3,000日圓 [尺寸] 72×68公分 [特徵] 幽默風趣的圖案是最大特徵，讓人忍不住想多收藏幾條。田43

刺繡午餐墊

[生產國] 美國 [年代] 1950年代 [價格] 3,000日圓 [尺寸] 24×36公分 [特徵] 午餐似乎因這樣的午餐墊而變得更愉快。棉料材質讓人感到溫暖。田43

壁掛用亞麻布

[生產國] 奧地利 [年代] 1900年代 [價格] 5,900日圓 [尺寸] 73×45公分 [特徵] 細膩的刺繡描繪出在廚房工作的女性。作為短門簾也非常適合。田45

刺繡毛巾

[生產國] 奧地利 [年代] 1900年代 [價格] 5,500日圓 [尺寸] 53×135公分 [特徵] 這塊棉布的質感有如混絲一般，上面應是孩童練習的刺繡作品。田45

刺繡毛巾：毛巾上繡有各家姓氏的第一個字母或名字，給客人使用這種毛巾據說還有「歡迎來到我們家」之意。

- 橡皮娃娃
- 遊戲與玩具

雖然不像骨董那樣年代久遠，但復古風的收藏品仍擁有眾多熱情的支持者。即使是被稱為「廢物」的品項，在收集的過程中也能慢慢發掘與它們相關的有趣故事。與那些非常古老的骨董相比，小時候曾經見過的東西讓人感到熟悉，這就是重要的賣點。面對這些俏皮可愛又平易近人的作品，試著不要那麼嚴肅地看待它們，或許可以得到不同的樂趣！

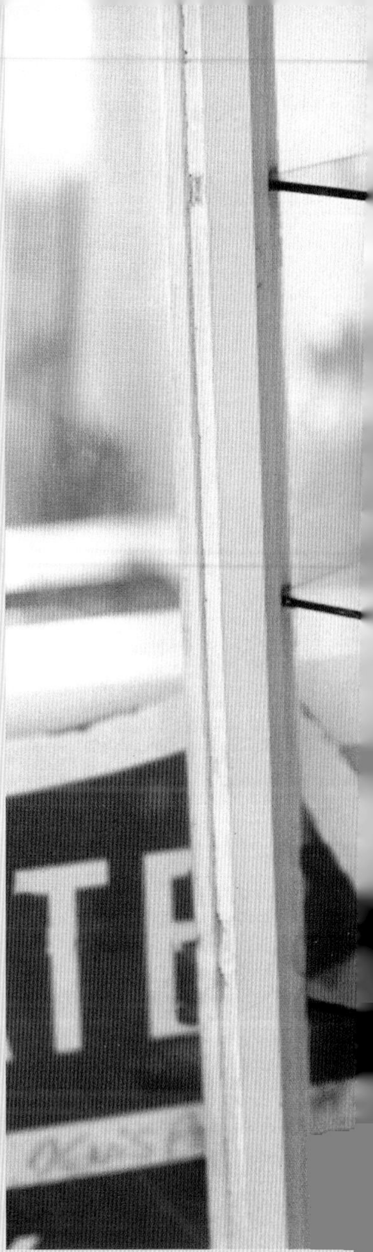

Part 5 典藏珍品

- 火王
- 泰迪熊
- 百麗耐熱玻璃
- 卡通人物與企業宣傳品

只收藏「火王」簡單大方翡翠色商品的人很多，是非常受歡迎的顏色。1940年代之後的美國製品。3,000日圓起。田 23

火王

Fire King

瘋狂熱賣的耐熱玻璃

「火王」是號稱美國最大玻璃製造商之一的安克哈金玻璃公司（Anchor Hocking），在一九四二年到一九七〇年代後半期間生產的耐熱玻璃商品。

由不易破裂餐具的開發而衍生出的耐熱玻璃，受到經濟高度成長期間微波爐與烤箱普遍進入一般家庭之惠，突然大受歡迎。除了可放入烤箱加熱的實用性之外，它色彩美麗而簡單大方的造形，讓它可以直接由烤箱端出、放到餐桌上，也是許多人對它鍾情的原因之一。

它有細緻的手感與俏麗的顏色，在大量生產的三十年間，繽紛了當時每個家庭的居家生活，現在更是收藏家絕不願錯過的品項。

此商品系列光是主要商品就有二十種以上，色彩種類也十分豐富。在日本，最受人矚目的是翡翠色玻璃系列，其次是乳白色玻璃系列，但同時也有生產透明玻璃系統。

必須牢記底部刻印

當時最受歡迎的是翡翠色餐具，由於其他廠商也生產類似的商品，因此有許多商品都是無法一眼判定的。有些收藏家只收藏翡翠色商品，並不在意是哪家廠商；但如果只想收藏「火王」的商品，就必須確認底部的刻印。早期的部分商品上沒有底部刻印，但絕大部分都刻有「火王」商標圖案。

隨著年代不同，刻印的圖樣也不同。左頁資料可作為判斷時的參考。

此外，由於它堅固耐用又平價，也經常用來當作商業用途或企業宣傳商品。本書另有章節專門介紹。

浮雕細工：emboss，浮雕或使其浮現之意。此指使之凹凸分明的加工。

Fire King
底部刻印
▼

1942～45年

1940年代中期

1940年代中至後期

1951～60年

1960年代

1960～76年

1977年以後

照片提供：田 28

Bubble 泡泡系列 1941～1968年

系列整體的造形特徵正是布滿泡泡般的浮雕。主要顏色為森林綠、皇家紅寶石、蘇菲雅藍、水晶透明與白色等，其中尤以蘇菲雅藍最受歡迎。由於與水晶透明色十分酷似，選購時必須仔細檢視是否帶有藍色。此系列沒有底部刻印，只貼有標籤。

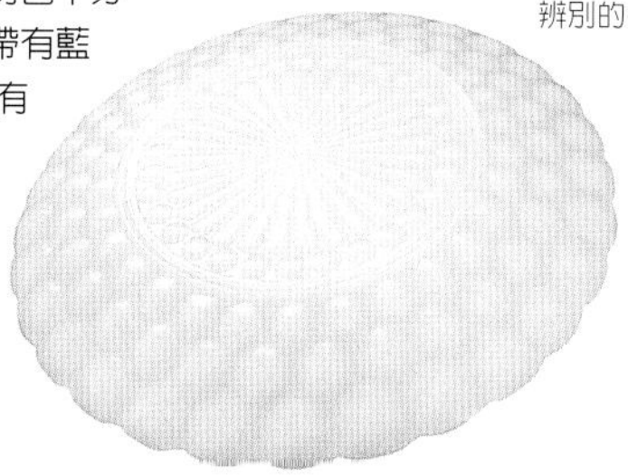

泡泡晚餐盤

［生產國］美國［年代］1940～1960年代［價格］4,800［特徵］直徑25公分的晚餐盤，顆粒狀的外型獨樹一格，是很容易辨別的系列。田 28

Restaurant Ware 餐廳用具系列 1948～1967年

餐廳用具系列原本是作為餐廳商業用途，之後也在教會或學校中使用。因此，餐具材質非常厚實堅固，厚重而簡單的造形是其特徵。從1948年問世起，是長賣十九年的熱門商品。其中最受歡迎的是生產量最多的翡翠色商品，但白色與粉紅色商品由於極難取得，是難得一見的稀有珍品。

小型咖啡杯組

［生產國］美國［年代］1940年代［價格］8,800日圓［特徵］杯子直徑9.3公分，高6.2公分，尺寸較小。保有亮麗的光澤，保存狀態也十分良好。田 28

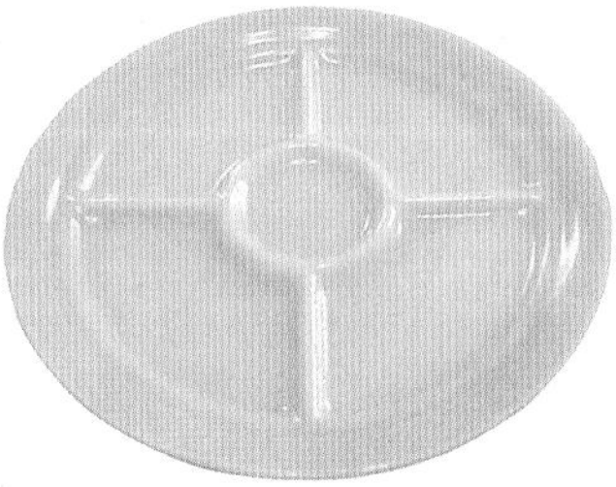

五分格晚餐盤

［生產國］美國［年代］1940年代［價格］13,800日圓［特徵］分裝用的分格為其特徵，中央圓形部分的設計可放置馬克杯。田 28

找得到的話就太幸運了！1977年後的商品

底部刻印有「Fire King」字樣的，是1976年以前生產的商品。1977年起，商標圖案全面更新，「Fire King」字樣也消失了，但商品仍然與以前一模一樣。因此，如果不挑剔商標圖案的話，可以鎖定1977年後的安克哈金公司商品，如此就能以合理的價格購得心儀的商品。

細高型巧克力馬克杯、重馬克杯、超重馬克杯

［生產國］美國［年代］1948～1967年代［價格］左邊兩個各10,800日圓，右為9,800日圓［特徵］厚重的分量感充分傳達了餐廳用具特有的氣氛。田 28

底部刻印：隨年代不同而有數種造形。不過、泡泡系列、平頭釘系列（Hobnail，1959～1979年），以及魅力系列商品則大多沒有刻印。

Swirl 漩渦系列 1949～1962年

在各系列當中，色彩最豐富的就是漩渦系列，整體布滿螺旋狀波浪是其特徵。與同樣有螺旋狀圖案的貝殼（shell）系列相似，惟貝殼系列是由頂端開始呈現扇貝狀，這是兩者最大的差異。本系列特別稀奇的不是燒製出來的粉紅色，而是由被稱為玫瑰礦（rose-ite）的材料製成的粉紅商品。

漩渦翡翠色咖啡杯盤組

［生產國］美國［年代］1949～1962年代［價格］26,880日圓［稀有度］漩渦系列之中，翡翠色商品生產量極少，非常難得一見。田 1

漩渦金邊咖啡杯盤組與碗

［生產國］美國［年代］1949～1962年代［價格］㊧甜點碗：2,940日圓；㊨杯盤組：5,040日圓［特徵］22K金的鑲邊是其重點。田 21

漩渦粉紅牛奶罐與糖罐組

［生產國］美國［年代］1949～1962年代［價格］16,065日圓［特徵］粉嫩的粉紅色澤，即使不是「火王」系列作品也令人愛不釋手。田 1

Charm 魅力系列 1950～1956年

四方形的外觀是該系列的特徵，魅力系列從上市到停產為止，始終為大受歡迎的商品。主要的顏色包括翡翠色、森林綠、皇家紅寶石、天空藍與白色等。據說另外也有粉紅色，但幾乎沒有人見過，是非常罕見的珍品。簡單大方又充滿現代感的造形，與北歐風格的居家設計十分相配。

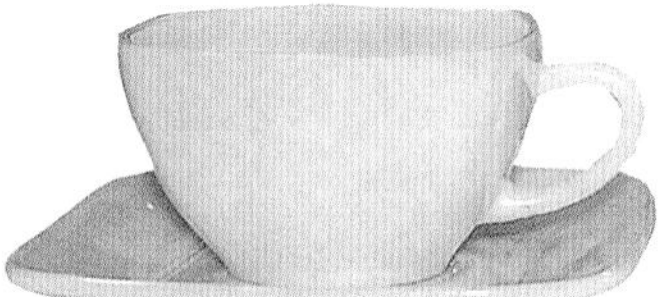

咖啡杯盤組

［生產國］美國［年代］1950～1956年代［價格］5,250日圓［特徵］杯盤與杯子的外型都是四角型，讓人感受到摩登流行感。田 21

Turquoise Blue 土耳其藍系列 1956～1958年

咖啡杯盤組

［生產國］美國［年代］1956～1958年代［價格］8,200日圓［稀有度］非常清爽而美麗的藍色。生產期間只有短短兩年的珍貴系列。田 28

由於生產期間非常短，故也是數量極少的稀有系列。「Turquoise」即土耳其石，如同名稱一般呈現出美麗乳青色的土耳其藍為其特徵。這是僅次於翡翠色的受歡迎顏色，因此相當難到手。其中，子母式四件組的淚滴形攪拌缽非常受歡迎，即使想單件陸續收藏也很困難。

攪拌缽：mixing bowl，為了使攪拌的東西不向外飛散，特別設計為邊緣較寬的缽。因為可以放進微波爐內使用而大受歡迎。

Wheat 麥穗系列 1962～1966年

1960年代在美國特別流行麥穗的圖案。那是一個不只「火王」，其他廠牌也紛紛製作麥穗圖案餐具的時代。麥穗系列在「火王」商品中非常簡單好記，因為沒有其他容易混淆的商品，故特別推薦給入門者。雖然屬於較容易取得的系列商品，但馬克杯是罕見商品。

卡士達杯、糖罐與牛奶罐

[生產國] 美國 [年代] 1962～1966年代 [價格] 上為卡士達杯，3,500日圓；下為糖罐與牛奶罐，15,000日圓 [稀有度] 糖罐蓋子也完整保存，是非常少見而珍貴的商品。田 43

Blue Mosaic 藍色馬賽克系列 1966～1969年

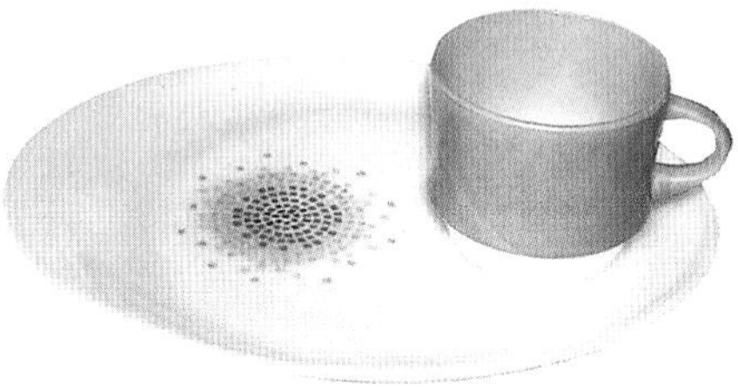

點心組合

[生產國] 美國 [年代] 1966～1969年代 [價格] 5,775日圓 [稀有度] 可稱為系列名稱象徵的馬賽克圖案，若使用不謹慎可能會剝落，因此狀態良好的商品可稱為珍品。田 21

雖然不像土耳其藍系列一樣只有兩年的生產期，但藍色馬賽克系列的生產期也只有短短三年，其最大特徵在於與之前商品截然不同、大眾化且摩登流行的藍色馬賽克圖案。然而，由於圖案纖細、非常容易剝落，保存狀態良好的商品非常少見。杯身設計為可重疊收納的造形。

Others 其他 1940～1980年

到此為止介紹的系列只是「火王」商品中特別主要的部分。若要列舉出所有的商品，其他還有許多，以及不屬於這些系列的素面商品、期間限定品或典型馬克杯（pattern mug）等。現在也有將翡翠色商品統一稱為翡翠系列、期間限定商品統一稱為「珍品」（premium）系列的分類法。

平底式馬克杯

[生產國] 美國 [年代] 1940年代 [價格] 6,000日圓 [特徵] 杯身為粉嫩的象牙色。在數量眾多的馬克杯當中，平坦的杯底是重要的特徵。田 28

雙玫瑰與藍色康乃馨圖樣咖啡杯盤組

[生產國] 美國 [年代] 1960年代 [價格] 各3,400日圓 [特徵] 連杯盤都印上同樣圖案的可愛造形，屬珍品系列。田 28

馬克杯：mug，指有把手的杯子。

人氣品項

馬克杯
Mug

馬克杯在「火王」商品中屬於形狀種類尤其豐富的商品，其中也有可重疊收納的馬克杯與迷你尺寸的兒童馬克杯等。繪有店家宣傳圖文的廣告馬克杯更是人氣商品。

米奇與米妮馬克杯
[生產國] 美國 [年代] 1970年代 [價格] 一對20,000日圓左右 [特徵] 米老鼠系列的商品絕大多數是百事可樂的宣傳品，但圖中的馬克杯並非宣傳品。田28

西北航空重疊收納杯
[生產國] 美國 [年代] 1960年代 [價格] 4,800日圓 [特徵] 西北航空公司的宣傳品，另有黃、藍、綠等顏色。田28

麥當勞早安馬克杯
[生產國] 美國 [年代] 1960年代 [價格] 3,400日圓 [特徵] 麥當勞的宣傳品，底部的落差為重疊收納馬克杯的特徵。田28

AAMCO重疊收納馬克杯
[生產國] 美國 [年代] 1960年代 [價格] 10,000日圓左右 [特徵] 杯身上印有汽車零件商AAMCO的廣告，給人非常平易近人的印象。田28

黛絲鴨馬克杯
[生產國] 美國 [年代] 1970年代 [價格] 6,400日圓 [特徵] 這是百事可樂的廣告宣傳品，在各式各樣的圖案中屬於人氣系列。田28

花朵系列：重疊收納馬克杯
[生產國] 美國 [年代] 1960年代 [價格] 3,400日圓 [特徵] 正面與反面繪有兩種不同花朵圖案的可愛馬克杯，也是可重疊收納的馬克杯。田28

超重馬克杯
[生產國] 美國 [年代] 1940年代 [價格] ㊧白色30,000日圓左右；㊨翡翠色9,800日圓 [特徵] 直徑8.5公分、高9公分的超重（extra heavy）馬克杯，顯得分量十足而穩重。白色商品尤其罕見。田28

找得到的話就太幸運了！諧和馬克杯

「火王」的馬克杯雖然擁有種類豐富的圖案與顏色，但形狀卻侷限於少數種類，其中特別稀有珍貴的是「諧和馬克杯」（Concorde Mug）。它只有杯底呈現小波浪狀，將杯子反過來時可看出花朵形狀。這種形狀的馬克杯系列，曾推出美國建國兩百週年紀念的限量馬克杯，屬於相當少見珍貴的項目。

重疊收納馬克杯：stacking mug。由於杯身底部設計有落差，使它成為可以重疊收納或攜拿的馬克杯。

人氣品項

缽
Bowl

可使用於烤箱或微波爐、由耐熱玻璃或陶瓷器製成的缽，在1930～1950年代間大受歡迎。「火王」也有許多此類作品，而且幾乎都是四件組的子母式組合。

鬱金香攪拌缽
[生產國] 美國 [年代] 1940年代 [價格] 11,800日圓 [特徵] 直徑21.5，高13.5公分，屬於大型的缽。杯身正反面共繪有六朵鬱金香，非常鮮明可愛。田 28

麵糊缽
[生產國] 美國 [年代] 1960年代 [價格] 11,800日圓 [稀有度] 有把手與傾倒口的實用設計，在缽當中屬於非常少見的類型。田 28

淚滴造形攪拌缽四件組
[生產國] 美國 [年代] 1956～1958年 [價格] 71,400日圓 [稀有度] 原本即因製造期間很短而稀少的品項，因為是完整的子母式四件組而更珍貴。田 1

土耳其藍攪拌缽
[生產國] 美國 [年代] 1956～1958年 [價格] ㊧17,850日圓；㊨19,950日圓 [特徵] 設計時充分考慮到混和、攪拌時內容物飛散的問題，因此做成較深的造形。田 28

用於計量或調和的量杯

「火王」的量杯是非常受歡迎的商品，甚至還推出復刻版。一般的計量功能當然不用多說，由於其材質為耐熱玻璃，過去似乎也用來量測粉末或沙拉醬的熱溶液；古老的商品底部會有一些應該是混和攪拌時造成的刮痕。圖為保存狀態良好的1960年代商品。3,400日圓。田 28

翡翠色漩渦狀攪拌缽
[生產國] 美國 [年代] 1960年代 [價格] 9,800日圓 [特徵] 直徑20.5公分、高10公分的攪拌缽，外側呈現出的螺旋狀線條十分美麗。田 28

麵糊缽：batter bowl。麵糊是指麵粉與雞蛋、牛乳等混和起來的東西。

百麗耐熱玻璃

Pyrex

康寧公司銷售的許多耐熱玻璃商品中，透明玻璃製成的茶壺是特別受歡迎的人氣品項，可以放在火上直接加熱，非常實用。

廠商所創造的品牌名稱

百麗是美國大型玻璃廠商康寧（Corning）公司於一八五一年開發的耐熱玻璃品牌名，原是為了設計鐵路使用的玻璃信號燈罩，使之不因下雨或下雪時急遽的溫度變化而破裂；百麗耐熱玻璃就是在研究過程中發展出的作品。從一九一二年正式商品化以來，在世界各地廣受愛用。

實用的冷藏收納盒

市面上可見到有種寫著「ref case」、附蓋子的容器，正式名稱其實是「冰箱冷藏收納盒」（refrigerator case）。能適應各種溫度變化的百麗耐熱玻璃容器，即使放在冰箱中冷藏也不用擔心會破裂，因此為人們所喜愛。

大型盒子之上，正好可以堆疊收納兩個或四個小盒放進冰箱內。這是一款在尺寸設計上也做了充分考量的實用商品。

綠葉調理烤鍋

[生產國] 美國 [年代] 1940～1960年代 [價格] 5,800日圓 [尺寸] 寬19.5 × 深16 × 高8公分 [特徵] 淺底有蓋。感覺似乎能讓烹調作業變得更愉快。田28

彩色缽四件組

[生產國] 美國 [年代] 1943～1960年代 [價格] 17,325日圓 [稀有度] 顏色完全不相同的彩色缽組，子母式組合的四種尺寸完全齊備，是非常罕見的珍品。田1

冷藏收納盒

[生產國] 美國 [年代] 1940～1970年代 [價格] 6,800日圓 [尺寸] 寬24.5 × 深17 × 高8.3公分 [特徵] 印有水果圖案的冰箱用保存容器。田28

冷藏收納盒：冰箱用保存容器。最初的製作目的是提供購買冰箱顧客的贈品。

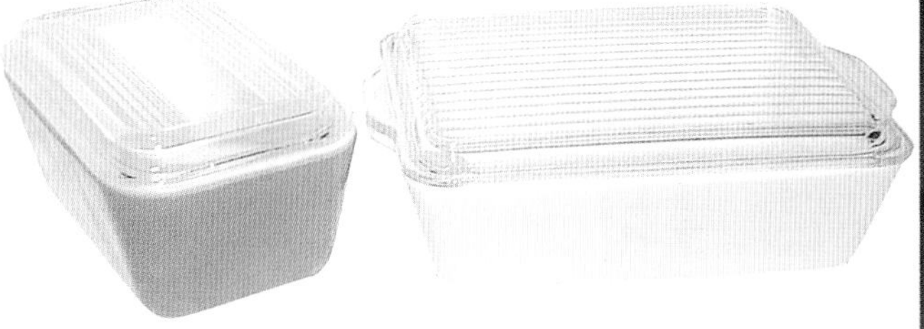

冷藏收納盒

[生產國] 美國 [年代] 1949年後 [價格] ㊧4,725日圓；㊨7,140日圓 [尺寸] ㊧寬17.1×深10.8×高8公分；㊨寬24.7×深17.7× 高8公分 [特徵] 特別設計成便於重疊收納的尺寸。田 21

濾壓式咖啡壺

[生產國] 美國 [年代] 1940～1970年代 [價格] 12,800日圓 [尺寸] 寬21×深14×高17.5公分 [特徵] 分為四人分、六人分、九人分用三種尺寸。圖為六人分。田 28

冷藏收納盒

[生產國] 美國 [年代] 1940～1970年代 [價格] 4,800日圓 [尺寸] 寬17×深10.5×高8.3公分 [特徵] 素面造形看來非常簡單，但鮮明的色澤讓人印象深刻。田 28

調理烤鍋與冷藏收納盒

[生產國] 美國 [年代] 1940～1970年代 [價格] 調理烤鍋㊤5,400日圓，㊦5,800日圓。冷藏收納盒㊤各3,800日圓，㊦4,800日圓 [特徵] 粉紅色圖案的是「醋栗」（Gooseberry）系列，水藍色圖案是「奶油木印」（Butter Print）系列。田 28

奶油盒

[生產國] 美國 [價格] 3,675日圓 [尺寸] 寬17.4×深8.9×高5.7公分 [特徵] 由冰箱取出後能直接端到餐桌上的美麗奶油盒。田 21

找得到的話就太幸運了！契美克斯咖啡壺

由於百麗抗熱玻璃可說是當時首創的抗熱材質，除了自家公司的商品，其他也有廠商採用此種材質。其他廠商的商品中，以燒瓶造形聞名的咖啡壺廠商契美克斯（Chemex）公司為最多，其咖啡壺也使用百麗耐熱玻璃，但僅限於1940至1960年代左右為止。如果發現這個年代的商品，請視為百麗耐熱玻璃系列商品，務必將它納入收藏品中！

攪拌缽四件組

[生產國] 美國 [價格] 19,425日圓 [鑑賞重點] 兩端握把其實左右大小不同：較大部位是握把，較小部分為傾倒口。這是一款具有雙重機能的缽，也是子母式的四件組。田 21

舊百麗抗熱玻璃：Old Pyrex，由於百麗抗熱玻璃現在仍有生產，一般使用這個名稱來稱呼1960年之前的商品。

從二十世紀初問世後即受到全世界喜愛的泰迪熊，讓人無法只將它視為簡單的玩具熊，因為它散發出熊擁有的溫暖，更令人感受到其存在感。

泰迪熊

Teddy Bear

沒有明確的定義

泰迪熊可說全世界無人不知，但令人意外的是，竟然沒有關於它的明確起源與定義。在各式各樣的說法中，較為人信服的起源說是，一九二〇年德國玩偶製造廠商史泰福公司生產了手腳和頭部可動、有五個關節(joint)的玩具熊，為泰迪熊的始祖。

泰迪熊的名稱沒有特別做商標註冊，其由來也是眾說紛紜，最著名的說法出自一九〇二年美國羅斯福總統救了一隻小熊的故事。之後，以羅斯福總統小名「泰迪」的玩具熊首次登場。

因此，如果一定要為泰迪熊下定義，那就是「熊形的玩偶」。

有些人認為，即使有關節，但若手腳不能動的話，就不叫做泰迪熊。但一九四〇年起的五年間，由於那是物資缺乏的時代，泰迪熊廠商出產的商品也有一些是沒有關節的玩具熊。

越古老的商品使用越多天然材質

至於玩具熊的材料，古老作品的眼睛應該是由樹皮製成的長靴鈕釦，之後慢慢轉變為玻璃材質，年代更新的商品則是使用塑膠材質。

毛的材質則以毛海為主，戰爭期間等物資不足的時期，也曾使用羊毛為替代品。至於填充物，從前的作品是使用木屑，也曾使用木棉（近似棉的植物纖維）或纖維屑等。一九五〇年代之後則改為使用合成纖維，泰迪熊的觸感也慢慢改變。

木屑：將木頭切成細薄纖維狀，過去常用作玩偶等的填充物。

Chad Valley 查德・維利（英國）

英國具代表性的古老廠商之一，1915年售出第一隻泰迪熊。1938年獲得伊麗莎白女王許可，成為英國皇室御用廠商，之後持續穩定地生產泰迪熊。然而到了1970年代，因景氣低迷的影響，遭其他公司併購。早期的泰迪熊臉部較平，耳朵很大，標籤牌與鈕釦附在耳朵上。

裝酷的熊

[生產國] 英國 [年代] 1930年代 [價格] 91,350日圓 [特徵] 眼睛為玻璃製成，填充物為木屑，屬於完全原製的作品，保存狀態也非常好。身長36公分。田30

困惑的熊

[生產國] 英國 [年代] 1940～1950年代 [價格] 102,900日圓 [特徵] 帶著彷彿有點困惑的表情，令人玩味的泰迪熊。身長42公分。田46

好心情的熊

[生產國] 英國 [年代] 1940年代 [價格] 81,900日圓 [特徵] 眼珠為玻璃製。縫上的鼻子與手腳肉趾都非常牢固。身長38公分。田30

Chiltern Toy Works 契爾騰玩具工房（英國）

1908年創立的洋娃娃製造商，是繼美麗索、查德維利之後的英國古老廠商。最有名的商品是1923年開始出售的「抱抱熊」系列，持續生產到1960年代。1967年時被查德維利公司併購，之後的標籤牌則改為「Chiltern/Chad Valley」。

騎腳踏車的熊

[生產國] 英國 [年代] 1958年左右 [價格] 147,000日圓 [稀有度] 知名玩具熊設計師豪爾（Pam Howells）所設計的作品。高28公分。田30

雙胞胎熊

[生產國] 英國 [年代] 1930年代 [價格] 155,400日圓 [稀有度] 可愛的雙胞胎熊，有透明的玻璃眼珠，身長皆為40公分。右邊的熊身上裝有鳴聲器。田30

骨董玩具熊的保養方法

基本上，玩具熊嚴禁碰到水氣，如果真有很明顯的髒污，只要用低刺激性的清潔劑輕輕擦拭表面的絨毛即可。比去污工作更重要的是防蟲對策，因為蟲子特別喜愛棉花或木屑等天然材質。收納時別忘了放無味的防蟲劑，並定期檢查。此外，為了防止經過染色的玩具熊褪色，應避免直接受陽光照射。

抱抱熊：Hugmee Bear。名稱取自英文「抱我」（hug me）之意。透明的玻璃珠眼睛、鼻子兩端上揚的黑色縫線為其特徵。

Steiff 史泰福（德國）

耳釦熊

[生產國] 德國 [年代] 1910年代 [價格] 184,800日圓 [稀有度] 高22公分的罕見小型熊，確實附有史泰福公司的註冊商標——耳朵上的鈕釦。田 30

1880年創立於德國南部小鎮的玩偶廠商，因1902年製造了全世界第一隻泰迪熊而聞名。為了與其他公司商品有所區別，1905年將「耳朵鈕釦」註冊為商標，此後開始在左耳縫上金屬鈕釦。
這個鈕釦的有無成為辨別的重要關鍵，對價格似乎也有極大的影響。

毛毛（Zotty）熊

[生產國] 德國 [年代] 1960年代 [價格] 59,800日圓 [稀有度] Zotty（源自德文zottig，意為「毛茸茸的」）系列泰迪熊，嘴巴張開是它的特徵。高28公分。田 50

尖鼻熊

[生產國] 德國 [年代] 1960年代 [價格] 65,000日圓 [鑑賞重點] 史泰福的泰迪熊在收藏家當中非常受歡迎。這是一款稱為「原創熊」（Original Bear）系列的毛海泰迪熊。高36公分。田 50

穿外套的熊

[生產國] 德國 [年代] 1948年左右 [價格] 161,700日圓 [鑑賞重點] 第二次世界大戰後經過改版的泰迪熊，淡褐色的毛海搭配咖啡色的玻璃眼珠。高35公分。田 30

Merrythought 美麗索（英國）

1919年以紡織廠發跡的美麗索公司，1930年開始生產優質毛海製成的泰迪熊。這時候，美麗索從查德維利公司與法尼爾（Farnel）引進許多員工，初期設計造形可以感覺到受此影響不小。1957年生產了熊耳朵內有鈴鐺的「厚臉皮熊」（cheeky bear）。由於許多商品都限量發行，因此是人氣很高的廠商。

棉絨肉趾的熊

[生產國] 英國 [年代] 1930年代 [價格] 71,400日圓 [特徵] 手腳的肉趾部位由棉絨製成，大眼睛則是由玻璃珠製成。身長32公分。田 30

穿褲子的厚臉皮熊

[生產國] 英國 [年代] 1960年代 [價格] 150,000日圓 [特徵] 毛為毛海。沒穿外套、穿著褲子的「彎彎熊」（twisty bear）系列。身長25公分。田 50

棉絨：velveteen，棉製天鵝絨布。

Others 其他

關於泰迪熊的起源，一般說法最早是來自史泰福公司1902年的作品，距今已經有一百年以上的光榮歷史，但這些作品不只由廠商製造，還包括各式各樣個人製造的手工的作品，以及被稱為「泰迪熊藝術家」的作品。這些非工廠製造的泰迪熊，越古老的作品越難判斷其生產國與年代，但對那些追求獨具個性泰迪熊的人來說是魅力無窮的商品。

表情自然的熊

[生產國] 德國 [年代] 1945年代 [價格] 80,000日圓 [特徵] 有自然表情的熊，右腳肉趾部位可以看到修補過的痕跡。高41公分。田43

手工風格的熊

[生產國] 英國 [年代] 1940年代 [價格] 38,640日圓 [特徵] 推測應是個人的手工作品。毛的材質為羊毛，填充物為乾稻草，眼睛為玻璃珠。高31公分。田37

大頭熊

[生產國] 英國 [年代] 1940～1950年代 [價格] 39,900日圓 [特徵] 羊毛製成、觸感很舒服的熊。填充物為乾稻草。高30公分。田46

純真無邪的熊

[生產國] 英國 [年代] 1950年代 [價格] 70,000日圓 [特徵] 毛的材質為羊毛，大耳朵有種無可言喻的可愛。高30公分。田43

穿白毛衣的熊

[生產國] 澳洲 [年代] 1950年代 [價格] 65,100日圓 [廠商] 維納 [特徵] 1940年代設立於澳洲的維納（Verna）公司所生產。高45公分，屬於較大型的泰迪熊。田43

找得到的話就太幸運了！染色的泰迪熊

這種泰迪熊的絨毛染上美麗色彩，生產於1920年代後半到1930年代之間，紅、藍、綠、粉紅等各種毛色紛紛登場。由於極易褪色，至今仍能保持美麗色澤的品項具有高度稀有的價值。圖為保有美麗紅色絨毛的1930年代泰迪熊。高50公分，346,500日圓。田30

鳴聲器：安裝在泰迪熊等玩偶肚子裡的發聲裝置。

古老的企業宣傳品或卡通人物商品，是充滿獨特風格的居家裝飾。圖中百事可樂的廣告充滿藝術氣息，埃索（Esso）小子的娃娃也成了立體擺飾。

卡通人物與企業宣傳品

Character & Novelty Goods

舉世聞名的卡通人物

提到大衆化且帶有懷舊風的卡通人物商品（包括卡通或電視節目人物，以及企業或廠商的吉祥物），不論哪一種商品，都有許多熱情的收藏家。

尤其是企業的吉祥物商品，許多都是促進販賣使用的宣傳品，不只數量有限，有時隨著時間或區域不同而有不同造形或顏色，在在都刺激著收藏家的收藏慾望。

麥當勞的「麥當勞叔叔」與英國麵粉公司的「佛瑞德」（Fred）、法國米其林（Michelin）公司的米其林娃娃（Bibendum）等都已超越企業吉祥物的領域，成為世界知名的商品，即使在非收藏家之間，也非常受到歡迎。

米老鼠造形鬧鐘

［生產國］德國［年代］1960年代［價格］23,000日圓［特徵］外型如同米老鼠的臉一樣，非常特別的設計。高11公分。材質為鋼。田 12

貝蒂鍍錫托盤

［生產國］美國［年代］1950年代［價格］12,180日圓［特徵］印有美國卡通人物貝蒂小姐（Betty Boop）的鍍錫托盤。直徑16公分。田 1

企業宣傳品：為了促進販賣成效而使用的廣告或宣傳商品。

「破爛娃娃」安與安迪

[生產國] 美國 [價格] 3,990日圓 [特徵] 印有美國著名卡通人物「安與安迪」(Raggedy Ann & Andy) 圖案的馬克杯。田 21

米其林娃娃藥箱

[生產國] 法國 [年代] 1930年代 [價格] 138,000日圓 [特徵] 法國歷史悠久的輪胎製造商的吉祥物米其林娃娃藥箱。可以放在車庫，收納藥品或繃帶等。寬37×深14×高19公分。田 29

佛瑞德撲滿與陶罐

[生產國] 英國 [價格] ㊧撲滿直徑6.5 公分×高15公分，9,450日圓；㊨陶罐直徑13公分×高21公分，33,600日圓 [特徵] 英國麵粉廠商的吉祥物企業宣傳品。田 37

菲力貓撲滿

[價格] 3,990日圓 [特徵] 1919年誕生於美國的黑貓卡通人物菲力貓(Felix the Cat)造形陶瓷撲滿。高18公分。田 36

最受歡迎的企業宣傳品　英國湯塊廠商「奧索」商品

奧索(OXO)是1910年創立於英國的固體湯塊廠商。或許是因為獨特的商標圖案與鮮豔的用色，此品牌的企業宣傳品始終非常受歡迎。宣傳品包括馬克杯或食譜等各式各樣商品，其中，收納湯塊的罐子甚至因此被通稱為「奧索錫罐」(OXO Tin)，可見其出名的程度。

充分符合湯塊廠商形象的宣傳用馬克杯。
左為1910年左右的商品，3,000日圓。田 14
右為1900年代中期的商品，5,250日圓。田 37

盒子也是很受歡迎的品項。㊧過去收納固體湯塊的錫罐，5,250日圓。田 37／㊨錫罐中另有寬約7.5公分的較小型迷你罐，4,500日圓。田 31

佛瑞德：全名Fred Flour，英國麵粉廠商「家豪」(Homepride)公司的吉祥物，1964年首次於廣告中曝光。

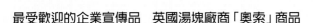

橡皮娃娃

Rubber Doll

1940年起在美國流行約20年的橡皮娃娃。太陽橡膠公司與愛德華．摩布里公司等的商品，在收藏家當中特別擁有長久而穩定的人氣。6,195日圓起。田36

有些只有臉部為橡皮製成

　惹人憐愛的表情是橡皮娃娃的魅力所在，是一九四○至六○年左右在美國流行過的橡膠製玩偶。包括材質柔軟、按壓腹部時會發出聲響的娃娃，或橫放時會自動閉上眼睛等各式各樣的種類。

　生產橡皮娃娃的著名廠商包括太陽橡膠（Sun-rubber）、愛德華．摩布里（Edward Mobley）、萊士頓（Rushton）、尼克布克（Knickerbocker）等。這些公司大多也同時生產軟塑膠玩具。

　較獨樹一格的是只有臉部由橡皮製成、身體與一般布偶相同的橡皮臉娃娃（Rubber Face Doll），原本即為布偶製造商的萊士頓公司與尼克布克公司都有銷售此類商品。此外，也有動物玩偶商品。

尼克布克公司的橡皮臉娃娃

［生產國］美國［年代］1962年之後［價格］18,000日圓［特徵］臉部為橡皮製，身體為絨毛製，是一款充滿尼克布克公司風格的娃娃。高23公分。田43

太陽橡膠公司的小男孩

［生產國］美國［年代］1960年代［價格］9,800日圓［稀有度］小男孩、小女孩系列特別受收藏家的歡迎。壓腹部會發出嗚笛聲。高20公分。田28

愛德華．摩布里公司的狗娃娃

［生產國］美國［年代］1960年代［價格］12,800日圓［特徵］橫放時眼睛會自動閉起，壓腹部時會發出嗚笛聲。高25公分、寬24公分的大型娃娃。田28

玩偶的材質：由19世紀初期登場的素燒陶器娃娃（bisque doll）使用的瓷器材質慢慢轉變為賽璐珞（celluloid）、橡膠（rubber）、陶器（ceramics）。

太陽橡膠公司的小女孩

[生產國] 美國 [年代] 1950年代 [價格] 7,875日圓 [鑑賞重點] 模擬圖畫書主角的小男孩與小女孩娃娃，是太陽橡膠公司的代表性人物商品。高20公分。田36

亞倫．傑(Alan Jay)公司的燕尾服小男孩

[生產國] 美國 [年代] 1950年代 [價格] 12,800日圓 [特徵] 身穿燕尾服小男孩娃娃，非常難得一見。另有女娃娃。高18公分。田28

愛德華．摩布里公司的熊娃娃

[生產國] 美國 [年代] 1960年代 [價格] 12,800日圓 [特徵] 耳朵使用毛茸茸的材質，而非橡皮。高24公分。田28

普列斯考特（JL Prescott）公司的小女孩

[生產國] 美國 [年代] 1968年代 [價格] 9,800日圓 [特徵] 可愛的小女孩與狗，輕壓時會發出嗚笛聲。高22公分。田28

有橡皮臉與手腳的娃娃

[生產國] 美國 [價格] 18,000日圓 [特徵] 罕見的猴子娃娃：臉與手腳為橡皮製，身體卻為絨毛製。高29公分。田43

找得到的話就太幸運了！附包裝盒的娃娃

橡皮娃娃與其他商品都同理：完整保有販售時的包裝盒的品項畢竟仍非常少數。橡皮製品很容易隨歲月而變色或染上髒污，若能放在包裝盒內保存的話，自然能有良好的保存狀態。此外，由於保有原廠標籤牌的商品非常難得一見，如果附有標籤牌，即使是同樣的人物造形，價格也會大大不同。

尼克布克公司的橡皮臉娃娃

[生產國] 美國 [年代] 1962年代之後 [價格] 18,000日圓 [特徵] 身著有如聖誕老人服裝似的橡皮臉娃娃。高18公分。田43

軟塑膠玩具：squeeze toy，軟塑膠製成的柔軟娃娃。許多也是由橡皮娃娃製造廠商所生產。

1950～1970年代的美國玩具充滿俚俗與懷舊風。想加重懷舊復古氣氛時，這些都是非常有效果的擺飾品。

許多商品由日本出口

從前的玩具帶有俚俗且原始的風味，讓人想直接拿來作為擺飾。有趣的是，第二次世界大戰後的美國玩具有許多都是日本製的。

這是因為日本人特有的靈巧手工與對事物的小心謹慎態度受到器重，使得美國公司向日本下訂單、再進口到美國販賣。

這個時期的鍍錫玩具或陶製玩具，背面寫有「日本製」並不稀奇。

將選購的焦點放在今天已不再使用的材料，或許能有另一番樂趣。

遊戲與玩具

Game & Toy

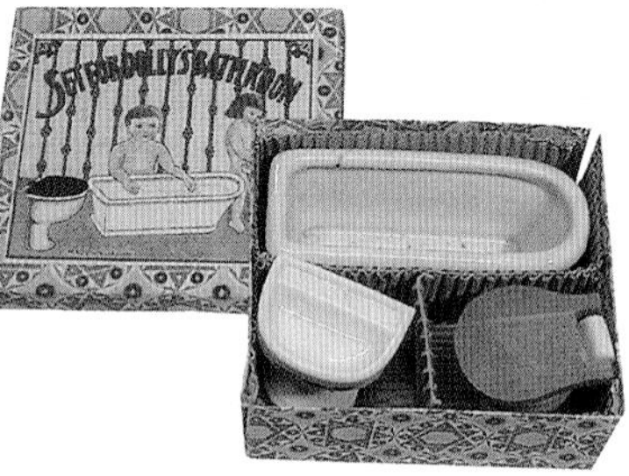

陶製家家酒組合

[代工國] 日本 [年代] 1950年代 [價格] 25,000日圓 [鑑賞重點] 戰後許多美國的玩具都是在日本製造、再進口到美國的「日本製」商品。⊞43

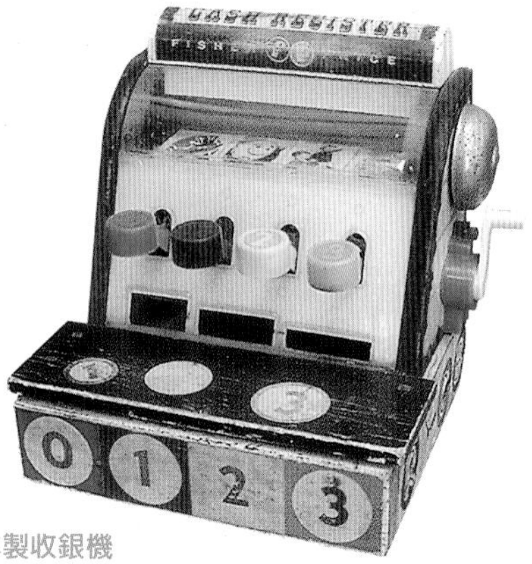

木製收銀機

[生產國] 美國 [年代] 1965年代 [價格] 10,000日圓 [特徵] 美國大型玩具廠商費雪（Fisher Price）公司的商品，竟然除了少數地方之外全為木製。⊞43

卡片遊戲

[生產國] 美國 [價格] 1,890日圓 [特徵] 應該是將寫有英文字的卡片排列起來，像填字謎一般的接龍遊戲。附有盒子。⊞43

站在輪子上的聖伯納

[生產國] 英國 [年代] 1950年代 [價格] 40,000日圓 [特徵] 可以推著跑或跨坐在上面的玩具，愛爾蘭的萊恩斯兄弟（Lines Brothers）公司製造。⊞43

陶器：ceramic，運用天然無機物製成的窯業製品。60年代的美國有許多日本製的陶製玩具。

1 アーミック　長浜店☎0749-63-3905☛http://www.amick.net
2 アンティーク イリス☎075-771-6164☛http://www.antiques-iris.com
3 アンティークギャラリー　シャムロック☎0463-21-0045☛shamrock@ak.wakwak.com
4 アンティーク ギルド ジャパン☎03-3225-9055☛http://www.antique-guild.co.uk/japan
5 アンティーク　クレセンテ☎03-3413-3690☛crescente@crescente.net
6 アンティーク　ケンジントン☎086-227-3440☛無網站
7 アンティーク　慈光☎03-3399-7011☛http://www.antiquesjikoh.co.jp
8 アンティークス　KATO☎052-752-6660☛http://homepage2.nifty.com/Antiques-Kato/
9 アンティークス　キングス・ロード☎03-3718-7107☛無網站
10 アンティークス　クイーンズコート☎078-231-1147☛http://www.queens-court.net
11 アンティークス　トリュフ☎075-241-0261☛http://www.antiquestruffle.com
12 アンティーク　Fio☎06-6775-0533☛http://www.antique-fio.com
13 Antiques　みにおん☎075-223-0774☛http://www1.ocn.ne.jp/~minion/minion.html
14 イギリス館☎022-375-5340☛http://www.igirisukan.com
15 イフルクラシック☎03-3449-0932☛http://ifuru.com
16 英国骨董おおはら☎03-3409-8507☛http://www.ohara999.com
17 MLP SHOP☎0742-26-3460☛http://www.mlpshop.com
18 オールドフレンド　君津店☎0439-55-5351☛無網站
19 嘉多加古☎03-3952-7223☛http://www.katakago.co.jp/
20 CAPARISON☎0422-48-2677☛無網站
21 カントリーストア　ディドル☎045-902-3685☛http://www.diddle.biz
22 木古里☎0424-21-7373☛http://www.kikori-jp.com
23 クルス オー アンティーク　菊川本店☎03-3632-7003☛http://www.mst-net.com
24 クルス オー アンティーク　藤沢店☎0466-37-1923☛http://www.mst-net.com
25 クルス オー アンティーク　仙台店☎022-711-3600☛http://www.mst-net.com
26 K's SELECTION☎043-211-0081☛http://www.ks-selection.net
27 骨董　巽や☎022-265-0642☛無網站
28 ストロベリーポット☎0470-44-5552☛http://strawberrypot.com/
29 ティンズコレクション☎03-3499-2291☛http://www3.point.ne.jp/~tins
30 テディベアドリーム☎03-3406-6710☛http://www.teddybeardream.com
31 テディローズ☎0745-23-3682☛http://www.teddyrose.com
32 BYGONES☎03-3535-5305☛無網站
33 パイングローブ☎052-331-3773☛http://www.pinegrove.co.jp
34 ハウス オブ ポタリー☎0467-32-0109☛http://www.pottery.co.jp/
35 パンタグリュエル☎03-3409-5322☛http://www.pantagruel.co.jp
36 ビーシックモダン☎052-808-6788☛http://www.b-chic.com
37 ピカデリーサーカス☎075-574-0006☛http://www.piccadilly-circus.net/
38 ファイル（グリーンゲイブルス）☎075-712-0041☛http://www.file-g.com
39 Fabulous Moderns☎022-255-7797☛http://www.fab-reco.com/moderns
40 ブライトンハウス☎087-834-0788☛無網站
41 ブルームスベリー☎052-901-9011☛http://www.bloomsberry.net/
42 ブルパンキーノ☎078-230-7366☛japanchic@kcc.zaq.ne.jp
43 ホビーハウス いっせい☎0827-41-1370☛http://h-h-issei.net
44 マイプレジャー☎03-3561-6610☛http://www12.plala.or.jp/mypleasure
45 マインドローム☎055-979-1319☛http://homepage2.nifty.com/mijn-droom
46 マチルド イン ザ ギャレット☎03-3461-0903☛http://www.matild.com
47 ラクリモーサ☎06-6532-9592☛http://www.lacrimosa.co.jp
48 レイ・アンティーク☎043-234-2377☛cytqg129@ybb.ne.jp
49 レッドバロウ　駅前店☎042-575-7165☛http://www.redbarrow.jp
50 レッドバロウ　大學通り店☎042-576-7165☛http://www.redbarrow.jp

西洋骨董事典

作者　成美堂出版編輯部
譯者　游蕾蕾、黃莉婷
美術設計　吉松薛爾
總編輯　何維民
主編　葛雅茜
執行編輯　林淑雅
發行人　凃玉雲
出版　果實出版
製作　三言社
台北市信義路二段213號11樓
電話：(02)2356-0933　傳真：(02)2356-0914
發行　英屬蓋曼群島商家庭傳媒股份有限公司城邦分公司
台北市民生東路二段141號2樓
書虫客服服務專線：(02)2500-7718；2500-7719
24小時傳真專線：(02)2500-1990；2500-1991
服務時間：週一至週五09：30~12：00；13：30~17：00
劃撥帳號：19863813；戶名：書虫股份有限公司
讀者服務信箱：service@readingclub.com.tw
城邦網址：http://www.cite.com.tw
臉譜推理星空網址：http://www.faces.com.tw
香港發行所　城邦(香港)出版集團 / 香港灣仔軒尼詩道235號3樓
電話：852-25086231　852-25086217　傳真：852-25789337
電子信箱：hkcite@biznetvigator.com
馬新發行所　城邦(馬新)出版集團 / Cite(M)Sdn.Bhd.(458372U)
11, Jalan 30D/146, Desa Tasik, Sungai Besi
57000 Kuala Lumpur, Malaysia
電話：603-90563833　傳真：603-90562833
電子信箱　citecite@streamyx.com
初版一刷　2006年6月29日

ISBN 986-7581-40-7
定價：380元

國家圖書館出版品預行編目資料

西洋骨董事典 / 成美堂出版編輯部 著；
游蕾蕾，黃莉婷 譯．－ 初版．－ 臺北市：
三言社出版：家庭傳媒城邦分公司
發行，2006〔民95〕
176面；16.8 × 22 公分
譯自：西洋アンティークの事典
ISBN 986-7581-40-7(平裝)
1. 古器物 – 歐洲

790.74　　95011744